Karel Van Miert

Le Marché et le Pouvoir

Souvenirs d'un Commissaire européen

ÉDITIONS Racine

La présente édition a été traduite du néerlandais *(Mijn jaren in Europa. Herinneringen van een eurocommissaris,* Lannoo, Tielt, septembre 2000) par Charlotte Cauchie, Luc Lontie, Jean-Pierre Vandenberghe et Guy Verwacht.

Rue du Châtelain 49 · B-1050 Bruxelles
D. 2000, 6852. 29
Dépôt légal: novembre 2000
ISBN 2-87386-233-5

À mes parents, Maria Sas et Adriaan Van Miert

Chapitre I
LES JEUNES ANNÉES

Le 17 janvier 1942, jour de ma naissance, l'Europe s'enfonçait toujours plus loin dans la Deuxième Guerre mondiale. L'hiver était très froid. Je garde de ces années quelques rares souvenirs, certains plus précis que d'autres. Nous vivions dans la ferme de ma grand-mère, «Oma Lucia», une femme frêle, marquée par une vie de labeur. Je n'ai pas connu mon grand-père, atteint de pleurésie et mort relativement jeune en laissant derrière lui huit enfants. Obligée d'assumer, seule, la charge du ménage comme de la ferme, ma grand-mère y parvenait, malgré les coups durs, à force de courage et de détermination.

Bambin à la sortie de la guerre, je n'avais aucune idée de ce qui se passait autour de nous. Après cinq années d'occupation, les Allemands se retiraient. Un jour, on entendit des coups tonitruants à la porte, qui s'ouvrit avec fracas. C'étaient des soldats allemands, fusils pointés, cherchant à piller tout ce qui leur permettrait de fuir devant la percée des Américains, des Anglais et des Canadiens. Ils ont emporté nos deux derniers chevaux et nos vélos. Avec le recul, le dénuement dans lequel la population vivait dans les campagnes flamandes peut paraître, à certains égards, pittoresque mais pour cette petite ferme accrochée au sable de la Campine, dans le hameau d'Oosthoven sur le territoire d'Oud-Turnhout, un cheval et une bicyclette étaient des outils indispensables à la survie quotidienne.

Ma grand-mère criait, pleurait et poursuivait les Allemands alors que mon père essayait de la retenir: cette scène – aussi bien le son que l'image – est gravée à jamais dans ma mémoire, aussi petit que j'étais à l'époque.

D'autres souvenirs sont plus vagues; les événements se racontaient le dimanche autour d'une tasse de café, et s'amplifiaient parfois à force d'être répétés. Souvent, il n'est pas aisé de distinguer ce que j'ai réellement vécu de ce que j'ai entendu de la bouche de mon père et de mes oncles.

Je me rappelle encore un autre épisode lorsque des policiers allemands à la recherche de pilotes anglais abattus – repérés et cachés par la population locale – s'en étaient pris au mioche de trois ans que j'étais. Peut-être avais-je vu un homme étranger à la ferme? Je m'étais mis à pleurer, terrorisé par ces personnages lugubres. Plus tard, mon père me raconta qu'effectivement, un de ses frères, résistant, avait abrité des aviateurs anglais dans la ferme. Après cet incident, l'organisation avait dû trouver d'autres planques.

Autres images, autres sons. Des centaines de bombardiers anglais nous survolaient en route vers les villes allemandes. La cave servait d'abri anti-aérien; des sensations décousues pour un enfant de trois ans. Mais au fil des années, ces impressions se structurent et se cristallisent dans une conviction: «plus jamais la guerre», un slogan déjà cher au mouvement flamand après la Première Guerre mondiale. Je suis convaincu que mon engagement européen trouve son origine dans ces premières expériences, vécues à la ferme de ma grand-mère durant la guerre.

Mon père assistait Oma Lucia dans l'exploitation familiale et le fit jusqu'à l'âge de trente et un ans, avant de s'installer à son compte. Il devait se contenter de dix hectares de terre sablonneuse, et élevait une dizaine de vaches, un cheval, quelques porcs et quelques dizaines de poules. On le considérait à l'époque comme un «petit paysan».

Après moi, six frères et deux sœurs sont venus agrandir la famille. Tout comme Oma Lucia, ma mère peinait aux champs et à la maison. Sans vivre dans l'aisance, nous ne manquions de rien. Durant les premières années de l'après-guerre, il était normal de porter des sabots, même à l'école. Nous ne connaissions pas la mode, nos jouets se limitaient à des billes et à un arc à flèche bricolé tant bien que mal.

Tout gamin que j'étais, en tant qu'aîné, il me fallait donner un coup de main, surtout pour garder les cadets quand maman était occupée à traire les vaches ou à aider mon père aux champs. Cela m'obligeait souvent à me lever dès l'aube. Mais je préférais travailler avec mon père. J'étais fier comme un coq de savoir traire dès l'âge de neuf ans, à la main bien sûr, puisque nous n'étions pas équipés de trayeuse mécanique. Un travail quelquefois pénible, mais valorisant. Au fur et à mesure, ces occupations m'ont inculqué le sens du travail et des responsabilités. Dans la ferme, je me sentais heureux, en sécurité auprès de mes parents. Dès l'âge de six ans, j'ai pu cultiver un jardinet que ma mère m'avait offert, où j'étais responsable de mes propres fleurs et légumes. C'est de là que me vient l'amour de la nature et ma passion précoce du jardinage. Je dois vraiment tout à mes parents.

Jours heureux à la ferme

Je n'ai pas pris goût à la politique avec le lait maternel. Au contraire, mon père soutenait qu'il valait mieux ne pas s'en occuper. Non pas qu'il fût poujadiste et partisan de l'anti-politique, mais parce que, tout simplement, ce n'était pas sa tasse de thé. Il suivait ce qui se passait, mais à distance. Comme presque tous les habitants de ces petits villages de Campine, ma famille était catholique pratiquante. Bien entendu, mes parents votaient CVP (Christelijke Volkspartij), le parti dominant en Flandre. En général, on taisait le nom de la liste pour laquelle on votait. Tâchons de tout faire le mieux possible et tâchons d'être intègres, voilà les principes de mon père.

À table, il n'était pas question d'aborder de grands sujets politiques. Par conséquent, je ne peux pas dire que la politique me passionne depuis l'enfance. Toutefois, je me rappelle avoir accompagné mon père à une réunion du Boerenbond, la principale organisation agricole en Belgique. On y tenait des discours alarmants à propos d'un certain traité conclu à Rome. En effet, il était question – déjà – d'un élargissement d'échelle, qui menaçait les petits fermiers de disparition. Avouons-le, je n'y comprenais pas grand-chose. Mais dès l'âge scolaire, j'avais l'esprit éveillé. L'école primaire d'Oosthoven, dans la commune d'Oud-Turnhout, ressemblait à tant d'autres: chaque instituteur s'occupait de deux classes dans un local commun; l'école abritait une petite bibliothèque et les charrettes à foin passaient devant la fenêtre.

Avide de savoir, je lisais beaucoup. Mais une école de village n'offrait que des connaissances limitées; on n'y apprenait pas les langues. On y parlait surtout le dialecte. Aussi, dès que j'eus douze ans, mon père m'envoya à l'école secondaire catholique Saint-Victor à Turnhout. Comme je ne connaissais pas un mot de français, on me fit commencer une classe plus bas par rapport à mon âge.

Or, mes ambitions étaient ailleurs: mon père m'avait transmis le goût de l'agriculture. J'aimais le travail aux champs, si pénible qu'il fût. Il n'y avait pas de machines, pas même de tracteur. On y labourait à la force du cheval. Mais j'éprouvais un plaisir suprême à travailler la terre aux côtés de mon père.

À quatorze ans, j'annonçai à mes parents mon désir de quitter l'école. Leur réaction fut plutôt mitigée. Mon père essaya de m'expliquer qu'il ne me voyait pas rester à la ferme. Les maigres hectares – à partager plus tard entre les frères et sœurs – ne pourraient suffire à nourrir une famille.

D'autre part, une paire de bras supplémentaire était bienvenue, puisque ma mère devait garder la petite famille. Je maintins donc mon idée, une habitude qui allait me rester, et j'abandonnai l'école. Mon père n'en fit pas un drame, affirmant que je pourrais très bien changer d'avis. Parole de sage. En bon paysan qu'il était, il savait qu'il faut laisser aux fruits le temps de mûrir.

Entre-temps, le gamin que j'étais savourait à pleines dents la liberté et la nature. Je ne me contentais pas de mon travail à la ferme, mais participais aux mouvements de la jeunesse rurale. On s'adonnait au sport équestre, pratiquait le chant et le théâtre. J'étais fasciné par les sports de compétition comme le cyclisme, le football et l'athlétisme, spécialement la course. Mon idole était Emil Zátopek. De fait, j'obtenais des résultats honorables sur les distances moyennes et longues dans ma catégorie d'âge.

Je gagnai le premier cross auquel je participai, à la surprise générale – et à la mienne! Pour l'occasion, j'avais emprunté des chaussures à crampons, qui se sont avérées trop longues de deux bons centimètres mais que j'avais enfilées malgré tout.

Ce n'est qu'après que j'ai senti les ampoules, au moment où je suis arrivé en retard chez moi, après l'heure de la traite. J'ai dû avouer alors ce que je voulais faire: combiner le travail à la ferme avec l'athlétisme de compétition, dont j'avais contracté le virus. Mon père me lança un regard goguenard avec une pointe d'appréhension; ma mère, sceptique, secouait la tête: «Mon garçon, tu vas nous en faire voir...»

L'hiver, saison morte à la ferme, je faisais des petits boulots dans le village: tirer des lignes électriques, placer des antennes de télévision, élaguer des vergers, arracher des arbres, donner un coup de main au maréchal-ferrant. Le soir, je suivais des cours, qui me valurent un diplôme d'horticulture. Mais, à la longue, je compris que mon père avait raison: la vie rurale, insouciante, se heurtait constamment à la dure réalité économique. Je ne pouvais plus ignorer cette question: allais-je pouvoir trouver ma voie dans l'agriculture?

À dix-sept ans je dus subir une opération de l'appendicite. Le séjour à l'hôpital me donna l'occasion de réfléchir. Soudain, ma décision fut prise: j'allais reprendre mes études, après trois années d'interruption. Après tout, le manque d'avenir dans l'agriculture ne me condamnait pas forcément à une vie de salarié à l'usine.

Lorsque ma mère me rendit visite, en m'apportant mon pudding préféré comme chaque jour, je lui demandai de rapporter quelques vieux manuels scolaires. Elle se renfrogna: «Tu veux réellement retourner à l'école?»

Le lendemain elle me raconta, la mine soulagée, que papa s'en était réjoui: «Plus besoin de nous inquiéter pour lui; il fera son chemin.»

J'ai juré, ce jour-là, de ne jamais le décevoir.

Reprendre des études? Facile à dire…

À dix-sept ans, je n'avais même pas terminé les trois premières années du cycle secondaire. Pour pouvoir continuer, il me fallait réussir un examen devant le jury central d'État. Je n'avais que quelques mois pour m'y préparer. Heureusement, quelques-uns de mes anciens professeurs acceptèrent de m'aider gratuitement – à l'époque, cela se faisait encore – à réviser les mathématiques, la physique, l'histoire et les langues. Le matin, quand mon père partait aux champs, j'avais le cœur déchiré. Il labourait, comme la veille. J'étudiais, comme la veille. Parfois, l'angoisse me prenait. Et si j'échouais?

Le jour venu, je me présentai à l'Athénée d'Anvers, un environnement totalement inconnu pour moi, pour y passer l'épreuve en vue de poursuivre mes études secondaires. Tout se passa bien, à l'exception d'une seule discipline, le français, que je maîtrisais vraiment très mal. Le jury ne se prononça qu'après de longues délibérations. Comme je l'appris par la suite, l'examinateur de français avait confié à son collègue qu'il n'avait pas eu le cœur de me refuser, devant l'excellence de mes autres résultats. Et d'ajouter: «D'ailleurs, je connais ce garçon. Il fait de l'athlétisme. Il est persévérant. Vous verrez, bientôt il parlera français mieux que nous deux réunis!»

C'est ainsi que, de justesse, je pus reprendre un cursus scolaire normal. Je réintégrai mon ancienne école, l'institut Saint-Victor, où des professeurs dévoués dispensaient un enseignement remarquable. Désormais, tout me passionnait: la littérature comme la physique, les langues comme l'histoire. Un déclic, parmi d'autres, allait me marquer pour la vie. Notre professeur de néerlandais était un fédéraliste européen convaincu et, un jour, il tenta de nous expliquer le fonctionnement de la CECA et de la CEE.

Il nous parlait des institutions européennes, remplissait le tableau noir de beaux schémas, lorsqu'il s'aperçut qu'aucun des élèves ne l'écoutait. Saisissant l'éponge, il effaça le tout, puis il barra le tableau de gros traits rageurs qui partaient dans tous les sens. Abasourdis, nous ne comprenions rien à cet enchevêtrement abstrait.

Puis il posa la question: «Quelqu'un a-t-il une idée de ce que cela représente?» Silence. «Regardez. Cela représente l'Europe découpée, lacérée siècle après siècle. Chaque guerre y a labouré de nouvelles frontières, tracées puis effacées par la guerre suivante. Chaque fois, les minorités sont opprimées ou chassées. La fin de chaque guerre porte en germe la suivante. Car les peuples opprimés ou humiliés ne songent qu'à se venger.»

L'histoire de l'Europe se présentait comme une guerre civile quasiment permanente. Constamment, d'innombrables jeunes de notre âge se faisaient massacrer dans telle ou telle région d'Europe. Il suffisait de visiter les champs de bataille autour de l'Yser pour être convaincu. «Il est temps que cela s'arrête!» s'écria-t-il, d'une voix vibrante. «Définitivement!» Pour y parvenir, un seul moyen: unifier l'Europe. Or, on avait commencé à s'y employer, en créant la CECA et la CEE.

Sa démonstration nous avait convaincus. Personne ne bronchait, chacun réfléchissait. Je revoyais en moi l'image de ma grand-mère aux prises avec les soldats allemands en déroute. Interpellé, j'étais curieux d'en savoir plus. Il était clair pour moi, désormais, que je devais participer à cette aventure.

Quitter la Campine

Après les études secondaires – achevées sans problèmes – je voulus poursuivre à l'université. Heureusement, je pus décrocher une modeste bourse d'études qui permit de ne pas mettre mes parents à contribution. J'ai longtemps hésité sur la discipline à choisir, préférant tantôt les sciences diplomatiques, tantôt celles d'ingénieur civil. Avec le recul, je m'étonne d'avoir pu envisager deux orientations si divergentes.

J'ai fini par opter pour les sciences diplomatiques et à l'université d'État de Gand: un choix nullement évident pour les diplômés sortis d'une école catholique campinoise dont les élèves s'ils voulaient poursuivre des études universitaires se dirigeaient tout naturellement vers

Louvain. Le séjour à Gand me fit découvrir un univers nouveau, un creuset d'idées et d'attitudes philosophiques, véritable révélation pour un jeune issu de l'argile campinoise empreinte de catholicisme. Pour 500 francs par mois, je louai une chambre chauffée par un petit poêle au charbon, fermement décidé à réussir.

À Gand, je ne faisais qu'étudier tout au long de la semaine, en suivant, à distance, les événements estudiantins et politiques. Il en allait tout autrement les week-ends où je prenais de nombreuses initiatives dans l'organisation de quantité d'activités en tous genres.

Les rares manifestations estudiantines auxquelles je participais à Gand étaient celles que proposaient des mouvements comme celui des fédéralistes européens. Ainsi, nous avons effectué de courtes visites au Parlement européen de Strasbourg. C'est là que j'ai entendu, pour la première fois, un discours prononcé par François Mitterrand. En 1965, alors qu'il siégeait depuis peu à l'Assemblée européenne, il était surtout connu comme candidat présidentiel, opposé à Charles de Gaulle. Son discours, très eurosceptique, me déçut. À l'époque, il fallait visiblement diffuser de pareils propos pour séduire l'électorat français. Et, après tout, cela n'allait pas trop mal se passer pour lui, puisqu'il allait recueillir 45 pour cent des suffrages.

À Gand, j'ai fait la connaissance de bon nombre de professeurs excellents. L'un d'eux, Jef Van Tichelen, avait fait carrière comme haut fonctionnaire auprès du ministère belge des Affaires économiques et avait vécu de près la négociation des traités de la CECA et de la CEE.

Il nous racontait, en détail, la manière dont les textes avaient pris forme, et nous en commentait les motivations. Ces explications donnaient vie à une prose rébarbative. Cela valait spécialement pour le chapitre du Traité de Rome relatif à la concurrence. À une époque où le droit de la concurrence ne s'enseignait dans pratiquement aucune université européenne, nous en apprenions pourtant toutes les subtilités: les cartels, les comportements inadmissibles des entreprises, et le rôle de la Commission européenne, chargée à la fois de leur détection, de l'arbitrage et de la sanction.

Je me suis imprégné, à cette occasion, du fameux règlement n° 17, qui, sous l'impulsion du commissaire à la Concurrence Hans von der Groeben, avait doté la Commission d'instruments efficaces, dont le droit à la perquisition et le pouvoir d'infliger de lourdes amendes.

Qui aurait pu, à ce moment, supposer que je serais celui qui, près de quarante ans plus tard, proposerait une modernisation radicale de ce règlement, par ailleurs très efficace?

J'ai rédigé mon travail de fin d'études sous la direction du professeur Elie Van Bogaert. Cet homme, un peu éteint mais sage, avait remarqué mon vif intérêt pour l'institution bizarre qu'était la Commission européenne. Il m'avait encouragé à analyser en profondeur ce phénomène récent. Attentif à ses conseils, j'avais choisi comme sujet: «Le caractère supranational de la Commission de la CEE.» J'y sacrifiai mes vacances, tant le sujet avait fini par me passionner. Un chapitre important traitait du rôle supranational et du pouvoir que la Commission avait acquis grâce aux règles de la concurrence prévues par le Traité de Rome et concrétisées par le règlement n° 17. Le jury me combla en m'accordant la mention très honorable.

Après l'épisode gantois, je désirais séjourner à l'étranger, principalement pour améliorer mes connaissances linguistiques. Dans la perspective d'une activité européenne, il me semblait normal, voire indispensable, de maîtriser convenablement plusieurs langues. Et comme mon français laissait encore à désirer, je décidai de suivre une année post-universitaire en France.

Une bourse du gouvernement français me permit de rejoindre le Centre européen universitaire de Nancy. Quelque quatre-vingts étudiants originaires d'Europe occidentale et orientale y formaient un cadre idéal pour élargir mes horizons et me permettre de côtoyer d'autres cultures, d'autres langues, d'autres mentalités.

Cette expérience fut très enrichissante et instructive, parfois douloureuse et effrayante. Ainsi, je percevais, déjà, les oppositions et la méfiance réciproque qui séparaient les étudiants yougoslaves. Chacun d'eux soupçonnait les autres d'espionnage pour le compte des services secrets de leur pays. Sur le plan des études proprement dites, je me concentrais sur les questions économiques, sans négliger, cette fois, la vie estudiantine. J'en garde un souvenir fantastique et des amitiés indéfectibles.

En août 1968, lors de l'invasion des troupes du pacte de Varsovie en Tchécoslovaquie, je me trouvais à Prague, en visite chez des amis, anciens étudiants de Nancy. Ils habitaient à proximité de la place Wenceslas.

En pleine nuit, nous sommes réveillés par le vacarme de blindés et d'avions, alors que nous venions à peine de nous coucher après une longue et belle soirée de «printemps de Prague». Avec quelques amis, je me joins aux premiers manifestants. En un rien de temps, la place Wenceslas est noire de monde.

Certains courageux escaladent les chars. Soudain, des coups de feu… Puis des rafales de plus en plus nombreuses…

Terminé, le printemps de Prague. Mes amis étaient inconsolables. Travaillant tous deux à l'université Karel, ils allaient perdre leur emploi; l'Europe était-elle donc condamnée, pour l'éternité, à subir cette séparation artificielle entre l'Est et l'Ouest?

Je me sentais petit, insignifiant, abattu, désarmé. Je désespérais de pouvoir un jour y remédier par quelque action, aussi minime fût-elle. Mais je conservais une petite flamme d'espoir, que viendrait attiser, plus tard, la politique de détente de Willy Brandt. La chute du mur de Berlin allait concrétiser, enfin, cette espérance.

Je prends le pari que, dans quelques années, il nous sera donné de nous asseoir à une terrasse sympathique, dans le décor magique de Prague, pour fêter la citoyenneté commune de l'Union européenne!

Chapitre II
L'EUROPE : LES PREMIÈRES APPROCHES

À Nancy, nous avions le privilège de suivre les cours de quelques personnages connus ou influents. Jack Lang, le futur ministre français de la Culture, dont la réputation allait devenir européenne, nous initiait au droit international public. Émile Noël, déjà légendaire comme secrétaire général de la Commission européenne, nous expliquait les subtilités des rouages institutionnels. Lorsqu'il m'offrit un stage auprès de la Commission, j'acceptai avec enthousiasme.

À l'époque, le siège principal de la Commission se trouvait avenue de la Joyeuse Entrée. Deux mille fonctionnaires environ y travaillaient dans une ambiance conviviale. Le stagiaire que j'étais pouvait croiser dans les couloirs tel ou tel commissaire et bavarder avec lui. L'institution n'avait rien de l'administration nébuleuse, difficile à gérer, qu'elle est devenue aujourd'hui. Les stagiaires se trouvaient impliqués dans le travail quotidien. Il m'arrivait d'assister aux réunions du Coreper, où se retrouvaient les représentants des pays membres. Le club intime des stagiaires – ils étaient alors près de quatre-vingts seulement – entendait joindre à l'utile l'agréable. Beaucoup n'ont jamais quitté Bruxelles, happés par le recrutement incessant de fonctionnaires. Détail amusant, l'un de mes amis stagiaires Alex Schaub allait devenir, bien plus tard, mon directeur général au département de la Concurrence.

Indirectement, la Commission européenne m'a mis en contact avec la politique active, puisque j'ai rallié les socialistes flamands axés sur la dimension européenne. Parmi eux, Hendrik Fayat avait été secrétaire d'État aux Affaires européennes et Piet Vermeylen était membre du Parlement européen. Je me sentais bien parmi eux. En tant que stagiaire, j'ai aussi fait la connaissance du Commissaire néerlandais Sicco Mansholt, le père de la politique agricole commune. Homme impressionnant, il était direct, solide et imprégné de l'idéal européen. Il rêvait de créer un parti européen progressiste (PEP), initiative surtout néerlandaise, qui avait aussi la faveur du futur Commissaire Henk Vredeling et d'une poignée de socialistes néerlandais réunis sous l'étiquette *Nieuw Links* (Nouvelle Gauche). C'étaient surtout les sociaux-démocrates allemands qui renâclaient. Herbert Wehner, chef du groupe SPD au Bundestag et très influent au sein de son parti, était carrément opposé à cette initiative et interdisait aux siens d'y collaborer.

Cela ne nous empêchait pas de poursuivre l'idée. Convaincu par mes connaissances linguistiques, Mansholt me désigna comme secrétaire du parti. C'est ainsi que nous avons appris à nous connaître. Ensuite, il me proposa d'entrer dans son cabinet, une pratique exceptionnelle à l'époque, les commissaires choisissant généralement des collaborateurs de leur propre nationalité. Aux Pays-Bas, on lui reprochait d'ailleurs cette décision. Mais Mansholt n'était pas homme à se laisser impressionner. Je me rappelle la lettre dans laquelle il me fit son offre, peu de temps après une chute sur la glace en faisant du patinage: «Si je te fais cette demande, ce n'est pas parce que je suis tombé sur la tête.»

En 1968, lorsque Mansholt lança son fameux plan de réforme de la politique agricole européenne, j'en devins un fervent défenseur. Face à la débâcle économique de dizaines de milliers de petits fermiers et à la menace de division des exploitations déjà à peine viables, il préconisait un élargissement d'échelle, manifestement indispensable. Comme je le comprenais! Refusant la politique de l'autruche devant cette évolution inéluctable, Mansholt prônait une politique claire, tournée vers l'avenir. Son plan visait à regrouper les fermes afin qu'elles atteignent des dimensions rentables, tout en prévoyant des mesures d'accompagnement social dignes de ce nom, permettant aux fermiers âgés de se retirer dans de bonnes conditions. Le plan fut accueilli par des volées de bois vert, ce qui ne m'empêcha pas d'en être l'avocat convaincu. Les réunions d'explication devant les fermiers déclenchaient souvent de vives réactions émotionnelles et tournaient parfois au pugilat. Les participants, généralement hostiles, m'accusaient de trahison. Tout en comprenant les émotions de ces paysans, je voulais inverser le courant en alignant les réalités incontestables et en dénonçant l'hypocrisie. Peine perdue, hormis de rares exceptions. C'est là que j'ai appris ce que signifie le courage politique. J'ai appris à résister tant bien que mal à un auditoire hostile. Mais ce fut une dure école, et je me demandais souvent si j'étais à la hauteur. Dans le même temps une manifestation d'agriculteurs eut lieu à Bruxelles. Venus en masse pour protester contre Mansholt, ils se montraient particulièrement agités et musclés, au point que les rues prenaient des allures de champ de bataille. Mon père, adversaire de toute violence, marchait paisiblement dans le cortège. «Je sais que Mansholt nous veut du bien», disait-il, «mais il en demande trop, et trop vite. Pour le reste, je suis solidaire de mes collègues paysans». Que rétorquer à tant de sagesse?

Mon engagement politique en faveur du parti progressiste européen ne plaisait pas à tous mes amis politiques belges. La direction du parti socialiste observait avec grande méfiance le radicalisme de ces Néerlandais. Sur ces entrefaites, je faisais mes premiers pas dans le monde académique, en devenant assistant à la VUB (Vrije Universiteit Brussel), chargé du droit international. Toujours membre actif des Jeunes Socialistes, j'eus l'occasion de nouer des contacts avec Oscar Lafontaine et Gerhard Schröder, engagés de leur côté dans le mouvement des Jungsozialisten allemands.

Entrée en politique belge

Devenu secrétaire politique dans le mouvement des Jeunes Socialistes, je faisais partie de la direction, unitaire à l'époque, du Parti socialiste belge, aux côtés de célébrités comme l'ancien Premier ministre Achille Van Acker. Chacun y parlait en français, sauf moi, pour des raisons de principe. Si, entre-temps, mon français était devenu plus qu'honorable, j'estimais qu'il fallait aussi respecter la langue de la majorité de mes concitoyens. Jos Van Eynde, un autre monument du PSB, me servait d'interprète. Il avait l'art de résumer en quelques mots mes interventions, parfois circonstanciées, prononcées en néerlandais...

En 1973, le socialiste bruxellois Henri Simonet, ministre belge des Affaires économiques, devint commissaire européen. Il me demanda de rejoindre son cabinet.

Malgré quelques heurts qui nous avaient opposés lorsqu'il avait plaidé la privatisation, considérée, à l'époque comme une hérésie, j'acceptai volontiers son offre, espérant acquérir ainsi une expérience de gestionnaire. Esprit brillant, Simonet excellait dans les analyses rapides et pertinentes, tout en conservant une bonne sûreté de jugement. D'origine modeste, il adorait évoluer dans les hautes sphères. Comme beaucoup d'esprits brillants, il avait du mal à cacher sa supériorité. On admirait ses phrases assassines, mais on les craignait encore plus. Son franc-parler était parfois dévastateur, ce qui lui valut nombre d'ennemis. Il n'entendait pas se tuer à la tâche, mais trouvait toujours du temps pour dévorer des livres. Il détestait lire des rapports et assister à de longues réunions. Resté bourgmestre d'Anderlecht – ce cumul était encore permis – il me chargeait souvent de le remplacer lors des réunions de la Commission. J'eus ainsi l'occasion de me frotter aux plus hautes instances d'une institution qui me passionnait, non sans souvent éprouver des déceptions quant au fonctionnement de la machine. Altiero Spinelli, ancien communiste italien et radical, auteur d'un projet de traité d'union politique européenne présenté au Parlement européen bien avant l'idée de Maastricht, était alors commissaire chargé de la Politique industrielle. Il se trouvait souvent seul, considéré comme un idéaliste légèrement farfelu. J'adorais les débats qui opposaient Xavier Ortoli, Wilhelm Haferkamp et Christopher Soames, le gendre de Churchill.

De mon côté, je m'occupais surtout, au sein du cabinet, de l'harmonisation fiscale et de la concurrence.

C'est ainsi que, au début des années soixante-dix, j'ai participé à la première réunion organisée au niveau des cabinets sur l'opportunité d'un règlement européen sur les fusions d'entreprises, qui ne serait finalement approuvé qu'en 1989. Je ne pouvais deviner, évidemment, que je serais amené, bien plus tard, à utiliser ce même règlement dans les dossiers tels que Boeing et Kirch-Bertelsmann.

Les trois années passées aux côtés de Simonet m'ont été plus que bénéfiques. J'y ai appris à travailler rapidement, à esquisser des analyses correctes, à rédiger des rapports concis, à écrire des discours et – aussi – à remplacer le «patron».

C'était l'époque du régime des colonels en Grèce. Nous organisions des actions de solidarité avec Melina Mercouri. Au sein de la Commission, un fort courant tendait également à soutenir les forces démocratiques qui œuvraient en Espagne et au Portugal.

Simonet voulut rencontrer un jeune homme totalement inconnu ici, que l'on croyait promis à un bel avenir en Espagne. Il s'appelait Felipe Gonzalez. Comme Franco était toujours au pouvoir, il fallait organiser un rendez-vous clandestin et lui donner l'apparence d'une rencontre fortuite à l'aéroport de Madrid. Après la révolution des œillets au Portugal, nous avions essayé d'aider au maximum les démocrates, dont Mario Soares, qui envisageait déjà l'adhésion de son pays. Il souhaitait envoyer quelques jeunes collaborateurs à Bruxelles pour s'initier aux affaires européennes. Le premier à se présenter pour que je m'occupe de lui, fut Antonio Guttieres, le Premier ministre actuel. Un jour, j'eus la visite d'un jeune étudiant espagnol, fraîchement diplômé du Collège d'Europe à Bruges et désireux de faire son stage à la Commission. Son curriculum lui était très favorable. Il se nommait Manuel Marin, mais ses amis le prénommaient Manolo. Quelque dix ans plus tard, il deviendra le premier commissaire espagnol à la Commission européenne.

Tout me prédestinait alors à une carrière de fonctionnaire européen. Mais le destin en décida autrement. Le Parti socialiste belge était encore unitaire, alors que les sociaux-chrétiens et les libéraux avaient chacun créé un parti distinct en Flandre et en Belgique francophone. Toutefois, le PSB était dirigé par deux coprésidents, André Cools et Willy Claes.

Ceux-ci avaient conscience que leur parti, créé en 1885 dans une salle du célèbre restaurant bruxellois Le Cygne, avait besoin d'une sérieuse cure de rajeunissement. On me demanda d'y œuvrer. Après un moment de réflexion, j'acceptai le défi, à condition de pouvoir continuer à m'occuper des questions européennes et internationales.

Je devins secrétaire national adjoint du parti et responsable des contacts internationaux, ce qui me permit rapidement de renouer avec les affaires internationales. À la demande de Willy Claes, une des missions que je pris immédiatement à bras le corps fut de soutenir la candidature de Willy Brandt à la présidence de l'Internationale socialiste. Il était, en effet, l'homme qu'il fallait pour réanimer cette institution étiolée. Il jouissait d'ailleurs du soutien de dirigeants et de chefs de gouvernement socialistes comme l'Autrichien Bruno Kreisky, le Danois Anker Jörgensen et le Suédois Olof Palme. Mais toute l'opposition venait du côté britannique, où le parti travailliste, depuis sa dérive vers l'extrême gauche, voyait d'un mauvais œil la candidature de Brandt. Lors d'une réunion à Genève, la délégation britannique, conduite par Ian Mikardo, s'en prit violemment à Brandt qui quitta la séance. Je courus derrière lui pour le convaincre de revenir. Dans l'intervalle, Claes et Cools faisaient en sorte que la délégation travailliste s'en aille. Grâce au soutien des Scandinaves, du SPD, du SPÖ et de la plupart des autres partis socialistes, Brandt devint président de l'Internationale socialiste. Il allait le rester de longues années. Sous son impulsion, ce club eut une réelle influence avant de connaître un nouveau déclin.

J'ai fait la connaissance de François Mitterrand lors d'un sommet socialiste tenu dans la ville danoise de Helsingör en janvier 1976. Ce fut la première réunion à laquelle j'assistais en qualité de secrétaire international du PSB, le Parti socialiste belge. Mitterrand venait de négocier le «programme commun», auquel souscrivaient les communistes français et leurs homologues socialistes, nettement moins nombreux. C'était l'époque où le PC français obtenait une bonne vingtaine de pour cent aux élections, alors que le PS était le petit frère.

La plupart des délégués, mais surtout les ténors tels Helmut Schmidt et Harold Wilson, lui reprochaient amèrement cette alliance. Willy Brandt et Olof Palme essayaient de calmer le débat. Le coprésident belge André Cools, par contre, plaidait en faveur du programme commun. Blessé par ces critiques, Mitterrand avait eu des répliques assez sèches.

Sa position était que nul mieux que lui n'était en mesure de déterminer ce qui était bon pour la gauche française. «D'ailleurs», ajouta-t-il en guise de provocation, «les communistes ne vont pas nous avaler comme certains le prétendent ici, c'est nous qui allons les marginaliser».

Cette déclaration déclencha une vague de ricanements et de hochements de tête. Pendant la pause-café, me trouvant à proximité de Helmut Schmidt qui bavardait avec Harold Wilson, j'entendis Schmidt dire: «Comment peut-il délirer à ce point?» Et Wilson de répondre: «Le plus grave, c'est qu'il a l'air d'y croire lui-même!»

J'ai gardé de cette période nombre de contacts et de bonnes relations personnelles. J'ai fait la connaissance de l'adjoint de Mitterrand, un certain Lionel Jospin, futur secrétaire international puis président du parti socialiste français et premier ministre. Je devins l'ami de l'actuel Premier ministre finlandais, Paavo Lipponen, alors secrétaire international de son parti.

Partagé entre la Belgique et l'Europe

Les élections de 1977 marquèrent la fin d'une période d'opposition, les socialistes étant appelés à participer au nouveau gouvernement. Les coutumes belges voulant qu'un chef de parti abandonne sa présidence en devenant ministre, Willy Claes démissionna de son poste de coprésident flamand du PSB.

Pour le remplacer, on pensa d'abord à Frank Van Acker, bourgmestre de Bruges et fils de l'ancien Premier ministre. Mais la fonction ne l'intéressait pas. D'autres se montraient plus enthousiastes, comme Louis Tobback, qui deviendra président du parti quinze ans plus tard, et Willy Callewaert, avocat pénaliste connu et ancien ministre. Il semblait difficile d'obtenir un consensus, et pour sortir de l'impasse, on me demanda de réunir les barons du parti en une espèce de conclave discret, chargé de désigner le nouveau pape. Moi-même je ne faisais pas partie du cénacle. À l'issue de la réunion, Willy Claes me téléphona à mon domicile. Il voulait que je passe chez lui, le lendemain, un dimanche. J'avais les plus vives appréhensions en m'y rendant. Claes me dit: «Il n'y a qu'une seule personne qui aurait le soutien de tout le monde pour reprendre la sonnette présidentielle. C'est toi.» Interloqué, je répliquai: «J'aimerais quand même en discuter avec ma femme!» Il répondit: «D'accord, mais pas trop longtemps.» Ce fut le début de ma vie publique comme coprésident du PSB, puis comme président des socialistes flamands, rapidement émancipés des contraintes du parti unitaire belge. Je n'avais pas imaginé occuper ce poste, mais maintenant que la décision était prise, je me résolus de me consacrer corps et âme à ce nouveau défi.

L'époque était orageuse. Quoi que l'on fasse, la Belgique reste un pays compliqué. Rajeunir le parti, le rénover, le féminiser, le débarrasser des oripeaux idéologiques, il fallait œuvrer sur tous les fronts à la fois. Petit à petit, les résultats se firent jour.

Lors des premières élections directes du Parlement européen, en 1979, je figurais comme tête de liste. Nous avions mené une campagne réellement européenne; sur les affiches, ma photo figurait aux côtés de celles de Willy Brandt et de Joop den Uyl.

Si les résultats furent encourageants, notre véritable percée se réalisa lors du scrutin de 1984, qui nous permit de doubler notre effectif au sein du Parlement européen. Gratifié d'un demi-million de voix de préférence en tant que tête de liste, j'étais comblé, surtout après une campagne au contenu authentiquement européen.

Entre-temps, j'essayais avec quelques collègues, dont Joop den Uyl, de revivifier l'organisation des socialistes européens pour éviter qu'elle ne s'assoupisse davantage, tout comme l'Internationale socialiste quelques années auparavant. Je m'étais déjà occupé de cette question lorsque j'étais membre des Jeunes Socialistes. L'organisation regroupait, outre les partis des États membres de la CEE, des partis frères d'autres contrées et des représentants de partis socialistes en exil, comme le Portugais Mario Soares. La révolution des œillets n'avait pas encore eu lieu, et Soares vivait à Paris. Un congrès des partis socialistes européens devait trancher la question de savoir s'il fallait admettre l'Espagne comme membre associé des Communautés européennes.

Le débat donna lieu à de vifs échanges. Si la délégation SPD de Herbert Wehner ne s'opposait pas à ce rapprochement, l'idée même faisait horreur notamment à Mario Soares, dont la chemise aux couleurs voyantes tranchait avec la tenue plus stricte de la plupart des congressistes. Soares n'avalait pas le fait que des partis sociaux-démocrates puissent soutenir la candidature du régime dictatorial de Franco. Finalement, la proposition d'association de l'Espagne fut rejetée in extremis, par une seule voix de majorité. Moi-même, j'avais voté contre. Plus tard, je découvris qu'en tant que membre adjoint de la délégation belge, je n'avais qu'un rôle consultatif et que, strictement parlant, mon vote n'aurait pas dû être comptabilisé... Par la suite, j'ai confié ce petit secret, lourd de conséquences, à Mario Soares, qui m'en a gardé une profonde amitié.

Les relations avec François Mitterrand étaient moins cordiales, son quant-à-soi étant proverbial. À ce propos, Willy Brandt me raconta, un jour, qu'il avait proposé à Mitterrand de se tutoyer, puisqu'ils étaient amenés à se rencontrer régulièrement. La réponse avait été laconique: «Si vous voulez...»

Lorsque, à Vienne, Willy Brandt et Bruno Kreisky rencontrèrent Yasser Arafat pour explorer des initiatives de paix au Proche-Orient, l'Internationale socialiste connut des moments orageux.

Le Parti travailliste israélien était scandalisé. Mitterrand, et beaucoup d'autres avec lui, trouvaient cette rencontre pour le moins déplacée et ne ménageaient pas leurs critiques. L'inévitable réunion de crise se déroula dans le merveilleux complexe vacancier des sociaux-démocrates suédois. Ce fut surtout Mitterrand qui attaqua Brandt et Kreisky, sur un ton qui me parut excessif. Ayant obtenu la parole, j'émis l'opinion que, lors de la guerre d'Algérie, les socialistes français avaient persévéré dans une attitude belliqueuse, au lieu de tenter de résoudre le conflit par des moyens pacifiques. En refusant le dialogue à des moments cruciaux de l'histoire, on prolongeait les effusions de sang. «Dieu» n'a pas apprécié, du tout, mon intervention.

Il n'en alla pas de même pour Brandt et Kreisky. Par la suite, ce dernier m'enverra régulièrement des lettres aux accents paternalistes. Il s'intéressait aux relations tendues entre Flamands et Wallons, mais considérait que cet antagonisme n'avait rien de comparable avec le problème des minorités dans les Balkans, déchirés par des oppositions historiques, qui, selon lui, referaient certainement surface un jour…

Chapitre III
PREMIER MANDAT DE COMMISSAIRE EUROPÉEN

Mes dernières négociations gouvernementales en tant que président du SP

Les socialistes belges, dans l'opposition depuis une demi-douzaine d'années, attendaient beaucoup des élections parlementaires du 13 décembre 1987. Wilfried Martens conduisait une coalition de sociaux-chrétiens et de libéraux, mais avait dû démissionner à la suite d'une énième crise communautaire à propos des Fourons. En réalité, la politique de redressement économique retenait toute l'attention.

De prime abord, la coalition semblait devoir être reconduite. Mais le résultat électoral ne facilitait pas les choses, puisque les sociaux-chrétiens avaient perdu beaucoup de sièges et que les libéraux en avaient gagné peu. Au total, la coalition sortante avait dû concéder plusieurs sièges. Aussi, le roi chargea-t-il Jean-Luc Dehaene, le futur Premier ministre social-chrétien, de tenter de former un gouvernement de sociaux-chrétiens et de socialistes. Mission délicate, le Premier ministre sortant Martens, social-chrétien lui aussi, ayant toujours clamé vouloir reconduire sa coalition avec les libéraux. Il fallait donc négocier un fameux virage. Jean-Luc Dehaene allait peiner pendant des mois avant d'y parvenir.

Président des socialistes flamands, j'étais directement impliqué dans ces négociations. Pour sortir de l'impasse que constituait la personne de Wilfried Martens, j'allai trouver Dehaene: «Si cela peut faciliter les choses, je veux bien appuyer la candidature de Martens en tant que Commissaire européen.» La première Commission présidée par Delors vivait ses derniers mois, puisque son remplacement devait intervenir le premier janvier 1989. À l'époque, le Commissaire belge était le libéral flamand Willy De Clercq, qui entendait bien poursuivre son mandat. Or, dans le cas d'une coalition de sociaux-chrétiens et de socialistes, la reconduction de Willy De Clercq n'allait pas de soi. De mon côté, tout en gardant un intérêt incontestable pour l'Europe, j'étais prêt à m'effacer en faveur du Premier ministre sortant, par ailleurs européen convaincu, si cela pouvait débloquer les négociations gouvernementales.

Martens, comme la plupart des Premiers ministres belges, avait déjà eu l'occasion de découvrir la dimension européenne. La seconde moitié des années quatre-vingts avaient été fertiles à cet égard: il avait fallu lancer le grand marché intérieur et préparer l'Union économique et monétaire. En qualité de membre du Conseil européen, Martens, dans ses confrontations avec Thatcher, Mitterrand, Kohl et bien d'autres, avait découvert que la politique européenne était aussi passionnante que la politique nationale.

À deux reprises, je lui parlai de ce mandat à la Commission. Il ne répondit pas à ces avances mais ne disait pas non. Sans doute était-il, tout compte fait, plus attiré par la fonction de Premier ministre. Ceci dit, d'autres convoitises se faisaient plus pressantes: le président des socialistes wallons Guy Spitaels me fit savoir qu'il était temps d'envoyer un Wallon à la Commission. Mais, au moment de ces négociations, son parti connut de grandes difficultés ce qui l'obligea à recoller d'abord les morceaux.

De la Belgique à l'Europe

Une fois bouclé l'accord de gouvernement, il ne restait plus qu'à répartir les portefeuilles ministériels et, à ma demande, le mandat à la Commission. Les négociateurs du CVP suggérèrent que les socialistes fournissent le ministre des Affaires étrangères. Ce département était alors dirigé par Leo Tindemans, dont les initiatives politiques ne soulevaient pas l'enthousiasme de tous ses amis sociaux-chrétiens. Il en allait de même pour l'ancien Premier ministre Mark Eyskens dont le nom pourtant circulait. C'est ainsi que le CVP nous fit la proposition, la demande pressante même, de me confier le portefeuille des Affaires étrangères. Cependent, mes ambitions étant tournées vers la Commission européenne, je demandai l'accord de nos partenaires.

Ce ne fut pas facile. Le Commissaire belge Willy De Clercq, chargé des relations étrangères, entendait bien rester en poste, appuyé en cela par Jacques Delors qui achevait son premier mandat de président. À la demande de De Clercq, Delors entreprit des démarches auprès de tout ce qui comptait dans l'establishment belge, jusqu'au Palais royal, pour maintenir le libéral en place. Il faut dire que Delors, s'il savait à quoi s'en tenir avec De Clercq, ignorait ce que ferait «ce petit Belge», comme il devait m'appeller plus tard. La presse se mobilisa elle aussi; les journaux flamands et francophones publièrent quelques articles corrosifs, où mes capacités d'action à la Commission étaient mises en doute. Dans le quotidien *De Standaard*, le rédacteur qui suivait à l'époque les affaires européennes écrivit même que j'étais tout juste bon à être chef de cabinet adjoint, et encore. Guy Verhofstadt lui-même me téléphona pour me demander de laisser la place à De Clercq. Lorsqu'ils faisaient partie du gouvernement, les libéraux n'avaient cependant pas fait preuve d'une extrême magnanimité. Je résolus de ne pas céder, sachant que le travail à la Commission était à ma portée. C'est finalement ce qui fut décidé au sein de la coalition.

Premiers contacts avec Delors

Au départ, Jacques Delors n'était pas très enthousiaste à l'idée de m'accueillir au sein de la Commission et ne s'en cachait pas. Je le connaissais peu, même si nous nous étions croisés quelquefois, notamment au Parlement européen, où nous siégions ensemble dans le groupe socialiste. Mais les socialistes français n'avaient pas apprécié nos protestations contre le déploiement des missiles nucléaires. Au début des années quatre-vingts, qu'ils fassent partie ou non du gouvernement, les socialistes flamands avaient joué un rôle de premier plan dans les actions dirigées contre l'installation de missiles de croisière américains en territoire belge. Comme il le fit à Bonn, Mitterrand était venu plaider, à Bruxelles, en faveur de l'installation de ces missiles. Les socialistes belges et français étaient profondément divisés sur la question, ces derniers déclarant qu'ils ne voulaient pas des missiles américains en France, mais insistant pour que les voisins les acceptent sur leur territoire.

Une opposition semblable nous divisait sur l'énergie nucléaire, dont je ne suis pourtant pas un adversaire inconditionnel. Mais j'avais combattu, à l'époque, le projet de construction d'une nouvelle centrale à Doel, près d'Anvers, jugeant insensée l'extension d'un complexe nucléaire à côté d'une grande ville. Au sein de la coalition gouvernementale, j'ai toujours repoussé ces projets, au grand dam des entreprises françaises, désireuses de décrocher cette plantureuse commande. Cette attitude aura des conséquences lors de mon premier entretien d'embauche avec le président Delors.

Non pas l'environnement, mais les transports

Cet entretien eut lieu en novembre 1988 à Berlin, en marge d'une réunion des partis socialistes européens. J'avais demandé de rencontrer Jacques Delors pour discuter de mes attributions au sein de la Commission. Toutefois, la conversation fut brève et son attitude peu amène.

J'avais une conception bien définie de mon portefeuille au sein de la nouvelle Commission; j'escomptais y traiter les affaires environnementales, sujet qui me passionnait depuis des années. Dans la perspective du grand marché intérieur, ce thème était appelé à prendre de l'importance. Et l'Acte unique, le cadre juridique du marché intérieur, offrait la base permettant de bien concrétiser la politique européenne en matière d'environnement.

«Pas question», fit Delors. Paris n'accepterait jamais, connaissant mon opposition déclarée envers l'énergie nucléaire. D'ailleurs, il était clair que Jacques Delors ne voulait pas de trop d'activisme environnemental dont il me soupçonnait visiblement. Retour à la case départ.

Quelques semaines plus tard, lors d'une nouvelle conversation, il avança un autre motif de me refuser le portefeuille de l'environnement. Il affirma l'avoir promis à Carlo Ripa Di Meana, qui, désireux de diriger ce département, avait plus d'ancienneté. Il se fait que je connaissais bien Carlo pour avoir étroitement collaboré avec lui au Parlement européen. À l'époque socialiste italien, il avait géré, dans la première Commission Delors, le portefeuille de la Culture et des Médias. Il me confia ne pas être demandeur de l'Environnement, préférant poursuivre son action dans la culture et les médias. Il s'y trouvait comme un poisson dans l'eau et adorait se rendre à des premières de films et à des vernissages avec réceptions à la clef. L'argument de Delors ne tenait pas, mais prouvait à quel point il était embarrassé par ma demande. Je pouvais faire une croix sur ce portefeuille de l'Environnement.

En décembre, Delors avait projeté de réunir tous les nouveaux commissaires dans un coin reculé de la Wallonie. Auparavant, la répartition des portefeuilles devait être achevée, car il voulait éviter une «nuit des longs couteaux». Une semaine avant cette réunion, son chef de cabinet, Pascal Lamy, me téléphona pour me proposer le portefeuille du Personnel et de l'Administration, complété par celui de l'Énergie, à l'exclusion, bien entendu, de l'énergie nucléaire. Cette proposition me parut si mince que je la déclinai aussitôt. Peu après, Lamy y ajouta le portefeuille des Petites et moyennes entreprises, pratiquement aussi vide que celui de l'Énergie à l'époque. J'en avais soupé. Si Delors n'avait rien de plus consistant à me proposer, j'exigeais une discussion ouverte sur la répartition des compétences.

Dans le coup de fil suivant, Pascal Lamy me suggéra les Transports, la Politique des consommateurs et les Crédits et Investissements. Cette proposition n'était pas pour me déplaire. Le grand marché unique donnait en effet au dossier des transports une importance et une acuité de plus en plus grandes. Ce portefeuille était visiblement «porteur».

Lorsque tout fut réglé et ficelé, Delors me fit venir une nouvelle fois. Il était penché sur une carte géographique de l'Europe, sur laquelle il avait tracé au feutre les grands axes de communication. Il imaginait de grands travaux d'infrastructures, permettant, par exemple, de réaliser un réseau européen intégré de grande vitesse. Je lui fis remarquer que les grandes infrastructures n'étaient pas de la compétence de la Communauté européenne. D'accord pour les transports aériens, routiers, ferroviaires, par voies navigables... mais la politique des infrastructures restait sans conteste une compétence nationale. «Ne t'en fais pas», répondit Delors. «Essayons de voir ce que la Commission peut faire pour améliorer l'intégration des réseaux». Il ne fallut pas me le dire deux fois.

Il se fait que, ironie du sort, Carlo Ripa di Meana, qui avait finalement accepté le portefeuille de l'Environnement, prit goût à la chose. Au point de se métamorphoser en véritable activiste, prenant sans cesse des initiatives médiatisées grâce à l'inspiration débordante de son principal collaborateur, Laurens-Jan Brinkhorts, l'actuel ministre néerlandais de l'Agriculture. Au désespoir de Delors, persuadé au départ que ce portefeuille n'inciterait pas Ripa à une activité fébrile. Or, celui-ci multipliait les plaintes contre les États membres peu respectueux des normes environnementales. La qualité bactériologique des eaux balnéaires en fut un exemple frappant. Plusieurs États membres reçurent des remontrances, dont la Grande-Bretagne, à la grande colère du Premier ministre John Major, furieux de cette «ingérence dans les affaires nationales». Du reste, Major s'en plaignit auprès de Delors. Lorsque, quelque temps après, Ripa renonça à la Commission européenne pour se concentrer sur la politique nationale, le département de l'Environnement resta orphelin. Et – ironie suprême! – Delors m'offrit d'ajouter ces compétences à mon portefeuille. J'appréciai énormément ce geste symbolique et significatif.

Du reste, à mesure qu'il me connaissait mieux, Delors s'apercevait que j'approfondissais mes dossiers: je ne m'intéressais pas seulement aux miens, mais aussi à ceux des collègues commissaires. Plus important sans doute, il savait qu'il pouvait compter sur moi en toute occasion. Mes convictions européennes étaient proches des siennes, et je n'épargnais aucun effort pour le seconder. Abandonnant bien vite sa première réserve, il n'hésitait pas à montrer son estime.

La subsidiarité, thème délicat...

L'ingérence de la Commission dans des dossiers comme la pollution des mers ou la qualité de l'eau de distribution commençait à énerver beaucoup de monde, non seulement outre-Manche, mais aussi au sein d'autres gouvernements. Cela révélait l'irritation croissante devant ce qui était ressenti comme ergoterie et réglementarisme dans le chef de la Commission. Le terme de subsidiarité entra dans le vocabulaire. Nous étions au début des années quatre-vingt-dix: à la veille de Maastricht et de l'union monétaire, le prestige de la Commission, dirigée par Delors, atteignait son sommet. À tel point que bon nombre d'États membres, conduits par la Grande-Bretagne, faisaient la moue, estimant qu'il fallait revenir en arrière. Le principe de subsidiarité signifie en soi que les décisions doivent se prendre là où elles sont le plus efficaces. Certains dirigeants nationaux avaient l'impression que l'Europe, et la Commission en particulier, accaparait le pouvoir par principe. Il fallait en faire un peu moins. «Moins, c'est mieux,» disait-on. Lors d'un sommet spécial à Birmingham, consacré essentiellement au concept de subsidiarité, la Commission promit de restreindre quelques initiatives jugées trop interventionnistes ou chicaneuses. Delors choisit de tenir en bride – parmi d'autres – les dossiers environnementaux qui dérangeaient le plus. Il est vrai que la Commission n'avait pas toujours agi avec mesure. Delors plaçait ses priorités dans l'union économique et monétaire, qu'il voulait préserver à tout prix, quitte à lever le pied dans d'autres domaines.

Je n'étais pas convaincu qu'il fallût, pour autant, négliger les questions environnementales, puisque sur ce terrain, précisément, le nombre toujours croissant de citoyens sensibles à l'environnement constataient la pertinence de l'action européenne. Je résistai donc à la volonté d'interpréter la notion de subsidiarité dans le sens d'une application laxiste des directives environnementales ou de la suppression de certaines initiatives utiles et nécessaires.

Cette attitude me valut un sérieux accrochage avec Delors. Comme la plupart des collègues se rangeaient de mon côté, la liste des initiatives à supprimer se réduisait comme une peau de chagrin. Aussitôt après la réunion, Pascal Lamy me téléphona pour m'annoncer, avec l'accent de Rambo: «Tu as un problème?». Ma réaction fut claire: «Je n'ai pas de problème, mais le président, lui, en a un. Adopter le profil bas en matière d'environnement lui vaudra, au mieux, une tape amicale sur l'épaule de la part de quelques Premiers ministres, mais cela ne fera du bien ni à la Commission, ni à l'Europe». Les choses en sont restées là.

La défense des consommateurs dans le Traité de Maastricht

Mon portefeuille contenait également un – très discret – volet Défense des consommateurs. Tout ce qui concernait l'alimentation était du ressort de l'Agriculture, qui s'occupait surtout, à l'époque, des producteurs. Seule une vingtaine de fonctionnaires avaient essayé, sans trop y réussir, de faire aboutir quelques initiatives. Par la suite, au fur et à mesure que l'installation du marché unique permettait à la concurrence de franchir les frontières, on vit émerger le besoin d'une défense – tout aussi transfrontalière – des consommateurs. En Grande-Bretagne et dans les pays membres septentrionaux de l'Union, la protection des consommateurs était prise très au sérieux.

Dans la partie sud, au contraire, tout restait à faire. Pourtant, une fois la machine mise en route, la protection du consommateur a pu être développée dans des domaines comme la sécurité des produits, les voyages organisés, le time-sharing et bien d'autres. Ces matières avaient d'ailleurs incité Mme Thatcher à solliciter quelques initiatives de la part de la Commission, alors même que la discussion sur la subsidiarité battait son plein. Il faut dire que bon nombre de sujets britanniques avait subi des arnaques dans des lieux de vacances situés en Europe méridionale, notamment en Espagne. Dans ces conditions, autant se résoudre à faire appel à cette maudite Commission européenne!

Malgré tout, étant donné que les traités européens n'avaient pas prévu cette compétence bien précise, l'action s'avérait délicate à mettre en œuvre.

C'est fin 1990 que démarra à Rome la conférence intergouvernementale destinée à mettre au point un nouveau traité, qui allait devenir le fameux traité de l'Union européenne. Il serait finalement bouclé un an plus tard, en décembre 1991, à Maastricht. Si l'essentiel du nouveau traité concernait, évidemment, l'union économique et monétaire, je souhaitais y voir aussi figurer d'autres thèmes proches du citoyen, comme la protection du consommateur.

Je me mis en devoir de convaincre des ministres amis. En vue des négociations sur le traité, nous avions nous-mêmes rédigé un projet de texte sur la défense des consommateurs. Il fut repris dans le projet global, avec l'appui formel de plusieurs délégations, mais Delors ne l'entendait décidément pas de cette oreille. Pour lui, cette question secondaire détournait l'attention de l'essentiel, à savoir l'Union monétaire.

Du reste, Delors considérait un peu les négociations de Maastricht comme sa chasse gardée personnelle. Nous n'avions que peu d'échos des pourparlers. Mais je tenais bon, convaincu que, dans le marché intérieur européen, la protection des consommateurs méritait une dimension transfrontalière, surtout dans le contexte de l'Europe du citoyen. Je reçus l'appui d'un allié inattendu en la personne du président Mitterrand, bien préparé par sa secrétaire d'État à la Consommation, Véronique Neiertz. En fin de compte, le traité de Maastricht allait contenir un article sur la protection du consommateur. La persévérance, on le voit, peut être payante…

Les voies terrestres, maritimes et aériennes…

Sans être friand du secteur des transports, je me motivai pour m'y atteler. Je compris bien vite que la CEE pouvait faire des progrès en cette matière, trop longtemps négligée. Des années durant, le Conseil des ministres avait abdiqué devant des situations nationales sclérosées, notamment dans le domaine des transports aériens et ferroviaires.

Il s'agissait, pour la plupart, d'entreprises publiques se comportant comme autant d'États dans les États, très liées aux fluctuations politiques nationales, souvent dominées par les syndicats, généralement déficitaires et peu soucieuses du service à rendre au consommateur. L'indolence du Conseil des ministres lui avait valu des condamnations prononcées par la Cour de justice européenne, saisie par le Parlement européen sur la base du traité de la CEE qui prévoyait une politique commune dans le domaine des transports (comme dans celui de l'agriculture).

À la suite de ce jugement, mais surtout de la dynamique du marché intérieur, il devenait pertinent de poser les questions relatives au transport dans un cadre plus transfrontalier. Certes, des avancées avaient été enregistrées. Ainsi, le transport routier était désormais soumis à une réglementation sur les temps de conduite et de repos, ou sur des normes techniques comme les dimensions et les poids des camions.

Le transport aérien, quant à lui, avait fait modestement ses débuts en 1988, ce qui avait quand même jeté les bases d'une véritable politique aérienne commune. Le courant nous était donc favorable, d'autant plus que mon mandat me permettait de collaborer de manière constructive avec une brochette de ministres des Transports sensibles à la dimension européenne: Neelie Kroes et Hanja Maij-Weggen aux Pays-Bas, Michel Delebarre et Jean-Louis Bianco en France, tout comme l'Espagnol Barrionuevo, le futur Premier ministre belge Jean-Luc Dehaene et les Allemands Jürgen Warnke et Günther Krause.

Malheureusement, beaucoup parmi eux ne sont pas restés longtemps titulaires de leur charge. Durant les quatre années de mon mandat, j'ai eu comme interlocuteurs quatre ministres des Transports en France, autant au Royaume-Uni et trois en Allemagne.

En Grèce, ce fut une ronde incessante. Par contre, je fus heureusement surpris par la franche collaboration dont m'honoraient les quatre ministres britanniques conservateurs qui se succédèrent au département des Transports. Alors que Madame Thatcher vilipendait Bruxelles, ils occupaient les premières lignes, surtout quand il s'agissait de développer une politique européenne des transports aériens. À cet égard, il faut citer le rôle joué par Malcolm Rifkind, le futur ministre des Affaires étrangères et par l'ancien président du parti conservateur Cecil Parkinson.

Le département des Transports (appelé aussi Direction générale VII) qui avait fait du surplace depuis des années, n'était pas en grande forme. Pourtant, dès que le vent devint plus favorable, le Directeur général, l'Espagnol Peña Abizanda, parvint à motiver ses services et à en élever rapidement le niveau. Détail piquant, Peña Abizanda, homme loyal et coopératif, fanatique du Real de Madrid, avait été grand diplomate sous Franco. Plusieurs fois, il soupira: «Qui aurait pu imaginer qu'un jour je servirais sous un socialiste belge... et que je serais heureux de le faire?» Il était sincère. Pour lui et pour moi, c'était le résultat tangible de l'unification européenne. La nouvelle Europe permettait à des gens d'origine diverse de travailler à l'avenir dans le respect mutuel, en faisant fi des cloisons nationales, historiques et partisanes. Vers la fin de mon mandat, le très compétent Britannique Robert Coleman succéda à Peña Abizanda. J'avais pu le choisir sans aucune pression de Londres ou de mes collègues britanniques, mais en me basant uniquement sur des critères de capacité et de dévouement.

À cette période, mon cabinet fonctionnait sous la direction de Michel Vanden Abeele, que j'avais connu en 1973 comme collègue au cabinet d'Henri Simonet, où il était déjà chef de cabinet adjoint. Sa grande expérience des cabinets, entre autres auprès des présidents Gaston Thorn et Roy Jenkins, et sa connaissance exceptionnellement polyvalente des dossiers en fit un excellent capitaine de ma petite équipe personnelle. Je leur laissais une grande latitude, tout en exigeant d'eux un maximum de loyauté, d'enthousiasme et de bonne entente. Ils ne pouvaient bien entendu s'interposer entre l'administration et moi-même ou s'occuper de questions de personnel au sein du département, prérogatives réservées au directeur général. Pour le reste, je préférais travailler directement avec les fonctionnaires en charge des dossiers.

Je me remémore volontiers cet épisode des transports. Peu versé au départ dans les questions touchant à ce secteur, je devais énormément bûcher et apprendre à me frotter à la réalité. Heureusement, je pouvais compter sur les conseils de Claude Chêne, issu de la DG VII avant de servir sous mon prédécesseur Lord Clinton Davis. Esprit sûr et polyvalent, il fut mon éclaireur. Plus tard, je le pris comme chef de cabinet. Durant mes onze ans de carrière comme commissaire européen, je n'ai eu que deux chefs de cabinets. Si j'ai pu engranger quelques succès, c'est en grande partie grâce à eux.

Une de nos priorités absolues avait trait au transport aérien. Nous avions le secret espoir d'en arriver à une véritable politique commune avant la fin 1992, du moins dans son aspect réglementaire.

Mais il nous fallait vaincre d'énormes résistances. La plupart des compagnies aériennes d'Europe était des entreprises publiques traditionnelles. Pesantes et ignorant souvent les questions de rentabilité ou de gestion, elles étaient très assujetties à l'influence politique et syndicale. Arborant partout les couleurs de leur nation, elles jouissaient d'un privilège de pavillon en matière de droits de trafic et d'infrastructures. Le système formait une toile d'accords bilatéraux très peu soucieux de la clientèle ou du marché, ce qui expliquait les tarifs élevés et une qualité de service médiocre. Rien d'étonnant si, en Europe, le commun des mortels pouvait s'offrir beaucoup moins de voyages en avion qu'aux États-Unis, où la politique aéronautique était libéralisée. Nous comprenions toutefois qu'il ne serait pas possible de rattraper la situation en une seule fois, mais qu'il fallait procéder par étapes réalistes. Sachant qu'un premier train de mesures timides avait amorcé la libéralisation dès 1988, nous espérions achever la réforme par deux nouvelles phases successives. C'était compter sans quelques réserves, non seulement de la part du Conseil des ministres mais aussi de la part de la Commission. Ainsi, Delors trouvait trop ambitieuse la dernière phase proposée et me le fit savoir. Mais il me laissa poursuivre.

Finalement, le Conseil des ministres approuva nos mesures dans les derniers mois de 1992. Certaines dispositions ne s'appliqueraient qu'au bout de plusieurs années, comme le «cabotage», autorisant par exemple la Sabena ou la KLM à exploiter une liaison entre Paris et Nice ou entre Londres et Édimbourg, donc à l'intérieur d'un pays membre. Toutefois, ce train de mesures jetait les bases d'une politique aérienne intégrée, puisque nos compagnies pouvaient désormais se développer librement sur le territoire de l'Union. En outre, le marché s'ouvrit à la concurrence de nouvelles entreprises, ce qui eut pour conséquence de faire baisser les prix de nombreuses destinations et de favoriser une expansion du transport aérien plus conforme aux besoins.

Néanmoins, quand je passe en revue ces années de travail, je ne suis pas entièrement satisfait des résultats. Par le biais, notamment, de divers «codeshare agreements», les compagnies aériennes restreignent ou contournent la concurrence. L'accès au marché n'est pas entièrement libre. Grâce, entre autres, aux «slots» (les créneaux d'atterrissage et de décollage), les principaux aéroports sont encore la chasse gardée des compagnies traditionnelles. Dès que des transporteurs «à coût réduit» menacent le marché, les grandes compagnies parviennent à leur barrer le passage. Ajoutez à cela que la Commission n'a obtenu aucune compétence externe en matière de politique aérienne, ce qui a créé une discrimination par la mise en place d'accords bilatéraux appelés «open sky agreements» entre les États-Unis et la plupart des États membres. Nous avons d'ailleurs dénoncé cette situation totalement inacceptable devant la Cour de Luxembourg. Nous sommes impatients de connaître son verdict, qui logiquement devrait nous donner raison. Bref, la libéralisation organisée sur papier ne s'est réalisée qu'à moitié dans la pratique. Même si la plupart des compagnies aériennes sont désormais privatisées entièrement ou partiellement, elles restent fortement liées à leurs pays d'origine. C'est même toujours le cas pour la KLM et la British Airways.

Les sociétés ferroviaires: autant de bastions nationaux

Mus par la même ambition, nous avons voulu réformer le transport ferroviaire, sous le slogan: «Renaissance du rail».

Constatant la congestion des routes ainsi que la dégradation de l'environnement et de la sécurité routière, notre désir était de rendre le rail plus attrayant. La technologie récente des trains à grande vitesse nous offrait un argument supplémentaire. Notre idée était de faire payer au transport routier, et plus spécialement aux camions, l'ensemble des coûts occasionnés, y compris ceux exigés par l'environnement et par la sécurité. D'autre part, nous voulions éliminer les obstacles qui entravaient la mise en place d'une politique ferroviaire intégrée. Nous espérions ainsi arrêter le déclin du rail. Hélas, plus encore que d'autres entreprises publiques, chaque compagnie ferroviaire se comportait comme un État dans l'État. Souvent leur entreprise, leur infrastructure, leur technologie, leur personnel, témoignaient d'une mentalité conservatrice et d'une inspiration franchement nationale. Néanmoins, le Conseil des ministres adopta une directive qui créait le droit – sous certaines conditions – d'utiliser l'infrastructure ferroviaire dans d'autres états membres.

Cette directive, qui allait rester lettre morte pendant très longtemps, déclencha tout de même une grève transnationale. J'ai ainsi l'honneur – discutable – d'avoir provoqué la première grève paneuropéenne. Quel malentendu! Nous voulions simplement aider à constituer un service ferroviaire attrayant pour les marchandises comme pour les passagers. Plus tard, d'autres collègues, comme Neil Kinnock, ont repris le flambeau, malheureusement sans trop de succès.

Lorsque Jacques Delors me demanda de plancher sur des réseaux de transports trans-européens, il ne dut pas me le répéter deux fois.

Nous avions réuni autour de la table toutes les instances compétentes des États membres afin d'harmoniser les plans nationaux.

L'idée de ces réseaux faisait son chemin. Le Parlement européen nous accorda même des moyens budgétaires pour aider à réaliser des lignes à grande vitesse reliant les États. De même, le concept fut incorporé dans le traité de Maastricht, grâce aux efforts incessants de Jacques Delors.

Nous avons pris de nombreuses autres initiatives dans le secteur du transport maritime, du cabotage et de la navigation fluviale. Elles n'ont pas toujours abouti. D'autre part, nous avons aussi travaillé sur le transport par autobus et sur la sécurité routière. Petit à petit, des éléments d'une politique intégrée se sont mis en place. Par ailleurs, trois accords de transit ont été fortement médiatisés: celui conclu avec l'Autriche faciliterait, plus tard, les négociations en vue de son adhésion à l'Union; celui conclu avec la Suisse deviendrait caduc après le référendum négatif sur l'Espace économique européen. Et les accords négociés avec la Yougoslavie ont été signés la veille du jour où l'ancienne Fédération a commencé à s'effriter, avant de sombrer dans les conflits sanglants que l'on sait.

Quoi qu'il en soit, nous avons pu engranger divers succès à la faveur d'une dynamique qui nous était propice. Pour la première fois depuis la création de la Communauté européenne, les questions de transports ont eu droit à un traitement en profondeur, ce que le monde extérieur a commencé à prendre au sérieux.

Malgré quelques divergences d'opinion, le président Delors sut apprécier mon engagement et mon travail. Fin 1993, lorsqu'il ne fit plus de doute que j'assumerais un deuxième mandat, je m'apprêtais à continuer sur ma lancée en matière de transports. Mais Delors me destinait à d'autres fonctions.

Chapitre IV

LA POLITIQUE DE CONCURRENCE: UN NOUVEAU DÉFI

La Commission qui allait entrer en fonction le 1er janvier 93 connaîtrait un statut particulier: ce serait une commission de transition qui ne durerait pas plus de deux ans. Le Traité de Maastricht avait intégré une série de dispositions en vue de donner aux institutions européennes un caractère plus démocratique. Ainsi avait-il été décidé d'aligner la durée du mandat de la Commission sur celle du Parlement. Auparavant celle-ci exerçait le pouvoir durant quatre années tandis que le Parlement, élu par voie directe, restait en place pour cinq ans.

Le Traité de Maastricht alignait la durée du mandat de la Commission sur celle du Parlement. De cette manière la Commission et le Parlement pouvaient mieux travailler de concert, ce qui devait atténuer quelque peu le manque de contrôle démocratique, défaut très critiqué des institutions européennes.

En cette fin 92, le mandat de la deuxième Commission Delors venait donc à terme et les élections européennes étaient prévues pour juin 94. Pour faire coïncider les deux mandats, les chefs d'États et de gouvernements décidèrent de nommer Jacques Delors une troisième fois à la tête de la Commission, mais pour une période limitée à la fin de l'année 94. En janvier 95, une nouvelle Commission prendrait ses fonctions pour cinq ans, parallèlement au mandat du nouveau Parlement européen.

Fin 92 donc, il fallut procéder à une nouvelle répartition des portefeuilles. Auparavant, le gouvernement belge avait accepté ma reconduction.

Quelques grosses pointures de la Commission démissionnaire, comme Leon Brittan, restaient à Bruxelles. Ce dernier avait des visées sur l'ensemble des Relations extérieures, un portefeuille géré par Frans

Andriessen dans la Commission sortante. Mais Delors voulait partager ces fonctions: le Commerce extérieur irait à Brittan et les Relations extérieures à Hans van den Broek – ministre des Affaires étrangères des Pays-Bas à l'époque. L'extension des compétences de l'UE par le Traité de Maastricht ne permettait plus de confier cette mission à un seul homme. En outre, Delors ne voulait pas d'un «super-commissaire» qui concentrerait toutes les compétences en matière de relations extérieures – et encore moins d'un conservateur anglais. Brittan regimba un temps et ne se résigna qu'au dernier moment au portefeuille qui lui avait été attribué. Après cet arrangement, Delors me téléphona et me demanda de m'occuper de la Concurrence. Ce n'était pas vraiment une surprise: je savais qu'il me destinait soit à la Concurrence, soit au Commerce extérieur.

«Le petit Belge mérite une promotion», avait confié Delors à Willy Claes, le ministre belge des Affaires étrangères.

La Politique de concurrence est en effet un portefeuille lourd et passablement délicat. Leon Brittan en avait fait son cheval de bataille idéologique, tant à l'extérieur qu'à l'intérieur de la Commission, ce qui lui avait valu quelques difficultés vers la fin de son mandat. «Je veux que tu restaures la crédibilité de la politique de concurrence», me disait Delors. Il me confiait donc une mission précise: m'attaquer de façon plus pragmatique à la concurrence. Cela correspondait d'ailleurs parfaitement à ma propre vision des choses. J'avais suivi les dossiers de la concurrence de la Commission précédente avec attention et étais donc déjà préparé raisonnablement à cette tâche.

Un démarrage en douceur

Le 1er janvier 93, je pris mes fonctions de commissaire à la Concurrence.

La presse financière britannique ne manqua pas d'observer qu'un social-démocrate belge succédait à un conservateur britannique dans la gestion de ce département. Un journal anglais me catalogua de «socialiste à l'ancienne mode», en insinuant qu'un socialiste fermerait sans doute les yeux sur des aides publiques et toutes sortes de monopoles d'État. Au début de mon mandat, il y eut quelques ricanements. Mes prédécesseurs Brittan et l'Irlandais Peter Sutherland avaient solidement ancré la concurrence dans le projet du marché intérieur européen. Ils intervenaient en conséquence contre tout ce qui pouvait entraver la libre concurrence. Il était communément admis que Van Miert agirait moins fort. Des projets comme la libéralisation de l'énergie et des télécommunications ou l'ouverture à la libre concurrence des services postaux allaient sans aucun doute être freinés ou mis au frigo. Çà et là, on allait jusqu'à insinuer que Delors aurait reçu ordre de Paris de retirer le pur et dur libre-échangiste sir Leon de la Concurrence au grand avantage de France Télécom, Air France et autres EDF. C'était mal connaître le nouveau titulaire. De bons observateurs des faits et gestes bruxellois en étaient bien conscients. Le *Financial Times* par exemple releva la libéralisation du secteur des transports aériens que j'avais pu faire avancer considérablement malgré les intérêts nationaux établis. Van Miert a une façon de travailler moins dogmatique et plus pragmatique, mais arrive aux mêmes résultats, estimait le journal britannique. On notait cependant un changement de climat: la libéralisation du marché intérieur européen soumettait déjà d'elle-même les entreprises à une concurrence plus dure; Bruxelles n'aurait donc plus à intervenir aussi fort. En outre, l'économie européenne était à la traîne, ce qui mettait les entreprises sous pression de ce côté-là aussi. «Le dilemme d'un socialiste», titra le journal financier anglais, qui suivait mon entrée en fonctions en tant que commissaire à la Concurrence avec une attention particulière.

La politique de concurrence s'est mise à occuper progressivement une place centrale dans la vie économique de l'Union européenne. Elle revêt d'ailleurs un caractère quasi constitutionnel. Les règles de base se trouvent dans les traités eux-mêmes. Les célèbres articles 81 et 82 (antérieurement 85 et 86) en matière de cartels et d'abus de position dominante et les dispositions concernant les monopoles (art. 86, antérieurement art. 90) et aides publiques (art. 87-88, antérieurement 92-93) sont en vigueur depuis 1958 déjà. Ce fait mérite d'être souligné puisque jadis un seul État membre, la République fédérale allemande, menait une politique de concurrence, introduite sous l'influence des États-Unis, pour éviter des concentrations de pouvoir économique trop importantes, comme celles que l'on avait vue dans l'Allemagne nazie. Aux États-Unis, la politique de concurrence remonte déjà à 1890, avec le fameux «Sherman Act». Cette loi résultait de la situation débridée d'une époque où des trusts industriels gigantesques abusaient de leur puissance pour éliminer des concurrents et exploiter fournisseurs et clients, d'où le terme antitrust. D'autre part, des préoccupations d'ordre démocratique avaient également fondé cette législation. Forts de leur puissance économique outrancière, certains trusts menaçaient de trop influencer et même de dominer la vie politique.

En 1989 on ajouta aux règles de base datant de 1958 un instrument essentiel en matière de concentrations d'entreprises: un règlement européen qui imposait un examen par la Commission, préalable à toute autorisation, pour les concentrations d'entreprises représentant plus de 5 milliards d'Euros de chiffre d'affaires. Élément tout à fait crucial de la politique de concurrence: le pouvoir de la Commission, inscrit dans le traité, d'appliquer directement les règles de concurrence tant vis-à-vis des autorités qu'à l'égard des entreprises.

Il s'agit, en effet, de faire respecter la loi. Pour pouvoir le faire de la manière la plus objective et cohérente possible, on a besoin d'une institution européenne indépendante, qui défend l'intérêt commun et non celui de pays ou d'entreprises nationales. Le Conseil des ministres, en tant qu'expression des intérêts nationaux, est par définition inapte à cette tâche. Pour cette raison, la Commission dispose de compétences étendues qu'elle peut et doit, à quelques exceptions près, exercer directement à l'égard tant des entreprises que des autorités nationales ou régionales. Ceci lui confère un pouvoir important, mais aussi une responsabilité particulière. Il va de soi que toutes les décisions de la Commission peuvent être contestées devant les juges européens à Luxembourg. En tant qu'autorité en matière de concurrence, la Commission exerce ainsi une fonction typiquement fédéraliste de nature quasi constitutionnelle.

Afin de pouvoir appliquer les règles de concurrence de manière efficace, les instruments nécessaires furent créés, pour effectuer par exemple des perquisitions d'entreprises ou imposer de lourdes amendes. Vu le nombre croissant de cas – actuellement plus de mille par an – et les nombreuses opérations à effectuer, on délégua graduellement de plus en plus de compétences au commissaire à la Concurrence. Du petit portefeuille qu'elle représentait il y a vingt ans encore, la Concurrence est devenue une des fonctions les plus prisées après la présidence. Le commissaire compétent sait qu'il est soutenu par un excellent département: la célèbre DG IV, rebaptisée bêtement DG Comp. depuis la «révolution Prodi».

C'est incontestablement une des meilleures directions générales de la Commission. Il est de tradition qu'un directeur général de nationalité allemande la conduise. J'eus la chance de pouvoir m'appuyer sur deux directeurs généraux remarquables: Klaus Ehlermann et Alex Schaub. Ce dernier exerce toujours cette fonction sous la direction de mon successeur Mario Monti. Deux excellents hauts fonctionnaires avec lesquels la collaboration fut sans nuages: connaissances solides, engagement intense, grand sens de la responsabilité et loyauté, malgré la pression énorme qui reposait sur eux. Ils firent le plus grand honneur à la fonction publique européenne en donnant inconditionnellement priorité au professionnalisme et à l'intérêt commun. J'eus ainsi un jour la visite de Joachim Bitterlich, le conseiller diplomatique de Kohl, qui venait se plaindre de Schaub. «Il semble avoir oublié sa nationalité» dit-il avec amertume. Mais pour moi, c'était le plus bel hommage qu'on puisse rendre à l'indépendance d'un fonctionnaire européen.

Quelques centres de gravité de la politique de concurrence

En jetant un regard rétrospectif sur mes presque sept années de travail comme commissaire à la Concurrence, il n'est pas facile pour moi de mettre en exergue des éléments prépondérants ni des résultats spécifiques. En fait, durant cette période, un nombre impressionnant d'affaires ont été réglées, dont quelques-unes sont décrites dans cet ouvrage. Toutefois, six domaines peuvent être considérés comme ayant marqué plus particulièrement cette période:

- la libéralisation de secteurs monopolistiques comme les télécommunications;
- la défense du marché intérieur contre les cartels et les tentatives de partage du marché;
- l'application réussie du règlement «fusions»;
- la lutte contre les aides publiques illicites;
- la modernisation et l'actualisation de la politique de concurrence, tant sur le plan du contenu que de la procédure;
- l'adaptation de la politique de concurrence à la mondialisation croissante.

La libéralisation

Dans la libéralisation des industries de réseaux régis antérieurement par des monopoles d'État, la politique de concurrence joue un rôle fondamental. L'ouverture de nouveaux secteurs dans le domaine de l'information, des transports, de la production et de la distribution énergétiques est d'une importance cruciale pour le bon fonctionnement du marché européen et, par conséquent, pour la position concurrentielle de l'économie européenne. Cette ouverture favorise en particulier l'innovation technologique.

L'importance fondamentale de la libéralisation du secteur des télécommunications a généralement été reconnue. La Commission n'a négligé aucun effort pour hâter le développement de l'informatique dans notre société et pour stimuler la position concurrentielle des entreprises européennes et l'emploi dans ce secteur. Le résultat de cette libéralisation apparaît dans le développement sidérant de la téléphonie mobile et de l'internet.

Ce qui aujourd'hui est considéré comme une réussite fut pourtant longtemps une marche difficile. Entamée à la fin des années 80, pendant la première Commission Delors, elle avança à pas hésitants et rencontra beaucoup de résistance. Dans la plupart des États membres, les entreprises publiques de communication formaient quasiment des États dans l'État. L'exemple le plus frappant, c'est en Italie qu'on le trouve: aucun gouvernement n'est parvenu, avant 1997, à mettre Telecom Italia au pas. En Belgique, cela ne se passait d'ailleurs pas beaucoup mieux.

Lorsque j'héritai en 93 du portefeuille de la Concurrence, le hasard voulut que Martin Bangemann, outre la Politique industrielle, s'occupe aussi des Télécommunications. Nos prédécesseurs avaient malgré une très forte opposition engagé par-ci par-là des actions dans la bonne direction, mais l'essentiel – la libéralisation à proprement parler des services de télécommunications – restait à faire. Nous étions tous deux fort motivés pour en venir à bout au cours de notre mandat: Martin, avec l'aide très efficace de ses services sous la conduite de Robert Verrue, s'occupait de la législation nécessaire. De notre côté, nous voulions appliquer pour la première fois systématiquement le fameux article 90 (à présent 86) pour mettre fin aux monopoles en matière de télécommunications et de réseaux câblés.

La Commission dispose effectivement de cette possibilité, mais la mise en œuvre doit se faire avec précaution. D'où l'importance de l'action de Bangemann pour créer les conditions nécessaires. Il faut dire qu'il agissait avec panache. Lors d'un mémorable conseil des ministres à Luxembourg, il manœuvra si bien que la plupart des États membres s'engagèrent à accepter la libéralisation du marché des télécommunications à partir du 1er janvier 98. Cinq États membres (Espagne, Portugal, Irlande, Grèce et Luxembourg) purent obtenir un délai supplémentaire, les quatre premiers même jusqu'en 2003. Quand je dis à Martin que 2003 était bien tard, il me répondit: «Nous allons veiller à nous deux à ce qu'ils soient tous embarqués avant la fin de l'an 2000!»

Delors disait de Bangemann: «Il est le plus intelligent de nous tous. S'il pouvait de temps en temps se décider à travailler...» En fait, Bangemann n'était pas un paresseux mais un bon vivant, un très bon vivant même. Le plus souvent, il se montrait enjoué et bon enfant, même s'il se permettait quelquefois aussi des sorties très dures. Il dévorait les livres et était malgré son apparence très cultivé. Mais il détestait les dossiers. Quand il ne s'agissait pas d'affaires qui le passionnaient, comme la télécommunication ou la société de l'information, il ne lisait ses dossiers qu'à moitié ou pas du tout, ce qui décevait et irritait très fort ses fonctionnaires. Les contacts avec son administration étaient des plus réduits et passaient le plus souvent par son cabinet. Pour les dossiers que nous traitions en commun, comme le problème de la sidérurgie, je recevais des copies de dossiers qui avaient été préparés pour lui par ses services. Ils étaient parfois accompagnés d'un commentaire tel que: «Voilà, comme cela nous savons avec certitude qu'au moins un commissaire les aura lus.»

Martin pouvait être incroyablement drôle et n'était jamais à court de bons mots.

Quand, encore fraîche émoulue, notre accorte collègue danoise Ritt Bjørregaard entreprit de publier ses mémoires où elle se plaignait des absences fréquentes de Bangemann, celui-ci para le coup par la boutade: «Elle m'aime tellement que, quand je ne suis pas là, je lui manque affreusement.»

Ses rapports avec les médias étaient pour le moins conflictuels. Et il ne se donnait pas la moindre peine pour les améliorer.

Quand il assistait à une réunion, Bangemann avait un mal fou à en attendre la fin. Il avait ce défaut qui caractérise beaucoup de gens supérieurement intelligents: ils manquent de patience et sont peu disposés à écouter les autres. Il est vrai que les discussions traînaient parfois inutilement en longueur, et les estomacs protestaient. Néanmoins, il joua dans la Commission un rôle plus important qu'on ne l'admet généralement. Ses interventions n'étaient jamais banales et avaient un poids certain dans le processus de décision. Et quand la discussion tournait à l'aigre, il avait l'art de détendre l'atmosphère par une boutade ou une plaisanterie.

À quelques exceptions près, Bangemann ne se laissait dicter ni ses positions ni ses votes par Bonn. Le soutien qu'il m'apporta dans la question du prix fixe des livres en est un exemple éloquent. Il avait par contre tendance à appuyer les souhaits des grandes entreprises, qui n'étaient d'ailleurs pas nécessairement allemandes. Cela signifie-t-il qu'il défendait des intérêts particuliers illicites? Je ne le crois pas. Mais il est vrai qu'il se sentait proche des capitaines d'industrie et de leurs groupes. Bremer Vulkan et Friedrich Hennemann, son patron de l'époque, en sont un exemple typique. Et son cœur libéral ne se mettait pas à saigner quand il défendait un monopole, comme dans l'affaire Kirch-Bertelsmann. Nos relations étaient en général bonnes et même cordiales. Il estimait sans aucun doute que je manquais de souplesse et de conduite pragmatique. J'ai pu cependant presque toujours compter sur son soutien. Et la façon dont nous nous attelions à deux pour faire avancer la libéralisation des télécommunications et sanctionner les contrevenants, peut à mes yeux être considérée comme un exemple de coopération.

Lors de sa dernière Commission – sous Santer – le mandat de Bangemann fut, à sa grande surprise, renouvelé. Il ne s'y attendait pas et avait déjà accepté de devenir partenaire dans un cabinet d'avocats parmi les plus célèbres. Mentalement, il avait fait ses adieux.

Vers la fin de la Commission Santer – et bien avant les événements qui mèneraient à la démission – il devenait de plus en plus flagrant que Bangemann décrochait. Les débats ne parvenaient plus à le passionner. Je me souviens d'un bel exemple: lors d'une réunion où manifestement il s'ennuyait, il me passa à un certain moment un dessin de voilier – c'était un fanatique de la voile – avec ces mots: «pour Karel Van Miert – ce dessin est jusqu'à présent le seul résultat concret de cette réunion. Martin Bangemann.»

Pour finir, il y eut l'affaire Bangemann elle-même. Martin avait été approché par la société de télécommunications espagnole Telefónica pour y occuper une fonction importante. Il s'était engagé sans vraiment se demander si cela était dans les règles. Santer fut dans tous ses états en apprenant la nouvelle. Il ne lui manquait plus que cela après tout ce qui était arrivé à sa Commission. Il demanda à Bangemann de venir se justifier devant la Commission. Avant la réunion, Martin vint me demander de témoigner devant les autres collègues que jamais il ne s'était mêlé indûment à des affaires de concurrence concernant des sociétés de télécommunications. C'était vrai, et cela ne me dérangeait pas de le confirmer, aussi bien publiquement qu'au sein du Collège. Sur ce point, Bangemann avait été irréprochable.

J'ai pourtant tenté de le dissuader de passer à ce moment à Telefónica, mais sans succès. Villalonga, le grand patron de Telefónica à l'époque, voulut sur-le-champ annoncer son passage à grand renfort de publicité. Dans sa tête, il avait de toute façon déjà quitté la Commission.

Son flair légendaire l'abandonna manifestement dans cette affaire. Son argument de défense final était que de pareils cas s'étaient déjà produits dans le passé. Ce qui était vrai. Mais à cette époque la Commission n'avait pas encore l'importance et l'autorité qui lui furent attribuées plus tard. Le contrôle politique n'en était qu'à ses débuts et les médias s'intéressaient à peine à elle. Mais après les événements qui avaient agité la Commission, il était écrit dans le ciel qu'une reconversion dans de telles circonstances ne pouvait susciter que des remous.

Une autre étape décisive fut également franchie dans le secteur de l'énergie. Les directives fixées durant la période allant de fin 1996 à mai 1998 pour les secteurs du gaz et de l'électricité firent l'objet de longues négociations, où les intérêts nationaux et des résistances comme celles d'EDF et de GDF avaient longtemps constitué des freins énormes. Alors que la libéralisation du marché du gaz a toujours quelques difficultés à prendre de l'ampleur, le marché intérieur de l'électricité a entre-temps bien démarré. La suppression des restrictions légales ne suffit cependant pas à entraîner une concurrence suffisante. Le monopole naturel de l'acheminement de l'énergie constitue une fameuse limitation à la concurrence effective sur les marchés de la production et de la vente d'électricité qui y sont liés. La question de l'accès au réseau et le prix à payer pour l'obtenir doivent encore être résolus. Dans de nombreux cas, l'intégration verticale de la propriété du réseau à la production et à la vente de courant électrique, constitue une barrière supplémentaire.

Trop peu d'États membres ont résolu de scinder totalement le transport et la distribution de l'électricité. Là où cela s'est fait, on constate dès à présent que la libéralisation permet des prix plus bas, un approvisionnement différencié et un service plus performant.

La libéralisation s'arrête-t-elle là? Non, il faut encore que les services postaux suivent. Il me paraît en outre nécessaire de soumettre la fausse évidence de monopoles «naturels» tel que celui de la distribution d'eau potable à un examen critique. ?

Il faut aussi que les autorités de concurrence prêtent une attention toute particulière aux anciens puissants monopolistes qui continuent à marquer plusieurs secteurs. Il est évident que la cessation des monopoles légaux ne signifie pas nécessairement la fin de la position dominante de ces entreprises. La suprématie écrasante qu'elles ont exercée sur le marché confrontera encore les autorités de concurrence à de nombreux cas d'abus réel ou supposé de position dominante, au sens de l'article 82 du traité de la CE.

La France monte au créneau pour défendre le secteur public

Les critiques sur la politique de libéralisation ne se firent pas attendre. Paris craignait que les services publics soient mis en péril par la libéralisation de certains secteurs. Le débat s'amplifia à mesure que les projets de libéraliser les secteurs de la télécommunication et de l'énergie se concrétisaient.

Avant moi, Leon Brittan avait déjà été la cible des Français, davantage pour des raisons idéologiques. Il avait en effet été ministre à l'époque de Thatcher, ce qui pour Paris était une raison évidente supplémentaire de tirer à boulets rouges sur sa politique de concurrence. Outre la France, les critiques fusaient aussi en Belgique, notamment dans mon propre parti socialiste flamand, en Italie et en Espagne. Mais en Allemagne, à ce moment-là pas de réaction, tout comme aux Pays-Bas et dans les pays scandinaves.

On percevait davantage une opposition entre le Nord et le Sud qu'un fossé entre la Gauche et la Droite. Il était frappant de voir la Droite française rivaliser avec la Gauche dans ces critiques. On peut l'expliquer par l'Histoire: les entreprises publiques ont toujours eu beaucoup d'importance en France et elles étaient mêlées de près à la politique de la Gauche ou de la Droite. Quand on privatisait, cela se passait souvent sous le contrôle des autorités, des banques d'État ou des organismes publics. Il faut ajouter à cela que les syndicats jouent un rôle très puissant dans ce type d'entreprises, qu'il s'agisse de France Télécom, EDF, Gaz de France ou Air France.

Des débats souvent fort vifs surgirent donc dans certains pays autour de la politique de libéralisation de la Commission. Je m'y impliquai souvent personnellement. Je trouvais que la discussion était menée de manière unilatérale et avec des arguments souvent dépassés. Certains partis politiques français – de gauche ou de droite – assimilaient encore les services publics à des entreprises publiques, auxquelles à leur tour était conféré un monopole d'État. C'était une sorte d'axiome, un principe politique dont il était difficile de se distancier. On pouvait pourtant constater que dans d'autres pays, dans le secteur de la télécommunication par exemple, où la concurrence avait été instaurée entre-temps, tout le monde arrivait à être servi, que les prix y étaient plus avantageux et le service meilleur. C'est le cas des pays scandinaves, qui possèdent une forte tradition sociale-démocrate mais ont pourtant été parmi les premiers à libéraliser entièrement ou en partie le secteur des télécommunications. Il n'est donc pas étonnant qu'ils aient pris de l'avance dans les domaines de la téléphonie mobile et de l'accès à l'internet. La libéralisation apportait donc un meilleur service à la population tout entière du pays. Peu à peu, les Français durent se rendre compte que ce que la Commission appelait «prestation de service universelle» constituait une alternative valable pour le service public à la française, un terme qu'ils se mirent à utiliser de plus en plus souvent. «À la française» ne signifiait en l'occurrence rien d'autre que entreprises et monopoles publics...

Ceci dit, il faut reconnaître que la plupart des entreprises publiques françaises tranchent favorablement par rapport à beaucoup d'autres États membres en ce qui concerne la qualité et la prestation de services. Mais même en France, il y avait parfois des situations bizarres: dans l'industrie du gaz par exemple. Gaz de France a un monopole, sans obligation de couvrir l'ensemble du territoire de la République. Dans certains lieux reculés subsistaient après la guerre quelques entreprises reconnues d'utilité publique, qui fournissaient une distribution locale de gaz. Mais lorsqu'elles voulaient étendre leurs activités à des communes voisines, conformément aux vœux de la population locale, Gaz de France s'y opposait en tant que monopoliste légal tout en n'étant même pas présent dans la région concernée. Ces petites régies se sont plaintes auprès de la Commission et nous leur avons donné raison – malgré une bien trop longue procédure. Cela montre que ce service public tant vanté était imparfait et empêchait certains citoyens d'avoir accès à des services élémentaires.

Au temps des monopoles, la qualité des services était en général pourtant fort discutable. Des sociétés publiques de téléphone avaient tendance à exister davantage pour elles-mêmes que pour le citoyen; des intérêts politiques ou syndicaux primaient souvent sur le reste. À l'époque du monopole de la RTT en Belgique, obtenir un raccordement téléphonique relevait d'une faveur. On vous mettait sur une liste et il fallait attendre des semaines, sinon des mois, à moins de connaître quelqu'un qui avait le bras long: si vous aviez une relation politique ou syndicale qui possédait un bon filon à la RTT, le raccordement pouvait être obtenu assez rapidement. Dans le cas des chemins de fer, à chaque grève, ce sont les utilisateurs qui en font les frais. Mon expérience en Belgique m'a sans doute marqué: mon propre parti y a toujours défendu la cause des entreprises publiques. Les gens qui y travaillaient faisaient donc partie des électeurs traditionnels du SP. Mais peu à peu, je réalisai que la manière dont ces entreprises étaient gérées relevait plus de la politique syndicale ou partisane que d'une gestion économiquement ou socialement justifiée. Les pertes – car il n'y avait généralement pas de bénéfices – étaient transférées vers le contribuable.

Voilà la mentalité qui régnait il y a une dizaine d'années encore en Belgique, mais aussi ailleurs. Quand je suis passé de la politique belge à la Commission, j'eus tout loisir de tenter de changer les choses. La Commission a toujours veillé à ce que la libéralisation ne devienne pas une chasse privée au cours de laquelle chacun choisit son gibier, mais à l'inverse, qu'elle profite à toute la population. Nous opposions la notion de «prestation de service universelle» à celle du service public. Cela signifie simplement qu'à l'intérieur d'un périmètre géographique donné, par exemple un État membre, chaque citoyen a le droit de revendiquer des services de bonne qualité à un prix raisonnable. Dans ce cas, ce sont les services et le citoyen qui occupent une place centrale, et non une entreprise déterminée. Si cela peut se faire via le fonctionnement normal du marché, c'est-à-dire par la concurrence, c'est tant mieux. Sinon l'autorité publique doit veiller à ce que les services puissent être offerts à tous universellement, d'une manière ou d'une autre.

Personne n'a jamais pu démontrer que la politique de libéralisation des prestations de service menée par la Commission ne respectait pas pleinement les intérêts des citoyens.

Mais malgré le fait que cette approche de la Commission ait été actée officiellement dans une communication en matière des «services d'intérêt général en Europe», la France et quelques autres pays parmi lesquels la Belgique insistèrent pour intégrer dans le traité d'Amsterdam une protection spécifique des services publics, selon le modèle français. Paris voulait plus spécialement réduire le pouvoir de la Commission d'appliquer l'article 90 (à présent 86).

Mais on n'en arriva pas là. En fin de compte, on intégra dans l'article 16 une référence aux services d'intérêt général. Ce qui était une reconnaissance de fait de la politique équilibrée de la Commission en cette matière.

Une politique de concurrence pour le citoyen aussi

La libéralisation n'est pas le seul moyen pour la politique de concurrence de veiller aux intérêts du consommateur. Par exemple, le marché européen de l'industrie automobile est encore aujourd'hui divisé en quinze marchés nationaux. Ces marchés partiels présentent souvent d'importantes différences de prix, parfois jusqu'à 50 pour cent pour la même voiture. La tentation est alors forte d'aller jeter un coup d'œil chez le voisin pour un achat aussi important. C'est d'ailleurs le droit formel des citoyens européens. Le marché intérieur est aussi leur affaire.

Depuis longtemps, les constructeurs automobiles désignaient un importateur national par pays. Un réseau de concessionnaires se voyaient ensuite attribuer une région où ils jouissaient du monopole de la vente d'une marque particulière. Cette pratique fut tolérée par les autorités européennes de concurrence par le biais d'une exemption collective (dite «exemption de groupe»).

En 1995, on y apporta une adaptation fondamentale pour mieux protéger les vendeurs et les acheteurs contre l'abus de pouvoir des constructeurs.

Ainsi les concessionnaires peuvent-ils à présent acheter des pièces détachées en dehors du réseau officiel du constructeur automobile. En outre, les constructeurs doivent fournir aux réparateurs qui ne font pas partie de leur réseau toutes les informations nécessaires à l'entretien et à la réparation des véhicules de ce constructeur. Et – probablement la disposition la plus importante de toutes – les consommateurs sont autorisés à acheter une voiture dans n'importe quel État membre de l'Union, directement ou par un intermédiaire. Ce règlement est pleinement en vigueur depuis octobre 96. Pour éviter tout malentendu, on ajouta encore une liste noire de pratiques totalement interdites. Ainsi un concessionnaire ne peut pas refuser de vendre une voiture à un habitant d'un autre État membre; un vendeur ne peut demander un prix plus élevé à un étranger; le consommateur étranger a droit aux mêmes avantages, par exemple à des ristournes ou un entretien gratuit; et le concessionnaire qui vend des voitures à des non-résidents ne peut être pénalisé.

À mesure que les consommateurs devenaient plus conscients – tandis que les écarts de prix demeuraient très importants dans le secteur automobile – la vente parallèle s'est fortement étendue. La Commission européenne publie actuellement deux fois par an les prix des automobiles dans toute l'UE. Ceci a particulièrement contribué à la prise de conscience du consommateur à ce niveau. L' «exemption de groupe» actuelle expire en juin 2002 et, avant cette date, la Commission doit procéder à une évaluation de son fonctionnement.

Les acheteurs de voitures au pied du mur des lamentations

Au milieu des années 90, une pluie de réclamations s'abattit sur la Commission, émanant principalement de consommateurs allemands, autrichiens et français qui voulaient acheter une voiture dans un autre pays. Les années précédentes avaient connu la dévaluation de certaines monnaies, telle la lire italienne, rendant les prix à la consommation et donc les prix des voitures dans un pays comme l'Italie particulièrement intéressants. Cela n'avait pas échappé aux consommateurs avertis.

Volkswagen et Audi notamment étaient devenus bien meilleur marché en Italie pour les Allemands et les Autrichiens. Mais ces deux marques interdirent à leurs vendeurs italiens de fournir des voitures à des non-résidents. En cas d'infraction à cette consigne, leur prime à la vente était réduite.

Sur base de ces plaintes, la Commission procéda à des perquisitions chez Volkswagen à Wolfsburg, chez Audi à Ingolstadt et chez Autogerma à Vérone (Autogerma est l'importateur principal de VW et Audi en Italie). Des documents qui prouvaient que les deux marques automobiles se livraient à des pratiques inadmissibles pour morceler le marché furent découverts.

La livraison de voitures à des agents italiens fut réduite et l'importateur Germa proféra des menaces à l'encontre de ceux qui ne respectaient pas les consignes d'interdiction de vente à des clients non-résidents, y compris la suspension ou l'annulation de leur contrat.

En outre, Volkswagen et Audi donnèrent comme instruction à des vendeurs italiens de déguiser les raisons véritables de leur refus de vendre. Il fallait avancer de faux arguments, comme des divergences dans les spécifications techniques des voitures destinées au marché italien et des problèmes éventuels au niveau de clauses de garantie.

À la lecture des documents saisis, il apparut clairement que Volkswagen et Audi étaient parfaitement conscients du caractère illicite des instructions imposées aux vendeurs italiens.

Audi alla même jusqu'à réclamer en Allemagne les documents d'enregistrement d'automobiles auprès des services publics habilités, pour vérifier chez quels concessionnaires étrangers les voitures avaient été achetées. Volkswagen et Audi communiquèrent aussi les numéros de châssis des voitures immatriculées à leur distributeur Autogerma en Italie pour lui permettre de contrôler chez quels agents italiens les autos avaient été vendues.

Toutes ces données suffirent à la Commission pour infliger à Volkswagen une amende très lourde de 102 millions d'euros. Il s'agit de la sanction la plus forte infligée à une seule entreprise. Volkswagen alla en appel. En juillet 2000, le Tribunal européen de Première Instance rendit un jugement qui donna raison à la Commission. Seul le montant des amendes fut légèrement diminué pour être ramené à 90 millions d'euros.

Entre-temps on assiste à une nouvelle affaire Volkswagen. Cette fois, il s'agit de la vente du modèle Passat. En Allemagne, le constructeur a menacé des vendeurs qui voulaient offrir des ristournes sur ce modèle.

Volkswagen est loin d'être le seul constructeur automobile à commettre des infractions. En septembre 2000, Opel Pays-Bas se voyait également imposer une lourde amende. La Commission a par ailleurs des enquêtes en cours à l'encontre de Daimler-Chrysler et de Renault.

L'évolution vers une plus grande libéralisation du marché est inévitable: en premier lieu, les prix du secteur automobile sont devenus nettement plus transparents depuis l'introduction de l'euro, et donc la tendance à acheter au-delà des frontières ira croissant. On peut dès lors se demander si, compte tenu de l'expiration de la réglementation existante en 2002, une prolongation est encore envisageable ou si le marché libre ne doit pas jouer à plein dans le secteur automobile, sans arrangements particuliers. Je suis même convaincu que le système actuel n'est pas tenable, car trop de producteurs s'en moquent éperdument. Il est en outre trop opposé au fonctionnement normal du marché intérieur. S'y ajoutent des développements récents, comme la vente en grandes surfaces ou via l'internet. Cela va évidemment poser des problèmes aux concessionnaires qui ont lourdement investi dans des show-rooms: peut-être faut-il imaginer des arrangements de transition.

Des pilules et des jeans

Dans d'autres secteurs aussi, les producteurs s'emploient à «bétonner» le morcellement du marché, au point que plusieurs régimes de prix existent dans différents pays, au détriment du consommateur. Prenons le secteur pharmaceutique. Les prix des médicaments varient parfois fortement d'un pays à l'autre. Cela est dû pour une bonne part – pour ne pas dire entièrement – aux grandes différences dans les systèmes de remboursement. Ce secteur est en effet encore dominé par des systèmes et des usages nationaux: on est encore loin d'une harmonisation européenne. L'industrie pharmaceutique fixe en effet ses prix d'après les systèmes de remboursement nationaux. En soi, cela ne constitue pas une infraction, à condition que l'importation parallèle des médicaments par-delà les frontières soit autorisée. Mais certains fabricants tentent de mettre des bâtons dans les roues.

La firme anglaise Organon Laboratories, département de la multinationale néerlandaise AKZO Nobel, pratiquait des régimes de prix distincts pour le Marvelon, une des pilules contraceptives les plus populaires au monde. La pilule était beaucoup plus chère aux Pays-Bas qu'en Angleterre. Le commerce parallèle était entravé par une suppression de ristourne en Grande-Bretagne si elle exportait le produit. Une action de la Commission a mis fin à cette pratique.

Le groupe chimique Bayer a encouru une amende de 3 millions d'euros pour avoir limité le commerce parallèle de l'Adalat, un médicament contre les affections cardio-vasculaires. Et la liste est loin d'être close.

Le textile lui non plus n'est pas un secteur sans reproches. Le fabricant anglais de jeans Lee Cooper voulut interdire l'exportation parallèle du marché anglais vers le marché belge plus cher. La Commission est intervenue et depuis lors cette exportation de jeans Lee Cooper est autorisée.

La protection du marché prend parfois des formes très subtiles. Le groupe de produits alimentaires Unilever dispose en Irlande d'un réseau très étendu de congélateurs pour la vente de crème glacée. On retrouve ces congélateurs jusqu'aux confins de la république irlandaise. Les commerçants les recevaient gratuitement, à condition d'y conserver uniquement de la crème glacée Unilever. On ne trouvait donc plus aucune autre marque de crème glacée dans ces magasins. Abus de position de marché dominante, jugea la Commission: Unilever dut aussi mettre fin à ces pratiques.

Un des grands fauteurs traditionnel contre les règles de la concurrence est le secteur sucrier. On y trouve quelques acteurs qui dominent le marché et osent parfois céder à la tentation de conclure entre eux des accords de prix. Au début des années 70 déjà, des producteurs de sucre belges, néerlandais, français, allemands et italiens furent frappés d'amendes pour accords de prix et abus de position dominante. Un cas récent est celui d'Irish Sugar qui, possédant 90 pour cent des parts de marché, ne pouvait résister à la tentation d'en abuser. Il y eut encore l'affaire contre British Sugar et Tate & Lyle qui avaient constitué un cartel de prix avec deux autres producteurs de sucre britanniques.

De plus en plus d'infractions aux règles de saine concurrence sont examinées sur base de plaintes émanant de citoyens ou d'entreprises elles-mêmes. Cette évolution ne pourra plus être enrayée. À mesure que le marché européen devient plus réel, que les citoyens s'expriment davantage et que les institutions européennes s'appliquent à rencontrer leurs exigences, ceux-ci s'adressent plus volontiers à la Commission européenne. Cette dernière lance également de sa propre initiative de plus en plus d'enquêtes concernant les infractions à la concurrence, dès qu'elle apprend certains faits par la presse ou par d'autres sources. Il est donc manifeste que durant les dernières années, la Commission européenne s'est fait un devoir de s'attaquer à des pratiques qui vont à l'encontre des intérêts des citoyens.

L'économie de pouvoir remplacera-t-elle l'économie de marché?

À l'heure où j'écris ces lignes, le règlement sur le contrôle des concentrations est en vigueur depuis exactement dix ans. Nous pouvons considérer qu'il s'agit là d'un véritable succès.

Ce qui est étonnant, c'est le développement spectaculaire de cette nouvelle branche de la politique de concurrence, qui reflète le nombre croissant de fusions et de concentrations nationales et transnationales, tant au niveau de l'Union qu'au niveau mondial.

Le nombre de cas de concentrations examiné par la Commission est passé d'une cinquantaine par an au début à près de trois cents en '99, année au cours de laquelle pour la première fois, l'UE affichait davantage d'opérations de concentration que les États-Unis. En outre, la Commission est de plus en plus souvent confrontée à des opérations mondiales.

Ce type d'opérations soulève le problème de l'efficacité du contrôle, par les autorités, d'opérations de concentrations qui dépassent le territoire à l'intérieur duquel une autorité de concurrence peut se déclarer compétente. Cette question est d'autant plus cruciale que ce genre d'opérations mène le plus souvent à des bouleversements dans la structure concurrentielle de toute une série de secteurs économiques. D'autre part, la consolidation à l'intérieur de certains secteurs a tellement progressé que les limites acceptables sont déjà atteintes. Je pense à l'affaire Boeing, mais également aux sociétés d'audit ou aux accords de coopération stratégique dans le domaine des moteurs d'avion. L'expérience acquise par la Commission lors de l'application de son accord avec les États-Unis s'est révélée particulièrement positive. La collaboration étroite entre la Commission et les autorités de concurrence américaines pour l'analyse des marchés et des mesures à prendre procède de manière systématique et concertée. L'enquête parallèle menée dans l'affaire de fusion WorldCom/MCI, qui fut étroitement coordonnée jusqu'au choix de solutions pour les points délicats, en est un exemple frappant parmi d'autres. Il n'y eut qu'un seul cas de différence d'appréciation importante, à l'occasion de l'affaire Boeing/McDonnel Douglas. Celui-ci fera l'objet d'un chapitre séparé.

Si on ne considère les opérations de fusion et d'acquisition qu'au niveau de leur nombre, l'importance des mouvements de concentration transnationaux en Europe s'explique non seulement par le mouvement général de globalisation, mais aussi par le mouvement d'intégration des marchés en Europe et la création d'une monnaie unique. Dans le traitement de ces affaires intra-européennes, la Commission a tenté d'éviter que des opérations de concentration donnent lieu à la formation ou au renforcement de positions dominantes tant sur des marchés déjà existants que sur des marchés nouveaux.

Du point de vue de l'application substantielle du règlement sur les fusions, le contrôle des opérations de concentration a connu un développement remarquable au cours de mon mandat. Il y aurait beaucoup à en dire; je ne mentionnerais que le développement de notre approche en matière de positions dominantes oligopolistiques.

Durant ces sept années, plus de mille dossiers de concentrations ont été examinés. Dans quatre-vingt-dix pour cent des cas, ils ne posaient pas de problèmes de concurrence graves et reçurent le feu vert en moins d'un mois. Les entreprises concernées doivent en effet attendre l'approbation de la Commission avant de pouvoir réaliser leur opération de concentration.

Dans la majorité des opérations projetées, on en connaît donc le résultat en un mois. Cela crée une certitude juridique totale à l'intérieur de l'ensemble du marché commun européen. La Commission est en effet l'unique interlocuteur des entreprises (il s'agit de la procédure dite «*one-stop shopping*» ou «*guichet unique*»).

Dans des cas plus complexes et problématiques, l'examen peut durer au maximum cinq mois. Dans une dizaine de cas, parmi lesquels l'affaire Kirch-Bertelsmann, traitée en détail dans cet ouvrage, nous avons dû interdire l'opération. Au moins autant d'autres projets de concentration ont été abandonnés par les entreprises dès qu'il est apparu que l'approbation de la Commission ne pourrait être acquise. Dans une trentaine de cas, comme dans l'affaire Boeing, des conditions très sévères furent imposées avant que l'autorisation ait pu être accordée.

Il semblerait que la vague des fusions perdure encore un temps. Ce qui est logique dans le contexte du marché intérieur, de l'UEM, ainsi que de la globalisation et du développement technologique. La Commission devra pourtant progressivement interdire davantage de concentrations ou imposer des conditions extrêmement strictes.

Si la politique de concurrence a aussi pour objectif de protéger l'économie de marché, elle n'est pas là pour ouvrir la voie à une économie de pouvoir.

Les aides publiques: une maladie traditionnelle

Le contrôle de la Commission sur la pratique des aides publiques est une tâche politiquement très délicate, car elle implique que la Commission intervienne dans des décisions émanant d'autorités nationales ou régionales visant à soutenir financièrement leurs entreprises ou à stimuler des régions ou certains secteurs. Certaines autorités, et non des moindres, acceptent à contrecœur l'idée que dans ce domaine, la Commission ait le dernier mot conformément au Traité de Rome.

La situation s'est encore compliquée du fait que l'octroi de subsides devient aussi de plus en plus une question régionale, surtout dans les États qui ont adopté le modèle fédéral. La Commission a dû ainsi se pencher fréquemment sur des mesures d'aide à des Länder allemands ou à des régions belges, ou sur des mesures fiscales pour aider la région basque autonome. Il faut s'attendre à ce que ce glissement des compétences au niveau des aides publiques vers les régions se poursuive dans les années à venir.

Pour accomplir cette tâche dans les conditions voulues, nous disposions d'un nombre trop restreint de collaborateurs. En dépit de cette situation, nous avons pu progressivement accroître notre emprise sur ces pratiques et ce, grâce à la ténacité du directeur général adjoint Asger Petersen et de sa petite équipe. Au sein de mon cabinet, Marc Van Hoof a assuré avec brio le suivi de ces dossiers délicats. Je lui dois beaucoup. Ce n'est pas un hasard si entre-temps, Mario Monti l'a nommé chef de son cabinet.

Aujourd'hui encore, le niveau de ces aides reste beaucoup trop élevé. Pour la période de 1995 à 1997, le volume total de l'aide publique accordée dans l'Union atteignait environ 95 milliards d'euros. Ce montant n'a pratiquement pas diminué depuis. La Commission doit continuer à faire pression pour réduire ce niveau, en vue d'empêcher que l'on continue à fausser par trop la concurrence. Les États membres eux-mêmes ont d'ailleurs objectivement tout intérêt à encourager une diminution de l'aide publique depuis l'introduction de la monnaie unique, qui implique pour chacun d'eux une discipline budgétaire plus stricte.

Depuis quelques années, la Commission intervient plus fermement que jadis contre les aides accordées par les États. Les nouvelles dispositions en matière d'aide aux régions ont été approuvées dans ce cadre. Elles visent à réduire tant le nombre et l'étendue des régions éligibles aux aides nationales et régionales, que le volume maximal acceptable de ces aides.

Dans la même optique de diminution du volume total d'aide régionale, la Commission a approuvé un encadrement multisectoriel qui permet un meilleur contrôle des grands projets d'investissement pouvant prétendre à une aide importante de la part des autorités, avec pour risque de fausser considérablement la concurrence. On a également adopté de nouvelles dispositions pour soutenir la restructuration d'entreprises en difficulté. L'approbation de ces aides est à présent soumise à des conditions plus sévères. L'approche plus stricte de la Commission dans l'examen de la compatibilité des mesures d'aide a d'ailleurs mené en pratique à des résultats concrets. Ainsi 31 dispositions négatives ont été prises en 1998, alors qu'il n'y en avait qu'une dizaine par an auparavant.

Durant ces dernières années, le champ d'application du contrôle de la Commission dans le domaine de l'aide publique a été fort élargi. Jusqu'alors, la Commission se concentrait principalement sur l'octroi de subventions à l'industrie de transformation. Depuis quelque temps, elle se penche également sur les secteurs des services – en particulier le secteur bancaire et l'audiovisuel. Dans le chapitre de cet ouvrage consacré au secteur bancaire, l'opération d'aide à la banque française Le Crédit Lyonnais est développée en détail. Le secteur audiovisuel pose la délicate question des subventions aux radios et télévisions publiques. Nous y reviendrons également.

Par la suite, la Commission a également examiné de manière approfondie des formes plus subtiles d'aide publique comme les garanties ou les mesures d'aide fiscale. En ce qui concerne les garanties, l'accord que j'ai conclu en juillet 1993 avec Andreatta, alors ministre des Affaires étrangères en Italie, est un exemple type de cette ligne de conduite nettement plus sévère. Par cet accord, l'État italien s'est engagé à supprimer la garantie d'État illimitée prévue par le code civil italien (article 2362) en faveur du holding public IRI et de toutes ses entreprises. À l'égard des mesures d'aide fiscale, la Commission poursuit à présent une approche plus volontaire, fondée sur une communication approuvée le 11 novembre 1998. Dans la foulée, et parallèlement au code de conduite en matière de mesures fiscales dommageables approuvé par le Conseil, la Commission a l'intention d'user de ses compétences en matière d'aide publique pour ouvrir des enquêtes au sujet de quelques dizaines de cas de mesures d'aide fiscale douteuse existant actuellement dans l'Union.

L'approche plus stricte dans le domaine des mesures d'aide et l'extension du champ d'application du contrôle de la Commission sont allées de pair avec une transparence et une sécurité juridiques accrues. En premier lieu, la Commission a intensifié ses efforts pour munir la réglementation en matière d'aide publique d'un cadre clair. À cet effet, toute une série d'encadrements de lignes directrices et de communications ont été approuvées.

Par ailleurs, l'absence d'une réglementation de procédure générale en matière d'aide publique a créé une insécurité juridique durant plusieurs années. Sur proposition de la Commission, le Conseil a approuvé le 22 mars 1998 un règlement qui doit augmenter la transparence et la sécurité juridique en matière de contrôle de l'aide publique. Ce règlement stipule les phases de la procédure de contrôle ainsi que les droits et devoirs des parties concernées à l'intérieur de chaque phase. Il traite successivement des mesures d'aide notifiées, d'aide illégale, de cas d'aide abusive, d'aides existantes et de leur contrôle. Le règlement aura aussi comme effet immédiat l'obligation imposée par la Commission aux parties concernées de respecter des délais plus stricts, ce qui permettra un contrôle plus sévère.

Enfin, il met la Commission en mesure de contrôler plus rigoureusement les pratiques d'aides, notamment en permettant des vérifications sur place auprès des entreprises.

Luther?

Outre ces aménagements et la discipline renforcée en matière d'aide publique, d'autres parties de la politique de concurrence furent profondément modernisées. Une nouvelle réglementation vit ainsi le jour concernant les accords dits verticaux entre producteurs et distributeurs. Elle permet d'éliminer une bonne partie de la bureaucratie sans qu'en soit affectée la lutte contre des pratiques anticoncurrentielles. La Commission peut à présent se concentrer sur des entreprises possédant un réel pouvoir de marché.

Enfin, on rédigea un livre blanc, qui propose une révision fondamentale du règlement n° 17 de 1962. Ici encore, l'objectif est de permettre à la Commission de s'intéresser d'emblée aux cas les plus importants éventuellement préjudiciables au jeu de la concurrence, plutôt que d'attendre d'en être avisée. C'est une nouvelle approche qui correspond mieux à l'évolution économique stimulée de plus en plus par le marché. Elle impose aussi une collaboration plus systématique avec les autorités nationales de concurrence.

L'époque était aux changements. La créativité et la capacité de la Commission en tant qu'autorité de concurrence à s'adapter aux nouvelles conditions furent en général accueillies de manière positive.

Le professeur Barry Hawk, célèbre avocat américain antitrust, se permit même une comparaison historique fort audacieuse. «Le Livre Blanc de la Commission, écrivit-il, a résonné à travers le pays comme les coups de marteau de Martin Luther clouant ses 95 thèses sur les portes du château de Wittenberg. À l'inverse de la Réforme du XVIe siècle cependant, celle-ci a été introduite par l'autorité en place. C'est comme si les Papes de la Renaissance (Karel et Alexander, en l'occurrence) avaient mené eux-mêmes la demande de réformes.»

Tout le monde ne partage pas le même enthousiasme. En Allemagne surtout on se montre guère empressé à trop changer les choses. Le Livre blanc y est considéré injustement comme un affaiblissement de la politique de concurrence européenne. Cela me rappelle la forte résistance allemande au règlement de fusion. À cette époque aussi, le *Bundeskartellamt* et plusieurs commentateurs allemands prétendaient que la Commission européenne ne serait jamais en état de mener une politique crédible en cette matière. Authentique!

Jamais je n'aurais voulu lier mon nom à un affaiblissement de la politique européenne de concurrence. Ce qui ne veut pas dire que rien ne pourrait être amélioré. Mais j'ai la ferme conviction que cette modernisation n'est pas seulement nécessaire (également dans la perspective de l'élargissement de l'UE) mais qu'elle garantit pour les décennies à venir une politique de concurrence efficace et proactive.

La Commission européenne prend les devants

L'intégration croissante de l'économie mondiale mène à une interdépendance sans précédent entre pays. La clôture de l'Uruguay Round en 1994 et la création de l'Organisation Mondiale du Commerce ont provoqué un démantèlement accéléré des barrières commerciales et stimulé très fortement les échanges commerciaux. Dans pratiquement tous les secteurs, les entreprises ont des dimensions multinationales voire mondiales, marquées par la vague récente de mégafusions et le nombre croissant d'alliances stratégiques internationales. Dans ces conditions, les problèmes de concurrence acquièrent aussi une dimension mondiale. La collaboration est indispensable pour traiter adéquatement les problèmes de concurrence à caractère transnational. Cette prise de conscience se situe logiquement dans la ligne de la globalisation et de l'évolution technologique.

Nous avons demandé en 1994 à un groupe de trois experts indépendants d'examiner ces questions. Le groupe a recommandé de diriger désormais les efforts parallèlement sur deux fronts: l'élargissement de la collaboration bilatérale de la Commission avec des pays tiers, et l'introduction d'un cadre multilatéral garantissant le respect de certaines règles de concurrence par tous les pays concernés.

Au cours de ces dernières années, l'UE s'est sérieusement intéressée à la collaboration bilatérale en matière de concurrence avec ses principaux partenaires commerciaux. Le meilleur exemple de cette collaboration se trouve dans les accords avec les États-Unis. En vertu d'un accord signé en 1991 et entré en vigueur en 1995, les États-Unis et l'Union européenne s'engagent mutuellement à collaborer dans l'application du droit de concurrence et à ne pas agir en dehors de leur territoire juridique. Un accord bilatéral a également été signé avec le Canada dans le prolongement de celui existant entre l'Union européenne et les États-Unis.

La collaboration bilatérale, tout en étant actuellement la plus fructueuse, implique cependant le danger de négliger les intérêts de pays tiers. C'est pourquoi, nous avons insisté sur la nécessité d'un cadre multilatéral à un niveau mondial, prévoyant l'application d'un certain nombre de règles de base communes en matière de concurrence. En 1996, la Commission a proposé de mettre la question à l'ordre du jour dans le cadre de l'OMC. Cette proposition a entraîné la mise sur pied d'un groupe de travail OMC en 1996 à Singapour, chargé, en dépit du caractère restrictif de son mandat, d'examiner l'interaction entre le commerce et la politique de concurrence. Cette question était parmi les points à débattre à la conférence de Seattle de décembre '99 qui se solda par un échec. On mettra sans doute encore beaucoup de temps avant d'en arriver à des résultats tangibles. Mais la nécessité se fait de plus en plus sentir. La Commission a le mérite d'avoir lancé le débat. C'est ce qui s'appelle voir plus loin que le bout de son nez. Après quelques années de retard, cette approche a maintenant reçu l'appui des États-Unis.

Chapitre V

LA COMMISSION SANTER: UNE PÉRIODE MOUVEMENTÉE

Au début du mois de février 1994, je reçus un coup de fil du Premier ministre Jean-Luc Dehaene: il m'invitait à déjeuner. Dehaene n'invite que rarement sans but précis. Quand il vous propose cela, c'est qu'il va se passer quelque chose.

Cétait environ dix mois avant l'installation d'une nouvelle Commission. Les tiraillements autour de la nomination ou de la confirmation des commissaires battaient déjà leur plein dans les capitales. On était aussi à la recherche d'un successeur pour Delors. Devenu entre-temps légendaire, celui-ci avait marqué de son empreinte formidable le développement de la Communauté (appelée ensuite Union). Il fallait lui trouver un digne successeur.

Pour ma part, je tablais sur ma renomination. À l'intérieur de la coalition chrétienne-démocrate et socialiste, il avait déjà été convenu que je serais proposé pour un nouveau mandat.

Mais çà et là des rumeurs se mirent à circuler selon lesquelles Wilfried Martens, le prédécesseur de Dehaene à la tête du gouvernement belge, aurait des chances de devenir président de la Commission. Pendant le déjeuner, Dehaene se déboutonna: «Écoute, tu es notre candidat pour la Commission – c'est convenu. Mais qu'allons-nous faire si nous décrochons la présidence pour Wilfried Martens?»

J'attirai son attention sur les engagements pris et sur le fait que j'avais de fortes chances de garder la Politique de concurrence, qui était tout de même considérée comme un portefeuille important. En outre, je n'étais personnellement pas tellement convaincu que Martens avait des chances réelles de devenir président de la Commission. Et s'il en était ainsi, on pourrait toujours en reparler.

Accord entre Bonn et Paris

Après déjeuner, je restai sur une impression de malaise. Mais je n'avais pas perçu que Dehaene tâtait le terrain pour lui-même. Cela n'apparut clairement qu'au début de l'année 94. John Palmer, le correspondant bruxellois du *Guardian* révéla que Jean-Luc Dehaene était le grand favori à la succession de Delors. J'allai trouver Willy Claes, qui à cette époque était encore ministre des Affaires étrangères, et lui demandai ce qu'il en était. Claes était parfaitement informé. Il était visiblement embarrassé et fit mine de penser que les choses n'iraient pas si loin. En réalité, comme il apparut après coup, tant Dehaene que Claes avaient leur propre agenda personnel. Le premier visait la présidence de la Commission, le second le secrétariat général de l'OTAN. Et tant pis pour les engagements antérieurs.

Dehaene avait été lancé sur orbite comme candidat à la présidence de la Commission par le chancelier fédéral Kohl! Lors de l'excellente présidence belge de l'Union européenne, celui-ci avait été très impressionné par Dehaene.

Jean-Luc Dehaene: figure de proue de la politique belge

Dehaene possède en effet la qualité inégalée de concocter des solutions à la belge pour les problèmes les plus compliqués. Ce qui lui a valu le surnom de «démineur». Longtemps, il exerça son travail influent et créatif dans les coulisses, entre autres comme chef de cabinet du Premier ministre Martens. Plus tard, il se mit au premier plan en tant que ministre des Affaires sociales. Après les élections du 13 décembre 87, il eut l'occasion de donner libre cours à ses talents de démêleur de nœuds politiques. Dehaene reçut alors du Roi la mission de former un nouveau gouvernement, ce qui allait prendre cinq mois dans un contexte politique complètement bloqué. Finalement, on mit sur pied une nouvelle coalition entre démocrates-chrétiens, socialistes et Volksunie. Au moment où le futur programme de gouvernement était pratiquement dans le sac et alors que chacun partait du principe que Jean-Luc Dehaene allait guider la nouvelle coalition, Wilfried Martens refit surface comme candidat Premier ministre. Pour Dehaene, c'était visiblement une grosse déception. Lors de la répartition des portefeuilles, le camp démocrate-chrétien sembla même l'avoir «oublié» pour une charge honorable. Finalement, il obtint le ministère des Communications et des Transports. Cela nous permit de collaborer encore plus étroitement: moi en tant que commissaire européen, lui comme ministre belge exerçant les mêmes compétences. Nous nous rencontrions régulièrement lors de Conseils de ministres des transports. C'est ainsi que nous avons appris à mieux nous connaître. Il se laissait parfois aller à quelques confidences, ce qui n'était pas dans son habitude. C'est à cette époque qu'il devint manifeste que le fossé entre Martens et lui s'était élargi. Le dernier gouvernement Martens tomba prématurément et le 24 novembre 1991, il y eut de nouvelles élections. Ce jour-là entra dans les annales de la politique belge sous le nom de Dimanche noir, parce que tous les partis traditionnels perdirent des voix alors que le Vlaams Blok, parti de l'extrême-droite, fit un bond en avant spectaculaire. Pour Dehaene, ce fut une très lourde déconvenue. Il envisagea même de quitter la politique. Nous gardions cependant le contact et de temps en temps nous déjeunions ensemble. Quand il apparut à quel point il était difficile de former un gouvernement, Dehaene fut à nouveau envoyé dans l'arène. Il était à peu près le seul en Belgique à pouvoir encore imaginer une solution à des situations inextricables. Il fut question de lui confier la direction du gouvernement flamand, mais il parut vite incontournable à la tête du fédéral. Sous sa houlette, la Belgique allait enfin s'attaquer sérieusement à une politique de redressement. Le grand mérite de Dehaene est d'avoir bien préparé la Belgique à l'UEM. Le déficit budgétaire fut résorbé plus vite que prévu et une réduction drastique de la dette publique fut engagée. C'est sur cette toile de fond que la Belgique allait exercer durant la seconde moitié de 1993 la présidence européenne, dont Delors dirait plus tard que c'était un plaisir exceptionnel d'avoir pu collaborer avec une présidence de cette qualité. Dehaene connut à cette époque son plein épanouissement. Après tous les dossiers belges compliqués, il allait s'attaquer avec brio à des questions européennes restées trop longtemps sans solution. Il a ainsi démontré son talent inégalable pour concocter des compromis en réglant la question du siège des institutions européennes qui traînait en longueur. Avec les ministres Claes (Affaires étrangères) et Maystadt (Finances), Dehaene avait durant cette présidence gratifié la Belgique d'une excellente réputation.

Lorsque le chancelier fédéral Kohl mit la candidature de Dehaene sur le tapis, elle fut bien accueillie à l'Élysée. À Paris aussi, Dehaene avait bonne réputation. Bonn et Paris préféraient de toute manière proposer sa candidature comme nouveau président de la Commission à celle de Ruud Lubbers. Le Premier ministre néerlandais s'était lui aussi jeté dans la bataille pour la présidence, non sans se faire beaucoup d'illusions. Kohl ne l'avait d'abord pas détrompé, même lorsque le verdict était déjà tombé dans les cénacles: Lubbers avait déplu à Kohl lors des débats autour de la réunification allemande. Et quand on marchait sur les pieds de Kohl, on pouvait oublier le reste. Avant Lubbers, Kurt Biedenkopf et plusieurs autres avaient fait la même expérience.

Le courrier de Dehaene

Pendant qu'en coulisses on tirait les ficelles pour décrocher la présidence, face à moi, Dehaene faisait semblant de rien. L'accord entre Paris et Bonn sur sa candidature existait pourtant bel et bien. J'en reçus la confirmation par Pascal Lamy, le chef de cabinet de Delors, que je rencontrai dans les couloirs. Lamy me dit sans ambages que Paris aussi soutenait Dehaene et que l'affaire était entendue. La confirmation lors du sommet européen à Corfou ne serait qu'une formalité.

J'étais parfaitement disposé à faire de la place à un compatriote si celui-ci pouvait obtenir la présidence de la Commission. Mais la façon dont les choses se déroulaient me déplaisait et je ne me privai pas de le faire savoir. Dehaene m'envoya le 22 juin, un mois avant Corfou, une lettre circonstanciée. Il y reconnaissait que ces mois de spéculations sur sa présidence n'avaient pas dû être très agréables pour moi. «J'ai l'impression que tu me reproches de ne pas avoir joué franc jeu», écrivait Dehaene, qui clarifiait ensuite la situation. Il avait été convenu que le poste de commissaire européen serait pris en compte dans la répartition des portefeuilles au niveau fédéral. «Il faudra donc compenser cela dans le cas où tu n'exercerais plus cette fonction.». En clair: je pourrais alors reprendre un poste ministériel en Belgique. Il poursuivait: « Dès le départ, j'ai posé comme principe que si notre pays a des chances d'obtenir la présidence, cela constitue une nouvelle donnée. L'intérêt de la fonction et du pays devrait alors primer.» Plus loin encore: «Quand, début décembre, je me trouvais chez Kohl, il m'a longuement entretenu de la succession de Delors. Il a cité plusieurs candidats et m'a demandé où en était Martens et s'il pouvait être proposé par le gouvernement belge. Je lui ai dit que c'était difficile à cause d'accords internes. Il va de soi que le président est désigné par les gouvernements. Si un consensus se dégageait autour de Martens pour la présidence, cela constituerait donc un nouvel élément. À la fin de la conversation, il me dit que je serais aussi un bon candidat, faisant référence à la présidence (belge). Mais nous avons laissé cette question de côté. Ensuite je n'en ai plus entendu parler jusqu'au moment où Willy Claes m'a fait savoir fin février qu'on citait mon nom à Paris pour la succession de Delors. Je voulais préciser cela pour éviter des malentendus entre nous. Je suis en effet persuadé que nous serons appelés à collaborer plus tard, où que ce soit, et je le souhaite aussi. J'aurais peut-être dû en parler plus tôt, mais je me trouvais moi-même dans une situation impossible, ce qui fait que je ne savais pas trop bien comment aborder la question.»

À Corfou, on ne fait pas que du tourisme

Le sommet européen du 24 au 25 juin 94 peut se définir franchement comme un des plus dramatiques de l'histoire européenne. Tous les ingrédients étaient réunis pour en faire un passionnant thriller diplomatique: douze chefs d'État ou de gouvernements qui devaient désigner un successeur à Delors, sur fond de luttes intestines et de sensibilités politiques internes très prononcées comme en Grande-Bretagne, dont les gouvernants devaient tenir compte. L'île grecque de Corfou baignait dans le soleil d'été. Mais au palais de l'Achilleion, les nuages d'orage s'amoncelaient au-dessus de la tête de Dehaene. On s'attendait à une opposition des Britanniques. Les journaux anglais – les tabloïds et les plus sérieux – s'étaient évertués les jours précédents à dresser l'opinion anglaise contre lui. «Encore pire que Delors», «Jean-Luc le Terrible», voilà un échantillon des titres dénigrants qu'on pouvait lire. L'anti-européen *Daily Telegraph* exhortait Major à faire usage de son droit de veto. La question devait être tranchée le soir lors du dîner au palais de l'Achilleion. Trois candidats s'affrontaient: Dehaene était le grand favori, Lubbers avait été proposé par les Pays-Bas et Leon Brittan était soutenu du bout des doigts par John Major. Dehaene et Lubbers, qui étaient tous deux Premiers ministres et par conséquent membres du Conseil européen, étaient restés dans leurs chambres d'hôtel et n'assistaient pas aux pourparlers. Mitterrand et Kohl n'y allèrent pas par quatre chemins: ils voulaient désigner au plus vite Dehaene comme nouveau président de la Commission. Mais cette soirée-là ne porta pas conseil. Au petit matin, tout le monde alla se coucher. Le lendemain, samedi 25 juin 1994, Lubbers retira sa candidature pour débloquer l'affaire. Mais ce fut peine perdue: dans le rôle traditionnel du «seul contre tous», que d'autres premiers ministres britanniques avaient joué avant lui, Major opposa son veto à la candidature de Dehaene.

Major avait donc dit non à «son ami Jean-Luc». J'avais moi-même déjà fait une croix sur un nouveau mandat de commissaire et je réfléchissais à d'autres défis.

Par une curieuse ironie du sort, je me retrouverai à nouveau membre de la Commission, à cause de l'opposition d'eurosceptiques britanniques. Quant à Dehaene, il allait entamer sa période la plus fructueuse comme premier ministre. Sa mésaventure l'avait rendu tout à coup très populaire, ce qu'il n'avait jamais été auparavant.

Et après Corfou?

Après le veto britannique contre Dehaene, de nouveaux noms surgirent ici et là, entre autres celui de l'Irlandais Peter Sutherland. Il avait été membre de la première commission Delors, où il avait dirigé avec brio et fermeté la Politique de concurrence. Mais cette candidature ne convenait pas à Paris. Le nom du Premier ministre italien Giuliano Amato fut aussi donné comme candidat. Un homme talentueux et courageux, mais également controversé: dans sa vie politique antérieure, il avait fréquenté Bettino Craxi, l'ancien Premier ministre tombé en disgrâce. Cela parut un handicap insurmontable, ainsi que le fait qu'il appartenait à la famille socialiste. Après le socialiste Delors, on donnait la préférence à un démocrate-chrétien. Finalement c'est Kohl lui-même qui mit le nom de Jacques Santer sur le tapis. Lorsque Kohl appela Santer, le Luxembourgeois ne comprit pas ce qui lui arrivait. Il n'avait jamais imaginé qu'on lui ferait un jour une telle proposition. Il finit cependant par accepter le poste.

Cette fois Kohl semblait avoir pris suffisamment de précautions pour que cette ultime tentative n'échoue plus. Mais de nouvelles difficultés menaçaient, cette fois du côté du Parlement européen. La presse avait accueilli la candidature de Santer avec beaucoup de scepticisme. La plupart des commentaires allaient dans le sens de: «à défaut de mieux» et «après l'élimination des meilleurs candidats» on a sorti Santer d'un tiroir. Elle apparaissait comme un signe de faiblesse après la vigoureuse période Delors et l'élimination de Dehaene. Lorsque

Santer se présenta en juillet 94, après sa désignation, devant le Parlement européen, il ne fut pas simple de trouver une majorité pour appuyer sa candidature. Les choses faillirent encore une fois mal tourner. Mais dans les coulisses, on fit jouer la discipline de parti, car la perspective d'un nouvel échec avait fait passer le feu au rouge à Bonn. Quelques interventions auprès du gouvernement espagnol, le rappel à l'ordre d'un certain nombre de parlementaires du PSOE et on put finalement dégager une modeste majorité au Parlement européen pour soutenir la candidature de Santer. Des 521 parlementaires participant au vote, 260 votèrent pour et 238 contre lui. C'était donc fort juste. La Commission Santer démarrait sous une mauvaise étoile, il était déjà écrit dans les étoiles qu'elle aurait des problèmes avec le Parlement européen.

Tout comme Delors, Santer voulait régler la répartition des portefeuilles à l'amiable pour éviter une nuit des longs couteaux. Il y réussit grâce à une bonne préparation. La distribution eut lieu le 29 octobre 1994 à Senningen, au Grand-Duché de Luxembourg, non sans problèmes. Le partage de compétences entre Leon Brittan et Hans van den Broek surtout provoqua de longues et vives discussions. Brittan voulait gérer les relations avec l'Europe centrale et orientale et présider aux futures négociations sur l'élargissement. Mais Santer avait apparemment déjà promis ces compétences à van den Broek; Brittan dut donc renoncer à l'Europe centrale, à son grand mécontentement. On buta sur une autre difficulté: le portefeuille des Affaires sociales qui fut attribué à l'Irlandais Padraigh Flynn. Comme il comprenait aussi la politique d'Égalité des chances, les femmes de la Commission exigèrent que cette tâche soit dévolue à une commissaire, mais Flynn ne voulait rien entendre. Une autre discussion porta sur les compétences d'Emma Bonino qui débarqua des États-Unis alors que la réunion avait déjà commencé. Elle venait tout juste d'être proposée par le gouvernement italien. Quand elle rejoignit Senningen, il ne restait pratiquement plus que la politique de protection des consommateurs. Ce maigre portefeuille ne lui suffisait absolument pas et nous eûmes sur-le-champ un petit avant-goût de son comportement fougueux et hyperactif – pour employer un euphémisme… Elle se mêlait à tout propos au débat, bien résolue à ne pas se laisser mettre à l'écart. La radicale Italienne exigeait par exemple d'être associée à la Politique étrangère. Elle provoqua l'étonnement et l'agacement croissants tant de Santer que de Brittan et de van den Broek: ils n'en croyaient pas leurs oreilles. Finalement, Manuel Marin trouva la solution: il était disposé à céder l'ECHO (l'organisation de secours humanitaire européenne) à Bonino qui s'y intéressait très fort. En contrepartie, Marin comptait sur le soutien de Santer pour devenir vice-président de la Commission. Il y attachait visiblement beaucoup d'importance. Il était pourtant prévu à ce moment que la vice-présidence me reviendrait, mais pour moi ce n'était pas une priorité. J'attachais beaucoup plus d'importance au développement et à l'approfondissement de la politique de concurrence. J'avais déjà obtenu cet engagement de Santer et il fut confirmé à Senningen. En ce qui concerne la vice-présidence, je n'insistai donc pas.

À cause des interminables discussions à Senningen sur la répartition des portefeuilles, il ne restait plus de temps pour aborder d'autres points importants comme le futur programme et surtout le fonctionnement de la nouvelle Commission. Je m'étais pourtant promis d'intervenir sur ce sujet. Pour moi, il était clair qu'il fallait d'urgence apporter des corrections au fonctionnement interne de la Commission.

Vers la fin de son mandat, Delors avait pris conscience d'un certain nombre de faiblesses dans le fonctionnement de la Commission et il estimait venu le moment d'y remédier. Lui-même n'en avait plus le temps. Je reçus mission, avec un petit groupe de collaborateurs de choix comme David Williamson, Riccardo Perissich, Dieter Frisch, Frans De Koster, Jean-Pierre Jouyet, Carlo Trojan, Nigel Evans et Claude Chêne, de mettre sur papier quelques idées dont la nouvelle Commission pourrait faire son profit.

Delors m'avait confié cet exercice parce que j'avais hérité, durant sa dernière brève Commission de 1993 à fin 1994, du portefeuille Personnel et Administration. Je ne l'avais pas du tout demandé, mais Delors estimait qu'il fallait que je l'ajoute à celui de la concurrence. Durant cette période, j'avais souvent exprimé mon désaccord à propos d'une série de situations à l'intérieur de la Commission. Tel par exemple le statut beaucoup trop rigide du personnel, qui laissait la Commission pieds et poings liés. La gestion du personnel était beaucoup trop laborieuse. On appliquait un système de quotas bien trop strict, basé sur la nationalité. D'excellents candidats n'entraient pas en ligne de compte pour un poste taillé pour eux ou pour une promotion, parce que telle ou telle fonction était réservée pour telle nationalité. Cette rigidité était encore renforcée par l'attitude de plusieurs collègues (ou de leur cabinet) qui veillaient comme une mère poule sur les fonctionnaires de même nationalité qu'eux. La longueur et la complexité des procédures nous empêchaient d'intervenir rapidement et énergiquement dans des questions disciplinaires. On enregistrait également beaucoup de plaintes sur le caractère nettement corporatiste des syndicats dans la Commission. Entre eux, et ils sont nombreux, ils se livraient à une surenchère systématique pour gagner la faveur des fonctionnaires. En outre, une cinquantaine de fonctionnaires étaient payés par la Commission pour faire du travail syndical à temps plein. Tout cela alors que les fonctionnaires jouissent d'un statut très favorable et sont très bien rémunérés. Par leur attitude et leur conservatisme, les syndicats formaient donc eux aussi un obstacle sur la voie de la modernisation et de la rénovation.

Exercice de réflexion sur l'organisation de la Commission 1995-1999

En août 94, le travail était terminé. Une note récapitulative reprenait d'abord les points faibles du fonctionnement de la Commission.

« La structure administrative est en retard de vingt à trente ans, tandis que le nombre des États membres et l'ampleur des compétences se sont accrus considérablement durant cette période. » Bien que la comparaison avec bon nombre d'administrations nationales lui fût encore toujours favorable, la nouvelle Commission devait cependant soumettre ses structures et son fonctionnement à un examen critique. Son rôle politique et institutionnel serait de toute façon examiné durant la Conférence intergouvernementale de 1996. Il valait mieux que la Commission puisse démontrer sa capacité à prendre elle-même énergiquement son sort en mains et à procéder à des réformes constructives.

La Commission s'était longtemps considérée comme le moteur de l'Union européenne, déplaçant continuellement les balises politiques. Les dernières années avaient vu naître de nombreuses initiatives. Tous ces nouveaux projets devaient être correctement gérés. En outre, la Commission se voyait régulièrement confier de nouvelles missions par le Conseil ou le Parlement. Ceci impliquait la création d'un énième appareil administratif. Les difficultés rencontrées dans l'accomplissement de ces nouvelles tâches menaçaient de porter atteinte à la crédibilité politique de la Commission.

Car à la vitesse avec laquelle évoluaient les choses à ce moment-là, on ne mesurait pas bien les conséquences en termes de personnel lors du lancement de nouvelles propositions ou initiatives. Ainsi, plusieurs programmes insuffisamment pourvus en personnel ne pouvaient fonctionner de manière efficace. On engageait alors des experts externes ou on avait recours à d'autres expédients qui soulageaient peut-être temporairement, mais qui n'avaient aucun rapport avec une bonne gestion. Il était indispensable que toutes les institutions européennes prennent ici leurs responsabilités. La Commission devait balayer devant sa porte: si elle voulait obtenir du nouveau personnel pour de nouvelles missions, il lui fallait clairement démontrer que ses effectifs en place étaient employés efficacement.

La gestion des moyens financiers était parfois boiteuse elle aussi: dépenses mal planifiées, crédits utilisés de façon non optimale.

L'augmentation du nombre de lignes de crédit, souvent obtenues sous la pression du Parlement pour mettre en route l'une ou l'autre action liée à l'actualité, aggravait encore cette situation. Toutes ces difficultés résultaient fréquemment d'une non-observance des procédures adéquates, pour les adjudications par exemple. Les critiques de la Cour des comptes et du Parlement étaient souvent justifiées. Elles minaient l'autorité de la Commission.

Il était impératif de séparer la négociation des contrats de gestion et l'exécution de ces accords, ceci dans le but de diminuer les risques d'abus et de permettre un meilleur contrôle des résultats.

Certains membres du personnel, comme il fut mentionné dans le rapport, abusaient de la marge de manœuvre qui leur était accordée. Il s'agissait certes d'une petite minorité, mais ce fait inspirait néanmoins de l'inquiétude. L'Inspection générale des services devait contribuer à élucider ces abus qui avaient déjà perduré trop longtemps. Une meilleure gestion financière apporterait déjà une sérieuse amélioration. Mais il fallait aller plus loin, tant au niveau des procédures d'enquête, en cas de présomption de faute professionnelle, que des mesures disciplinaires, une fois la faute avérée. Remarquons ici que ces mesures ne concernaient pas l'immense majorité des fonctionnaires, qui sont effectivement dévoués à leur institution. Raison de plus pour la Commission d'encourager et de motiver le plus possible le personnel, d'aiguiser le sens de la responsabilité et de défendre l'indépendance et la respectabilité de la fonction publique européenne.

Le rapport attirait aussi l'attention sur la nécessité pour les commissaires de collaborer plus étroitement et plus régulièrement avec leur administration, ce qui permettrait de réduire les cabinets, qui se comportaient souvent comme la garde personnelle du commissaire.

Il était particulièrement fâcheux d'observer le nombre sans cesse croissant de membres officieux de cabinet, payés par les gouvernements nationaux ou d'autres institutions. Il faut absolument interdire de telles pratiques. Si le mandat des membres de la Commission qui participent à ces pratiques est prolongé, il doivent être interpellés personnellement à ce sujet.

La multiplicité de portefeuilles et de directions générales constituait elle aussi un obstacle à un fonctionnement efficace. Elle compliquait fortement la coordination.

La Commission 1995-1999, lisait-on plus loin dans la note, devait donc s'attendre à une période difficile, où elle serait exposée à de fortes critiques, justifiées ou non, notamment lors de la Conférence intergouvernementale de 96. C'est pourquoi, elle devait manifester clairement son intention d'améliorer son fonctionnement interne. Pour prouver sa détermination, il lui faudrait immédiatement commencer à prendre quelques mesures concrètes.

Des améliorations pouvaient déjà être apportées en appliquant des principes de bonne gestion, ce qui impliquait de définir plus clairement les responsabilités en mettant plus explicitement l'accent sur la discipline et la communication. Le commissaire au Budget devait recevoir plus de pouvoir en matière de gestion financière et le commissaire en charge du personnel et de l'administration plus de pouvoirs disciplinaires.

Quoi qu'il en soit, les réformes proposées allaient devoir être appliquées durant le mandat de la Commission Santer. Cela permettrait de jeter les bases d'une Commission modernisée qui résulterait des réformes de la CIG de 96. Elle ne devrait pas hésiter non plus à proposer des structures plus rationnelles ou à supprimer purement et simplement certaines activités et directions générales.

Mais aussi importants fussent-ils, le dégraissage et la meilleure structuration de la Commission ne pouvaient se faire au détriment de son indépendance et de la collégialité parmi ses membres.

Après les vacances, j'allai trouver Santer pour lui commenter le rapport. Il m'invita à Luxembourg pour discuter de l'affaire autour d'une bonne table. Son chef de cabinet Jim Cloos l'accompagnait.

Santer avait à cette époque un tas de choses à régler, parmi lesquelles la répartition des portefeuilles, la rédaction du programme de la nouvelle Commission et toutes sortes d'interrogations sur la manière d'affronter un Parlement sceptique. Sa conclusion fut que nous pourrions mieux évaluer les améliorations nécessaires au fonctionnement de la Commission à la lumière de la Conférence intergouvernementale. Il était d'ailleurs prévu d'y étudier des modifications pour la Commission elle-même, en particulier concernant le nombre de ses membres. Santer estimait judicieux de choisir ce moment-là pour introduire les ajustements envisagés, puisque de toute manière une réorganisation devait avoir lieu.

Le Parlement observe d'un œil critique

Accoucher d'un nouveau président de la Commission n'avait pas été une mince affaire. À présent c'était au tour de l'ensemble de la Commission d'affronter le Parlement. Nous allions d'ailleurs avoir en face de nous, dans les mois à venir, un Parlement de plus en plus actif et critique. En janvier 95, nous avions dû comparaître individuellement devant lui pour être soumis à un examen tatillon. C'était la première fois dans l'histoire de l'Union européenne que des commissaires nouvellement désignés eurent à comparaître en fonction de leur portefeuille devant la commission habilitée pour y être entendus. Le Parlement s'était laissé inspirer par des auditions analogues au Sénat américain. Non seulement ce procédé était nouveau, mais il était aussi quelque peu opposé au principe de la collégialité. La nouvelle Commission était pourtant disposée à s'y soumettre, n'imaginant pas qu'on porterait atteinte à ce principe. Cela revient à dire que des commissaires individuels ne pourraient pas être récusés par le Parlement, mais que la Commission dans son ensemble serait acceptée ou récusée par lui. Après les auditions, il apparut que les commissions parlementaires qui les avaient interrogés éprouvaient une bonne dose de scepticisme par rapport à cinq membres. Et, parmi eux, Édith Cresson. On lui reprochait d'être trop peu au courant du domaine Recherche, Développement et Éducation qui lui était attribué. Son attitude hautaine indisposait également le Parlement. Padraigh Flynn lui aussi dut encaisser un certain nombre de critiques. Certaines de ses déclarations sur le rôle des femmes dans la politique nationale irlandaise avaient été mal reçues par des parlementaires féminines qui les jugeaient nuisibles à la politique d'égalité des chances entre hommes et femmes. En dépit de ses protestations, l'affaire devint un point névralgique pour le Parlement qui souhaitait, tout comme les commissaires féminines, qu'une femme soit chargée de cette politique. Afin de disposer favorablement le Parlement, on finit par convenir que Santer lui-même présiderait un groupe de travail spécifique à l'intérieur de la Commission, auquel tous ceux qui s'intéressaient à la politique de l'égalité pourraient participer. En même temps, on demanda aussi expressément à la Commission d'intensifier la lutte contre la fraude. Le Parlement désirait surtout obtenir de la Commission l'engagement d'une collaboration étroite. Il voulait faire établir un code de conduite à ce sujet. Mais la Commission n'accéda qu'avec hésitation à cette demande, ce qui n'améliora pas l'atmosphère.

Notre collègue finlandais Erkki Liikanen était chargé du budget ainsi que du personnel et de l'administration. Il venait d'entrer à la Commission mais connaissait bien, par ses fonctions antérieures de représentant permanent de la Finlande, les rouages de l'Union européenne à Bruxelles. Il s'attela avec enthousiasme à sa nouvelle mission mais dut constater rapidement à quel point l'administration de la Commission était compliquée et combien «les pesanteurs du passé» hypothéquaient ses tentatives de réformes. Liikanen entreprit bon nombre de tentatives pour améliorer tant le contrôle financier que l'administration de la Commission. Il réussit à obtenir quelques résultats mais souvent ses efforts n'aboutirent pas et lors de discussions au sein de la Commission, il ne fut pas assez soutenu. Il faut reconnaître que tout le monde ne partageait pas les conceptions scandinaves de transparence et d'administration moderne d'Erkki Liikanen. Si l'on estime que la Commission Santer a échoué dans la réorganisation des services et du fonctionnement plus efficace de l'administration, ce n'est certainement pas à Liikanen qu'il faut en attribuer la faute.

Après les auditions, le Parlement demanda à la Commission de modifier ou de changer certains portefeuilles. Santer et la nouvelle Commission n'accédèrent pas à cette demande parce que nous estimions que cette décision était de la compétence exclusive de la Commission elle-même. Si nous consentions, cela signifierait qu'à l'avenir le Parlement prendrait lui-même la répartition des portefeuilles en main. Lors du vote de confiance final de janvier 95, nous obtenions quand même une majorité confortable.

Dans l'ensemble, la commission Santer fonctionna relativement bien. Santer n'était pas un meneur comme Delors: ce Français flamboyant prenait toujours les devants, savait ce qu'il voulait et travaillait de manière systématique et obstinée. Il lui arriva plus d'une fois d'annoncer d'abord ses projets publiquement avant de les mettre sur le tapis dans sa propre Commission. Santer travaillait tout autrement. Le Luxembourg n'est pas la France et la mentalité et l'atmosphère du petit Grand-Duché déterminaient en grande partie sa méthode de travail. Santer n'imposait pas ses idées, il visait le consensus et tentait d'éviter autant que possible les conflits. Il donnait longuement la parole à tout le monde, ce qui entraînait parfois des réunions interminables, mais permettait en revanche une attitude plus collégiale.

Sur le plan des réalisations, la commission Santer n'a pas à rougir. Elle a accompagné avec succès la mise en place de l'union économique et monétaire et l'introduction de l'euro. Les futures négociations sur l'élargissement ont été bien préparées et l'agenda 2000, y compris les réformes budgétaires et l'adaptation de la politique agricole et des fonds de cohésion, a été largement mené à bonne fin. Sur d'autres plans comme la libéralisation des télécommunications et de l'énergie, on peut franchement afficher de bons résultats. Dans le secteur de l'aide humanitaire également, Emma Bonino mena des actions appréciées, y compris par l'opinion publique. Quant à la politique de concurrence, elle a connu un développement remarquable.

Chapitre VI
LA BANQUE DE DIEU

Le secteur bancaire était pour la Commission européenne, en tant qu'autorité de concurrence, un terrain encore en friche. Au cours des années précédentes, nous avions surtout agi dans les secteurs industriels classiques tels que la sidérurgie, le charbon, la construction navale et le textile qui n'avaient pour ainsi dire plus de secrets pour nous. Depuis les années 70, première période de crise de l'après-guerre, les autorités nationales et européennes ont dû s'occuper intensément de ces matières-là. Au début des années 80, la situation empira encore et il fallut prendre des mesures drastiques. Avec l'apparition de difficultés dans le secteur bancaire comme dans d'autres services, de nouveaux défis se profilèrent à l'horizon.

La première affaire dont la Commission eut à s'occuper dans ce secteur fut l'affaire EFIM. EFIM était un des grands holdings publics italiens dont dépendait également l'industrie de la défense. À cette époque, les entreprises publiques italiennes bénéficiaient encore d'une garantie d'État absolue. C'était un arrangement légal. Grâce à cette garantie, tout le monde, y compris les banques privées, était disposé à accorder généreusement des prêts, même à des entreprises publiques déjà virtuellement en faillite. Il est clair qu'un pareil système va à l'encontre des règles en matière d'aide publique. C'est un emplâtre sur une jambe de bois.

Mon prédécesseur Leon Brittan avait déjà pris le taureau par les cornes dans l'affaire EFIM, à un moment où le holding, de même que plusieurs entreprises qui appartenaient à ce groupe, rencontraient de grosses difficultés. Brittan bloqua le remboursement aux banques en se fondant sur l'application des règles en matière d'aide publique. Cela secoua bien sûr aussi bien les banquiers que le monde politique.

Le grand mérite de Brittan est d'avoir fait comprendre aux autorités italiennes que les choses ne pouvaient pas continuer ainsi: le système devait être fondamentalement modifié. Quand j'arrivai à la Concurrence, je continuai sa politique: le blocage des remboursements de l'État aux banques fut maintenu. Et je fis savoir aux autorités italiennes qu'il ne pourrait y avoir de déblocage que si elles s'engageaient à chercher une solution, avec la Commission, à l'indéfendable garantie illimitée d'État. Ce fut la première affaire importante d'aide publique dans laquelle les banques se trouvèrent impliquées, profitant d'une manière détournée d'une aide publique qui faussait la concurrence. Par le blocage des remboursements, la Commission leur donnait un signal fort pour faire entendre qu'à l'avenir, elle n'accepterait plus ce genre d'opérations. On touchait ici à l'essence même du système économique italien, caractérisé par l'emprise des holdings publics et leur imbrication totale dans le monde politique et bancaire. Il s'agissait en fait d'un système fermé, «incestueux». Mais le gouvernement italien avait été coincé par Leon Brittan et devait dès lors composer. Après de longues négociations, nous avons finalement pu conclure l'accord baptisé Andreatta-Van Miert. Benjamino Andreatta, alors ministre des Affaires étrangères, avait pris l'affaire fort à cœur, alors que des contacts antérieurs avec les autorités italiennes avaient échoué. L'accord stipulait entre autres que les autorités italiennes privatiseraient en trois ans les entreprises publiques ou ramèneraient la part de l'État dans ces entreprises à un niveau où la garantie systématique de l'État ne s'appliquerait plus. L'accord concernait des dizaines d'entreprises, non seulement du groupe EFIM, mais aussi du holding IRI que Romano Prodi a présidé par deux fois. Mes premiers contacts avec Prodi datent de cette époque. Pour la première fois, les banques durent réaliser que des systèmes qui revenaient en fait à une aide publique illicite, protégeant le secteur de manière illégitime, étaient remis en question. Ce fut surtout l'amorce d'une réforme approfondie du système économique italien. C'est en juillet 2000, avec quelques années de retard, que l'IRI, fondé à l'époque sous Mussolini, fut liquidé et ce, conformément à l'accord Andreatta/Van Miert.

En Espagne il y eut l'affaire Banesto, une banque connue entre autres pour son sponsoring dans le domaine du sport, notamment dans le cyclisme. Cette banque fut soudain confrontée à de grandes difficultés. L'Espagne mit alors en place un mécanisme de solidarité pour supporter les séquelles d'une mauvaise gestion. Mais le problème était ailleurs: il résidait dans une loi nationale qui décrétait que

Banesto ne pouvait être repris que par une autre banque espagnole. Pareil décret est évidemment contraire aux règles du marché intérieur. Des candidats repreneurs d'autres États membres, satisfaisant aux conditions requises, devaient également pouvoir entrer en lice. C'est ce que nous avons fait comprendre au ministre des Finances de l'époque, Pedro Solbes, qui détient dans l'actuelle Commission le portefeuille des Affaires économiques et financières. Cette clause discriminatoire fut annulée suite à cela, même si dans l'affaire Banesto on trouva, comme par hasard, une «solution espagnole». Ceci prouve à quel point la Commission observait avec une rigueur accrue tout ce qui se passait dans le secteur bancaire.

Le cas du Crédit Lyonnais

«La Banque de Dieu», comme nous appelions entre nous le Crédit Lyonnais, semblait une de ces institutions forteresses, comme on en rencontrait autrefois en France, dirigées par des gens qui se croyaient intouchables. Nommés et protégés par les plus hautes instances politiques, la modestie n'était pas leur principale vertu, ni la mégalomanie leur plus rare défaut.

Les dirigeants du Crédit Lyonnais – comme d'ailleurs ceux des autres grandes entreprises publiques et privées – devaient posséder au moins deux qualités: un diplôme d'une des grandes écoles, l'ENA (École Nationale d'Administration) ou Polytechnique, et des relations politiques solides avec les gouvernements du moment. Leur nomination dépendait donc de la bonne volonté des décideurs politiques, en l'occurrence les socialistes depuis le début des années 80. Au début de son mandat, Mitterrand voulait mettre en œuvre un programme socialiste classique, comprenant entre autres des nationalisations à grande échelle de banques, compagnies d'assurances et groupes industriels. Les banques publiques jouaient un rôle important dans ce schéma en soutenant financièrement les entreprises d'État. Les banques privées avaient moins tendance à le faire puisqu'elles n'en retiraient presque aucun bénéfice. En échange du soutien financier offert, les banques publiques pouvaient compter sur une garantie d'État. Lorsque, plus tard, ce système s'écroula, le PDG révoqué du Crédit Lyonnais affirma que le gouvernement lui avait imposé de maintenir son soutien à des entreprises publiques françaises. C'est néanmoins grâce à son statut de banque publique que le Crédit Lyonnais s'était hissé au sommet des banques européennes. Ce qui montre comment la mégalomanie d'un grand banquier jointe à l'incapacité d'un système politique de contrôler efficacement la direction bancaire, peut provoquer des catastrophes.

À la fin des années 80, un nouveau PDG prit les commandes: Jean-Yves Haberer. C'était un banquier «pas comme les autres», un homme avec de solides états de services. Il avait commencé son parcours comme inspecteur des finances – ce qui est souvent en France un tremplin vers une brillante carrière, que ce soit en politique ou ailleurs. Dans les années 60, Haberer se frotte à la politique. Dans le sillage du ministre gaulliste Michel Debré, il s'initie aux Affaires économiques, aux Affaires étrangères et à la Défense. Plus tard, nous le retrouvons dans l'entourage du président Giscard d'Estaing et il devient directeur du Trésor. Mais Haberer est politiquement très flexible: le gouvernement socialiste le nomme président à la Paribas nationalisée et ensuite patron du Crédit Lyonnais.

L'orgueil précède la chute

Dès sa nomination en 1988, Haberer se met résolument au travail. Il a des projets énormes pour le Crédit Lyonnais. La banque doit se développer jusqu'à devenir la plus importante du monde. Grandir signifie reprendre d'autres banques. Le Crédit Lyonnais part à la recherche de proies partout en Europe. Il avait d'ailleurs déjà commencé au début des années 80 aux Pays-Bas, en reprenant la Slavensburg Bank. Cette reprise était comme un signe avant-coureur de ce qui allait arriver: cette banque traînait en effet derrière elle une réputation de blanchiment d'argent et était mêlée à d'autres affaires louches. Après sa reprise par le CL, elle fut rebaptisée CLBN (Crédit Lyonnais Bank Nederland) mais restait imprégnée de l'esprit Slavenburg et ferait plus tard encore pleinement honneur à sa fâcheuse réputation. Mais la reprise de la Slavenburg Bank n'était encore qu'un début.

En Espagne fut achetée la Banco Comercial Español, en Belgique, la Chase Manhattan et en Allemagne, la Bank für Gemeinwirtschaft. Par sa politique agressive, le seul nom de Crédit Lyonnais procurait des nuits blanches à ses concurrents. Mais le banquier mégalomane désirait encore plus. À l'instar des banques allemandes, il voulait aussi créer des liens étroits avec l'industrie.

Il se mit donc à gonfler les participations industrielles de sa banque. C'est ainsi que le Crédit Lyonnais se retrouva, au cours de sa quête d'occasions à saisir sur le marché, mêlé au holding énergétique Lyonnaise des Eaux et au géant chimique Rhône-Poulenc; il prit également une participation dans le groupe d'aciéries Usinor-Sacilor. Ce fut ensuite le tour de chaînes d'hôtel et d'un groupe de produits laitiers avant de s'intéresser à une chaîne de casinos. Puis vint celui des sociétés de télévision, aussi bien en France pour la chaîne commerciale La Cinq (où le magnat de la presse écrite Robert Hersant jouait un rôle prépondérant) qu'à l'étranger par l'intermédiaire du roi des médias Robert Maxwell. Tout devenait possible. Ce n'est pas sans raison que le slogan de ces années scandait: «le pouvoir de dire oui». Un slogan que l'on utiliserait souvent contre la banque dans les années sombres qui allaient suivre.

Car la chance tourna. Pour le Crédit Lyonnais, ce fut en 1991, avec l'apparition à l'horizon d'un certain Giancarlo Parretti. Cet Italien, aux allures de maffioso, allait jouer le rôle principal dans une histoire de fraude qui, dans le genre dramatique, dépasserait la meilleure fiction.

Giancarlo Parretti avait commencé sa carrière comme garçon de café à Orvieto, mais il ne tarda pas à grimper l'échelle par des intrigues et des magouilles politiques. Après toutes sortes de pérégrinations et une série de succès financiers, il échoue à Paris où il tente de reprendre la chaîne de cinémas Pathé dont les affaires n'étaient pas prospères. L'homme paraissait attiré par le cinéma et les studios. Plus tard, il s'intéressa à la MGM-United Artists à Hollywood. Ces studios américains légendaires avaient connu des jours meilleurs et en quelques années, ils avaient changé plusieurs fois de propriétaire. Parretti voulait acheter l'affaire pour un milliard de dollars environ. Pour financer l'opération, il s'adressa au Crédit Lyonnais des Pays-Bas, qui s'embarqua dans l'aventure avec l'Italien. À la MGM on avait jadis tourné «Autant en emporte le vent». C'est ce qui arriva avec l'argent emprunté par l'Italien: le vent l'emporta!

Le Crédit Lyonnais des Pays-Bas ainsi que le siège principal à Paris commencèrent alors à se rendre compte qu'on ne pouvait pas faire confiance à l'Italien.

Quand Parretti se retrouva derrière les barreaux, les sourires de commande se figèrent Boulevard des Italiens, au quartier général de la banque lyonnaise depuis 1870. Le pas effectué vers le secteur du cinéma était visiblement devenu «un pont trop loin». Des analystes bancaires confirmèrent que le Crédit Lyonnais s'était fait escroquer par Parretti. Mais la banque commit encore d'autres bévues dans sa recherche de diversification. Elle avait amadoué un autre magnat des médias, Robert Maxwell, disparu dans des circonstances obscures après l'écroulement de son empire. Et peu à peu, on en arriva ainsi à un retournement complet de la situation.

En automne 91, l'agence américaine Moody's octroya une mauvaise note à la banque. En 92, cette note était encore plus mauvaise: les bénéfices avaient diminué de quinze pour cent par rapport à ceux de l'année précédente. La seule bonne nouvelle était qu'elle en faisait encore un peu. Mais l'âge d'or était définitivement révolu et le golden boy Haberer dut s'entendre dire de tous côtés que les risques qu'il avait pris ne plaidaient pas en faveur d'une gestion bancaire réfléchie.

«La série d'aventures et d'opérations à risques dans lesquelles cet homme s'est précipité donnent froid dans le dos» écrivit *Le Monde.* «Seule une banque qui se sait soutenue par l'État peut courir des risques pareils avec un esprit manifestement aussi tranquille» (*Le Monde* du 23 juin 92).

Au printemps 93, le président Haberer est obligé d'annoncer que pour la première fois depuis plusieurs années, les comptes du Crédit Lyonnais sont passés dans le rouge. Le conte de fées se termine instantanément: c'est aussi la dernière fois que Haberer publie les résultats. Cela s'ajouta au fait que les socialistes encaissèrent un revers politique en mars de la même année 93 et durent céder le pouvoir à un gouvernement de droite, ce qui scella sans doute encore plus rapidement le sort d'Haberer. Entre-temps, les nouvelles catastrophiques se succédaient. Après le fiasco de la MGM, des informations alarmantes se propageaient à propos d'investissements dans le secteur immobilier et, suite à une baisse inattendue de la conjoncture, de perte de valeur des participations industrielles. Pour la première fois, dans les salons parisiens où la haute finance et le monde politique se rencontraient, on entendit tomber le mot «faillite» à propos du Crédit Lyonnais.

Pendant cette période critique, le nouveau premier ministre Balladur écarta Haberer, tombé en disgrâce, et le remplaça par Jean Peyrelevade.

Peyrelevade prit les rênes au moment où la crise qui secouait la banque atteignait son paroxysme. Les pertes continuaient à s'accumuler et ne firent que s'accumuler encore par la suite. Au premier semestre de l'année '93, elles totalisaient un milliard de FF (150 millions d'euros).

Une des premières choses à faire était d'aller frapper à la porte de l'État français, l'actionnaire principal, pour lui demander de l'aide.

Quand, fin 93, le monde politique commença à se rendre compte de l'ampleur des problèmes, le Crédit Lyonnais était de loin la plus importante banque française, avec une valeur d'inventaire de 2 000 milliards de FF et un effectif d'environ 71 000 employés.

La banque comptait à ce moment environ 900 succursales en Europe et 800 dans le reste du monde. L'État français possédait en tant qu'actionnaire principal 55 pour cent du capital et 76 pour cent des voix à l'assemblée générale.

Mais cette fois il fallait procéder à des restructurations. Un virage à 180 degrés est opéré. Le Moloch qui s'était nourri durant les dix dernières années d'achats dans les secteurs les plus divers, devait perdre une bonne partie de son excédent de poids. On mit progressivement un terme aux participations dans les groupes industriels, il fallut trouver un acheteur pour la bévue de la MGM et l'effectif du personnel dut être réduit de dix pour cent. Le Crédit Lyonnais allait devoir retourner à sa vocation première: s'occuper d'affaires bancaires.

Un printemps de mauvais augure

Le jeudi 24 mars 1994, Peyrelevade annonça que les pertes du Crédit Lyonnais pour l'exercice 93 avaient atteint un sommet de près de 7 milliards de francs français (1 milliard d'euros). Alors, la véritable ampleur de la catastrophe apparut au grand jour: l'avidité des dirigeants précédents avait conduit à un fiasco sans précédent. Jean Peyrelevade, le gestionnaire de crise engagé par le gouvernement français, savait ce qu'il lui restait à faire. Avant d'accepter sa mission, il avait demandé des garanties au premier ministre Balladur. Il voulait obtenir la promesse ferme que les autorités continueraient à soutenir la banque par des moyens publics. D'urgence, on appela tout le monde sur le pont pour sauver le Crédit du naufrage. En tant qu'actionnaire principal, l'État français se devait de réagir, car la situation devenait plus aiguë de mois en mois. Tout s'était passé avec une rapidité fulgurante: jusqu'en 90, des gains importants, en 91 une forte diminution des bénéfices, les premières pertes en 92, en 93 une chute de 7 milliards de FF. Début 95, on annonçait déjà une perte cumulée de 50 milliards de FF. Les autorités ne pouvaient plus attendre pour intervenir.

On s'attaqua d'abord aux placements immobiliers. Le Crédit Lyonnais avait fait la chasse aux opportunités, à l'étranger comme en France. Au total, il avait constitué un portefeuille de 100 milliards de FF, dont 60 à Paris. Les investissements étrangers étaient assez sûrs, mais le secteur immobilier français – et notamment le marché de l'immobilier à Paris – avait essuyé pas mal de revers liés à la crise économique du début des années 90. Le portefeuille immobilier fut entièrement retiré à la société mère et placé, avec garantie d'État, dans une société indépendante, l'Office Immobilier de Gestion (OIG). La deuxième mesure consista en une augmentation de capital d'environ 4 milliards de FF. Ces mesures ne furent pas communiquées à la Commission européenne, ce qui aurait dû être le cas puisqu'il s'agissait d'une aide d'État. Mais ce premier plan de sauvetage ne représentait encore que des queues de cerises en comparaison de ce qui allait suivre.

Le 14 mars 95, le ministre des finances Edmond Alphandéry vint me trouver à Strasbourg lors d'une session du Parlement européen. Il me parla d'un nouveau plan français de sauvetage pour le Crédit Lyonnais, d'une ampleur bien plus grande que le précédent. Alphandéry était accompagné du directeur du Trésor, Christian Noyer. Le nouveau plan de sauvetage impliquait que soient retirés du patrimoine de la banque des débiteurs douteux comme les studios de cinéma MGM ainsi que des participations dans l'industrie, l'immobilier et les banques, le tout pour une valeur de 135 milliards de FF. Le but était de former une société indépendante: le Consortium de réalisation (CDR). Le Lyonnais devait lui-même financer le CDR via la société de participation SPBI. Si la banque était privatisée, ce qui semblait être l'intention de Balladur, les parts de l'État français pourraient aussi être déposées dans la société de participation SPBI. Ces parts devaient ensuite rapporter des dividendes qui permettraient de rembourser en partie les dettes, lorsque la société redeviendrait rentable. Toute l'opération de sauvetage impliquait une durée maximale de vingt ans et ne coûterait pas un sou au contribuable, dixit le ministre. Tout cela paraissait bien optimiste et nous avions l'intention de surveiller l'évolution du projet de très près. J'avais la naïveté de croire que le gouvernement français était décidé à prendre le taureau par les cornes et avait choisi la bonne voie.

Les concurrents s'énervent

Le 18 mars 95, de nouvelles pertes sont signalées. En présence du ministre des Finances Alphandéry, le président Peyrelevade révèle une nouvelle perte de 12 milliards pour 1994, montant qui s'ajoute à la charge des années précédentes, sans oublier le trou de 50 milliards restant à combler.

Aux yeux des autres banques françaises, le plan de soutien proposé par Alphandéry dépasse les bornes. Le 22 mars, les présidents de deux des plus grandes banques françaises m'envoient un mémorandum commun dans lequel ils expriment leur inquiétude au sujet de pratiques discriminatoires à laquelle l'aide publique pourrait mener. «L'injection massive de capital frais par l'État français dans le Crédit Lyonnais signifie en premier lieu que les principes de la libre concurrence sont fondamentalement bafoués et en second lieu que le contribuable devra payer en grande partie la note de l'assainissement de la banque. Il nous paraît exclu que la Commission puisse approuver le plan gouvernemental au vu de ces deux objections». Et d'ajouter que l'ampleur de l'aide reçue par le Crédit Lyonnais non seulement fausse la concurrence mais qu'elle aura également des conséquences au niveau de l'emploi dans leurs entreprises. Signé: Michel Pebereau, pour la Banque Nationale de Paris, et Marc Viénot, pour la Société Générale.

Dans ce contexte, il nous parut évident qu'un examen approfondi basé sur les règles en matière d'aides d'État devenait indispensable. Et comme il s'agissait d'un dossier extrêmement délicat dans un secteur où la Commission avançait encore à petits pas, nous devions prendre toutes nos précautions.

Je convins avec mon directeur général de l'époque Klaus Ehlerman que nous consulterions trois anciens gouverneurs de banques centrales sur la manière d'appliquer au mieux les règles en matière d'aide publique dans le monde bancaire.

Ceux-ci furent d'avis qu'il n'y avait aucune raison de ne pas appliquer pleinement ces règles, à condition de tenir compte de certains aspects spécifiques du secteur bancaire. Une enquête approfondie fut ensuite ouverte au sujet du plan d'aide français, ce qui irrita fort Paris. Un commissaire européen qui vient fourrer son nez dans les affaires d'une grande banque publique française, quelles que soient les bévues spectaculaires commises par celle-ci, a-t-on idée! J'avais pourtant pris la précaution lors de l'annonce de l'enquête de ne pas user d'un ton agressif. Au cours de celle-ci, la collaboration des autorités françaises laissa fort à désirer. Et Peyrelevade avait du mal à dissimuler son hostilité face à l'intervention de Bruxelles.

Nous étions bien conscients que, malgré l'ampleur de l'aide publique, une stratégie pouvant mener à la faillite de la banque n'était pas une bonne option. Cette faillite ne se limiterait en effet pas au Crédit Lyonnais. Et puisqu'il s'agissait d'une opération de sauvetage et de restructuration, nous nous sommes concentrés sur les trois points les plus cruciaux: un plan de réorganisation réaliste et crédible pour assainir la situation de la banque est-il concevable? L'aide publique est-elle limitée au strict nécessaire? Quelles compensations peuvent être offertes aux concurrents sous forme d'un sérieux dégraissage du Crédit Lyonnais? Il fallut longtemps avant qu'on présente à mes services un plan qui offre une certaine consistance. On pouvait s'attendre à ce qu'il y ait des tiraillements entre le ministère des Finances et la banque. Vis-à-vis de Bruxelles, Paris faisait mine d'avoir à présent la situation parfaitement en mains et prétendait que l'aide publique ne dépasserait en aucun cas les 45 milliards de FF. Comme nous craignions qu'il puisse encore y avoir d'autres cadavres dans les placards du Lyonnais, nous avons exigé que Paris s'engage à ne pas dépasser ce montant. Si le besoin d'une aide supplémentaire se faisait quand même jour, la Commission pourrait rouvrir tout le dossier. Nous gardions ainsi quelques cartouches de réserve contre de possibles coups de Trafalgar de la part des autorités françaises.

Les compensations constituaient le point le plus délicat. Outre sa participation au financement du prêt qui devait permettre de réaliser l'opération de cantonnement, nous tenions à ce que le Lyonnais réduise avant fin 98 ses activités bancaires commerciales à l'étranger de 35 pour cent pour un montant d'environ 310 milliards de FF. Dans ce contexte, il était essentiel que l'effort principal porte à ce niveau sur l'Europe: le Crédit Lyonnais devait y diminuer ses activités, exprimées en valeur d'inventaire, de cinquante pour cent.

Cela signifiait que le Lyonnais devait se défaire d'à peu près tout en Europe, sauf de la Bank für Gemeinwirtschaft – sa filiale allemande et jadis banque en titre des syndicats allemands. La BfG était l'enfant à problèmes du Crédit Lyonnais, notamment pour avoir été achetée dans le temps à des conditions exorbitantes. La compression signifiait encore que le Crédit Lyonnais devait vendre des opérations très rentables comme le Crédit Lyonnais Belgique. Peyrelevade se défendait comme un beau diable. Nous avions aussi affaire à des autorités françaises louvoyantes qui tentèrent plus d'une fois de revenir sur des concessions ou essayaient d'en tempérer quelques-unes comme par exemple la réduction de cinquante pour cent des activités européennes. Mais nous ne nous laissions pas fléchir. La seule concession que nous avons faite était de ne pas reprendre de chiffre précis dans la décision qui allait être publiée, mais uniquement dans la correspondance confidentielle entre le ministre français compétent et moi-même.

Entre-temps, des changements s'étaient opérés au firmament politique français. Le charmant et modéré Edmond Alphandéry fut remplacé par le très libéral Alain Madelin. Il venait à peine d'entrer en fonction qu'il me téléphona pour me faire savoir qu'il aurait agi autrement dans le dossier du Crédit Lyonnais. Il aurait fallu être plus sévère. À présent c'était trop tard et il consentait donc à l'accord auquel j'étais arrivé entre-temps avec son prédécesseur, y compris les cinquante pour cent. Je fus donc très étonné lorsqu'une dizaine de jours plus tard il revint sur la proposition de réduire de moitié les activités européennes. Il ne voulait plus voir préciser ce chiffre, même pas dans la correspondance bilatérale. Je me rendis compte que Peyrelevade avait visiblement beaucoup d'emprise sur un nombre impressionnant de politiciens français.

Le ton de Madelin était coupant et hautain. Je respirai un coup et réagis calmement. Sans un accord formel sur ces cinquante pour cent, il n'y aura pas d'autorisation de la Commission, dis-je, et j'attendais donc une lettre sans équivoque à ce sujet. Elle n'était toujours pas arrivée au moment où l'affaire se trouvait déjà inscrite à l'agenda de la Commission. Sur ces entrefaites, mon collaborateur personnel Marc van Hoof avait bien reçu une copie d'un projet de lettre en provenance de Paris, mais elle était bien trop vague. J'envoyai un message à Madelin comme quoi je retirerais le lendemain l'affaire inscrite à l'ordre du jour de la Commission si je n'obtenais pas un texte satisfaisant avant le début de la réunion.

Le matin suivant, j'eus Madelin au téléphone. Il était grossier et se mit à vociférer. Je lui répliquai que je savais crier aussi fort que lui et le lui prouvai à l'instant. Après cet intermède, je posai une sorte d'ultimatum: ou je recevais à l'instant par fax une lettre signée de sa main qui répondait entièrement à nos exigences, ou l'affaire était reportée *sine die*, avec publication des motifs. Puis je raccrochai. Une heure plus tard, en pleine session de la Commission du 26 juillet 95, une lettre me parvint. Le contenu était correct, mais il manquait la signature. Je fis savoir à Paris, par l'intermédiaire de Marc van Hoof, que je n'avais plus envie qu'on se moque encore de moi. La discussion avait déjà commencé au sein de la Commission. Je dis à mes collègues que nous ne pouvions pas prendre de décision, à moins que le ministre Madelin finisse par signer. C'était une situation embarrassante. Mes collègues devaient se prononcer sur une lettre dont nous ne savions même pas si le ministre l'approuvait ou non. Vers midi, la version signée arriva enfin. Mais l'incident me laissa, ainsi qu'à plusieurs de mes collègues, un goût amer.

En France même, l'affaire du Crédit Lyonnais prenait de plus en plus une dimension politique. La campagne pour les élections présidentielles qui battit son plein en ce printemps 95 y était bien entendu pour quelque chose. Le Premier ministre et candidat à la présidence Édouard Balladur déclara dans ses discours que les responsables des pertes gigantesques devaient être punis. Par dessus le marché, des instructions judiciaires avaient été lancées dans des affaires de fraudes supposées impliquant la banque, qui auraient encore davantage creusé le gouffre financier.

Quelques mois plus tard, au printemps 96, les nouvelles qui nous arrivent du Boulevard des Italiens à Paris deviennent de plus en plus alarmantes. Le trou semble encore plus profond qu'on ne le pensait.

Il y a une nouvelle opération d'aide d'État dans l'air. Pour mettre la pression, le président Peyrelevade menace de démissionner. Et le nouveau ministre des Finances Artuis signale durant l'été 96, sans doute en vue de préparer psychologiquement le public à une nouvelle injection d'argent du contribuable, que le gouvernement veut lancer une enquête sur les responsables des milliards perdus. Fin septembre 96, les autorités françaises font savoir à la Commission qu'il faut accorder une nouvelle aide d'urgence de près de 4 milliards de FF au Crédit Lyonnais. Le prêt avantageux accordé dans le cadre du plan de sauvetage à la société qui gère les participations douteuses de la banque pèse lourdement sur les résultats de celle-ci et entraîne un manque aigu de fonds. Pour obtenir l'approbation de l'aide d'urgence, Jean-Claude Trichet, le gouverneur de la Banque de France, m'envoie une lettre attirant notre attention sur l'urgence de la situation. Si l'aide n'est pas accordée, écrit Trichet, la banque sera en danger et il lui faudra publier des pertes bien plus élevées que le déficit actuel. Une telle annonce pourrait entraîner le refus des marchés étrangers d'accorder des crédits au Crédit Lyonnais. Déjà maintenant la banque éprouve des difficultés pour attirer des moyens financiers à moyen et à long terme. Elle se voit forcée de se rabattre sur des emprunts à court terme – et donc plus chers – sur les marchés. On peut s'attendre à ce qu'elle perde encore du crédit auprès des agences de *rating*, ce qui compliquera l'apport d'autres fonds. Il me paraît donc indispensable, écrit Trichet, que l'État puisse, en tant qu'actionnaire du Crédit Lyonnais, lui accorder le soutien nécessaire pour éviter une pareille dégradation. Nous étions, à vrai dire, quelque peu surpris par cette lettre. La situation était-elle vraiment si dramatique ou Trichet avait-il été mis dans le circuit pour impressionner la Commission?

Le 25 septembre 96, la Commission approuva, quasiment forcée, l'aide d'urgence de 4 milliards.

Le grand patron tire la tête

En janvier 97, je reçois la visite de Peyrelevade. J'étais fort mécontent de l'évolution du dossier, et comme il devient à présent clair que l'aide publique dépasse largement les 45 milliards, j'ai la ferme intention de faire réexaminer toute l'affaire depuis le début. Sa visite était du pur lobbying: il est venu pour persuader la Commission d'accorder une nouvelle injection d'argent public. Il se rend aussi auprès de mes collègues commissaires, leur expliquant que les conditions de 95 empêchent d'assainir la situation de la banque. Pour un peu, il rendait la Commission responsable de l'état déplorable du Lyonnais. Fournissez-nous une ultime aide supplémentaire et on n'en parle plus. «Tout le monde y trouvera son intérêt», tel est le message du patron du Crédit Lyonnais.

Mais entre-temps, il est devenu flagrant que les conditions de 95 n'ont pas été respectées et qu'elles ont même été sabotées par Peyrelevade. Au niveau ministériel français, on est trop faible, on n'ose pas ou on ne veut pas intervenir. Peyrelevade mène son propre jeu et se moque des conditions posées par la Commission. Je fis part à maintes reprises de mon mécontentement à Artuis concernant cette situation. Il me répétait chaque fois qu'il allait se débarrasser de Peyrelevade, mais quelques jours après, il m'appelait pour me dire que ce n'était pas encore le bon moment. C'étaient des atermoiements sans fin. Je veux bien croire qu'Artuis voulait le renvoyer, car Peyrelevade se moquait totalement de lui, mais visiblement il n'avait pas assez de pouvoir ou d'appui politique pour le faire.

Printemps 97: nouvelles élections en France; la Gauche remplace la Droite. Nouvelle cohabitation, cette fois avec un président de droite et un gouvernement de gauche. Lionel Jospin devient Premier ministre, Dominique Strauss-Kahn, ministre de l'Économie et des Finances. Il devra donc reprendre l'affaire du Crédit Lyonnais ainsi que les contacts avec Bruxelles. C'est le quatrième ministre des Finances que je rencontre dans cette affaire. Il vient me voir à Bruxelles dès son entrée en fonction. Son prédécesseur Artuis avait toujours promis de venir nous proposer un nouveau plan de restructuration, mais ne s'était jamais exécuté.

Lors de notre première rencontre, Strauss-Kahn demande à me parler en privé. D'habitude, je n'adhère pas à ce genre de pratique; je tiens toujours à ce qu'un certain nombre de collaborateurs soient présents à ces discussions entre ministres. Mais je connaissais déjà bien Strauss-Kahn et je savais que je pouvais lui faire confiance. Il en vint tout de suite au fait. «Les autorités françaises n'ont pas toujours traité la Commission comme il convenait. Je comprends aussi fort bien ton attitude par rapport à Peyrelevade. À ta place, je n'accepterais pas non plus ses procédés.» Strauss-Kahn ajouta encore que lui ne se laisserait pas faire. «Mais donne-moi encore un peu de temps pour établir un nouveau plan de restructuration», demanda le ministre des Finances frais émoulu. Je lui dis que le temps pressait et qu'il fallait absolument lancer une réorganisation radicale. Ce serait une bonne chose de privatiser le Crédit. Il me répondit qu'il partageait cet avis. «Mais tu sais comme il est difficile de faire accepter cela à la France et aux partis composant la majorité. Je pense que c'est pourtant la voie à suivre. Laisse-moi le temps de tâter le terrain.»

Nous avons convenu de garder un contact étroit. Il promit de s'atteler rapidement au plan de restructuration.

Avec l'arrivée des socialistes, l'idée de privatisation avait été à nouveau reléguée à l'arrière-plan. Elle restait difficile à accepter par leur base. Strauss-Kahn était pourtant décidé à jouer franc-jeu. Quelques semaines seulement après son entrée en fonction, en juin 97, il fit publier les nouveaux chiffres des pertes du CDR, le consortium qui gérait les actifs douteux de la banque. Ces pertes s'élevaient à 100 milliards de FF, au lieu des 60 escomptés.

Au milieu des vacances, le gouvernement français nous envoie le nouveau plan de sauvetage, qui s'avère malheureusement insuffisant. Il revenait en fait à couper les liens entre la banque du Crédit Lyonnais – la «bonne» banque – et l'intermédiaire qui gérait les mauvais actifs. Suivant le premier plan de sauvetage, la banque devait subsidier cette société à un taux avantageux. Du fait de l'évolution des marchés financiers, ce système revenait très cher à la banque. Mais une demande d'aide supplémentaire, qui plus est aux conditions antérieures, était devenue impensable. Sans parler de la mauvaise volonté de Peyrelevade.

En attendant, nous devions maintenir la pression pour éviter que l'affaire soit une nouvelle fois renvoyée aux calendes grecques. C'est exactement ce qui risquait d'arriver. En novembre, je confiai, dans une interview à TF1, que la facture totale du Crédit Lyonnais pourrait bien s'élever à 150 milliards de FF pour le contribuable. «Une véritable catastrophe», déclarai-je devant les caméras de télévision.

Ce sont les sacrifices demandés par la Commission qui mettent la viabilité de la banque en danger, répliqua Peyrelevade. Toute la discussion tournait effectivement autour de ces sacrifices. Nous voulions des compressions proportionnelles à l'aide publique croissante, sans pour autant mettre la viabilité de la banque en danger. L'aide publique à une banque est préjudiciable à ses concurrents. Pour redresser pareille situation, il faut que cette banque fasse des sacrifices, en particulier par la vente de filiales et la réduction des agences en France. Le principe avait déjà été posé dans le premier plan de sauvetage, mais sans résultat. Les discussions des mois à venir allaient à nouveau tourner autour de ces questions. Et comme il n'était nulle part question de contrepartie dans cette nouvelle mouture du plan, nous l'avons retourné à l'expéditeur.

Cure d'amaigrissement supplémentaire pour le Crédit Lyonnais

Nous avions des idées précises sur les contreparties que nous attendions de la banque. Le Crédit Lyonnais allait devoir se défaire, en vendant ou en fermant, de toutes ses activités en Europe en dehors de la France. Nous avions estimé la valeur de ces actifs à 620 milliards de FF – sur base du bilan du 31 décembre 1994, notre date de référence.

C'était donc le double de ce qui était exigé dans le plan de sauvetage de 95, où nous étions partis d'une diminution de cinquante pour cent des activités européennes du Lyonnais. Le bilan total de la banque serait ainsi diminué d'un tiers. Dans les négociations finales avec la banque et les autorités françaises, notre position a évolué quelque peu. Finalement, le Crédit Lyonnais put garder ses banques d'affaires dans les places financières de Londres et de Francfort, ainsi que la gestion de fortunes en Suisse et au Luxembourg. En échange, la banque devait s'engager à se défaire en France de certaines de ses activités et dans le reste du monde, d'autres filiales et activités. En fin de compte, le Crédit Lyonnais perdrait sa première place sur la liste des banques européennes, pour se situer quelque part entre la quinzième et la vingtième, ce qui donne une idée de l'ampleur des efforts exigés.

Un effort supplémentaire fut encore demandé au niveau de la réduction du réseau des agences en France même. Cette exigence visait à ouvrir une partie du marché à des concurrents qui avaient été gravement discriminés par le soutien accordé depuis plusieurs années au CL par les autorités.

Mais nous n'en étions pas encore là. Les escarmouches entre Bruxelles et Paris se prolongèrent durant le premier trimestre 98. Je continuais à tenir mes collègues de la Commission au courant, comme nous en étions convenus.

En mars, on arriva à la conclusion qu'il fallait imposer un forcing. Je reçus de mes collègues le feu vert pour envoyer au gouvernement français une sorte d'ultimatum, dans lequel nous énumérions les conditions à remplir impérativement avant que nous puissions approuver le train des mesures d'aide.

Nous avions donné au gouvernement français quelques semaines pour répondre. Notre lettre avait été rédigée en termes assez énergiques, pour appuyer Strauss-Kahn et l'aider à démontrer à la direction du Crédit Lyonnais et au gouvernement que nous prenions l'affaire avec le plus grand sérieux. Un peu moins d'un mois après, je reçus une réponse très peu satisfaisante du gouvernement français. Cela se passait durant la session d'avril du Parlement et la Commission siégeait alors à Strasbourg pour sa réunion hebdomadaire. La lettre me parvint peu avant le début de la session. J'examinai rapidement l'affaire avec mes collaborateurs et nous ne tardâmes pas à nous rendre compte que les compensations proposées sous forme de fermeture ou de vente de filiales ou d'activités étaient insuffisantes. La direction de la banque – à savoir Peyrelevade – refusait d'accéder à l'exigence de doubler le volume des contreparties concédées dans le plan de sauvetage de 95.

Je mis tout de suite mes collègues au courant de cette lettre. Mais, à mon étonnement, madame Cresson était déjà en possession d'une copie.

Pendant la session de la Commission, elle se mit à en lire des extraits, mais si maladroitement qu'elle ne convainquit personne de sa connaissance du dossier. Cresson tenta de présenter les choses comme si j'avais été trop sévère. Je n'eus pas beaucoup de peine à mettre la Commission de mon côté.

Une rencontre discrète en mai

Une confrontation paraissait inévitable. Il n'y eut pas d'autres réactions du côté français. Je fis donc préparer un projet de décision négative par mes services. Si le gouvernement n'acquiesçait pas rapidement à nos exigences légitimes, je proposerais à la Commission d'interdire l'opération de soutien public. J'étais certain de trouver une majorité confortable pour cela. Les autorités françaises et Peyrelevade nous avaient abusés assez longtemps. Pour prévenir encore plus clairement Paris, j'avais convoqué un petit groupe de journalistes pour leur esquisser ce scénario. L'effet ne se fit pas longtemps attendre.

Le lendemain, après que la presse française eut rapporté mes déclarations – et que la nervosité des milieux financiers français eut monté d'un cran – Strauss-Kahn m'appela au téléphone: il estimait que je jouais avec le feu. Je lui rétorquai que si les autorités françaises ne répondaient pas à nos exigences, je serais obligé de récuser le plan proposé. De plus, il serait vain d'essayer de monter d'autres commissaires contre moi. L'attitude de Peyrelevade avait été telle qu'ils étaient presque tous de mon côté.

Il me proposa alors de fixer rapidement une rencontre et de tout négocier au finish. J'accédai volontiers à sa demande tout en lui faisant clairement comprendre que je ne voulais pas jouer au marchand de tapis: les conditions devaient être remplies. Nous étions fin avril 98.

Le hasard fit qu'au début du mois de mai 98 allait se tenir à Bruxelles le Conseil européen spécial où serait décidé quels pays feraient partie de la zone Euro et où Wim Duisenberg allait être désigné comme gouverneur de la Banque centrale européenne – ce qui n'irait d'ailleurs pas sans mal. L'agitation autour de cette rencontre au sommet nous permettrait de trancher le problème du Crédit Lyonnais en toute quiétude, sans être gênés par les curieux. Je proposai de mener les discussions dans les bureaux de la Représentation permanente française auprès de l'UE, plutôt qu'au siège principal de la Commission européenne où on risquait de se faire remarquer.

J'avais entre-temps fait savoir à Strauss-Kahn que je voulais bien négocier avec lui, mais pas avec Peyrelevade.

J'avais par contre entière confiance en Pascal Lamy, l'ancien chef de cabinet de Delors, qui siégeait désormais à la direction du Lyonnais.

Lamy est un homme très intelligent, d'une efficacité redoutable et donc pas un parti facile. Mais c'est un homme de parole: quand il s'engage, il tient sa promesse. Il apporte une garantie indispensable de fiabilité. J'ai donc demandé qu'il participe aux négociations finales. Autre avantage de la présence de Lamy: il connaissait exactement le fonctionnement de la Commission, ce qui faciliterait les discussions.

Le dénouement

C'est ainsi que nous avons entamé les conversations qui se prolongèrent tout le week-end. Pour augmenter les chances de succès, nous avions décidé de mener les négociations proprement dites entre quatre yeux, entre Strauss-Kahn et moi-même. Chacun de nous avait évidemment ses collaborateurs sous la main pour d'éventuelles concertations et vérifications. Outre Lamy, Peyrelevade se trouvait aussi dans le bâtiment. Strauss-Kahn voulait ainsi le contraindre à appliquer loyalement les résultats des discussions. Mais le patron du Crédit Lyonnais avait de ce fait la faculté de suivre les débats pas à pas et de mettre éventuellement des bâtons dans les roues.

Moi-même je pouvais m'appuyer sur mon équipe dirigée par Alex Schaub et composée en outre d'Asger Petersen, Claude Chêne, Marc van Hoof, Ronald Feltkamp et de la Rochefordière, un Français futé de la DG-IV.

Les discussions portaient principalement sur notre exigence de doubler la compression – à peine entamée par Peyrelevade – de 310 milliards de FF convenue en 95, pour la porter à environ 620 milliards de FF. Nous voulions en fait que le CL renonce à toutes ses activités en Europe, la France mise à part. Mais Peyrelevade rechignait notamment à céder l'excellente vache à lait qu'était le Crédit Lyonnais Belgique. Le Lyonnais voulait également garder quelques autres activités en Europe. Mais il devenait alors impossible d'atteindre ces 620 milliards.

Restait à régler le problème du dégraissage en France même et la question de la privatisation souhaitable.

Les pourparlers avancent péniblement. Nous sentons que le frein est souvent actionné ailleurs dans le bâtiment. Je n'ai pas l'intention de m'épuiser. C'est pourquoi je dis à Strauss-Kahn, dans le courant de l'après-midi, que je m'en vais. Comme je n'habite pas loin de Bruxelles, je peux revenir dans la demi-heure si on décide de reprendre des pourparlers plus productifs. Je pressens que ce scénario convient assez bien à Strauss-Kahn. Il doit d'ailleurs de temps à autre se montrer aussi au Conseil européen en cours.

Pendant ce temps, nos collaborateurs essayent encore d'aplanir le terrain. Mon équipe est impressionnée par Lamy, qui fait une brillante démonstration de sa connaissance récemment acquise du monde bancaire. Dimanche midi, Strauss-Kahn et moi pouvons nous remettre au travail. En ce qui concerne la privatisation, nous sommes d'accord sur le fait que l'État français doit réduire sa participation jusqu'à dix pour cent maximum et que l'opération de privatisation doit se faire de manière ouverte et non discriminatoire: des banques non françaises doivent pouvoir y participer. Je désire en outre voir réaliser tout ceci durant mon mandat, donc avant fin 99. «Je ne veux pas que ton successeur et le mien soient encore obligés de s'occuper de cette affaire, dis-je à Strauss-Kahn. J'ai aussi plus confiance en nos accords si c'est toi qui les exécutes et si Pascal Lamy se porte garant que la banque suivra. Sinon tout risque une fois de plus d'être bâti sur du sable mouvant.»

Nous nous entendons aussi sur le nombre de fermetures d'agences à réaliser en France – vingt pour cent par rapport à 1996. La pierre d'achoppement reste la compression hors France. Nous n'avançons pas sur ce point. À chaque fois que Strauss-Kahn tente quelque chose pour sortir de l'impasse, Peyrelevade se met en travers.

À un certain moment, le travail de sape de Peyrelevade exaspère également Strauss-Kahn. «Si tu veux sa tête, me dit-il, tu n'as qu'à le dire. Et si tu es en plus prêt à faire une concession pour l'obtenir, tu me rendras doublement heureux.» Je lui répondis: «Dominique, Peyrelevade c'est ton problème, pas le mien. Je ne désire pas lire demain dans les journaux que je l'ai liquidé.» Finalement une brèche est ouverte. En échange d'un maintien limité en Europe – uniquement du *private banking* à Francfort, Londres, Luxembourg et en Suisse – certaines autres activités à l'étranger, entre autres aux États-Unis, sont liquidées. J'obtiens l'engagement formel que le Crédit Lyonnais Belgique sera vendu encore avant fin 98. Le dimanche soir, nous en avons à peu près terminé.

Après l'accord sur la compression, nous pouvons nous attaquer à la privatisation. Nous arrivons finalement à nous entendre sur une formule. Un noyau dur d'actionnaires sera constitué dans lequel les intérêts français tant publics que privés prévaudront, mais le rôle dominant de l'État français sera progressivement réduit. Le Crédit Agricole obtiendra ainsi dix pour cent des actions; l'État français lui-même n'en gardera plus que dix pour cent lui aussi. C'est donc une dilution considérable de l'ancienne participation majoritaire. Cinquante pour cent des actions enfin seront offertes au public. L'opération de privatisation devait se terminer un an plus tard. Le 8 juillet 1999, l'action du Crédit Lyonnais était cotée en Bourse. Le public se rua sur le titre.

Dominique Strauss-Kahn et Pascal Lamy ont tenu parole: la suite de l'affaire se déroula de manière satisfaisante, compte tenu des circonstances françaises de l'époque. Je doute très fort qu'un accord aurait pu être obtenu sans Strauss-Kahn et Lamy. Tous deux possédaient parfaitement ce dossier très compliqué et ultra-sensible, et surtout ont prouvé qu'ils étaient des interlocuteurs parfaitement dignes de foi.

Strauss-Kahn est un des plus grands ministres à qui j'aie eu affaire, tant au niveau humain que professionnel, parmi les centaines que j'ai connus. C'est un partisan convaincu de l'intégration européenne et il jouit partout d'une bonne réputation, jusque dans les pays anglo-saxons. Dommage qu'il ait été impliqué dans une affaire qui l'a contraint à démissionner. On peut espérer qu'il recevra rapidement une nouvelle mission à la hauteur de ses talents et de sa personnalité.

Le Portugal «protège» des intérêts nationaux

Une affaire très récente, dans la péninsule Ibérique cette fois, mérite aussi d'être mentionnée, car elle illustre le cas d'un État membre, le Portugal, invoquant l'intérêt national pour empêcher la reprise de banques portugaises par une banque espagnole. Au centre de cette affaire se trouve Antonio Champalimaud, un financier portugais, ancien partisan du régime de Salazar. Après la Révolution des Œillets de 1974, il s'enfuit au Brésil, mais réussit par la suite à récupérer son empire de banques et d'assurances. Du fait de son passé, le personnage était mal vu par une partie de la population et du monde politique portugais.

Le 9 juin 1999, Champalimaud signa un accord avec la banque espagnole Banco Santander Central Hispano (BSCH) qui avait fait une offre de reprise de ses activités de banque et d'assurances. Il s'agissait d'un échange d'actions où BSCH reprendrait quarante pour cent du holding qui contrôle la compagnie d'assurances Mundial Confiança. En échange Mundial Confiança obtiendrait 1,6 pour cent du capital de BSCH. Mundial Confiança contrôlait à son tour deux banques portugaises: la Banco Totta & Açores (BTA) et le Credito Predial Português. C'étaient précisément ces deux banques-là qui intéressaient la banque espagnole BSCH. Le 18 juin, le gouvernement portugais décida de bloquer l'échange d'actions, parce que, selon ses dires, des intérêts nationaux étaient en jeu. Mais cette décision était contraire aux règles du marché intérieur européen. En outre, la Commission est la seule autorité à pouvoir se prononcer sur la validité de ces opérations. Dans le cas présent, il n'était pas question que la banque espagnole acquière une position dominante sur le marché portugais après les acquisitions. L'opération pouvait donc être admise sans objection par la Commission. Mais au Portugal, tout cela touchait à des cordes très sensibles, non seulement en raison du passé de Champalimaud, mais aussi parce qu'une banque espagnole allait contrôler un groupe portugais, question très délicate au niveau politique et au sein de l'opinion publique.

Aussi bien Mario Monti, commissaire pour le marché intérieur, que moi-même, commissaire à la Concurrence, devions rappeler le gouvernement portugais à l'ordre, ce qui nous valut pendant des semaines des réactions hostiles et même de vives altercations. Le ministre des Finances de l'époque sortit de sa réserve. Dans sa rage, il nous accusa même de corruption. Le nouveau gouvernement Gutierres l'écarta d'ailleurs poliment de la formation du gouvernement actuel.

Au début, le gouvernement portugais maintint son point de vue: l'échange d'actions resta interdit et le droit de vote concernant les actions échangées fut suspendu. En novembre, la Commission décida de saisir la Cour européenne de justice. Cela suffit à inciter Lisbonne à plus de souplesse. Le nouveau ministre des Finances se montra disposé à trouver un arrangement acceptable de sorte que la reprise des banques portugaises par la BSCH espagnole put avoir lieu.

La Westdeutsche Landesbank se facilite (par trop) la vie

Contrairement au Crédit Lyonnais, la Westdeutsche Landesbank – en abrégé West-LB – n'était pas en difficulté en tant qu'institution financière. Comme le Lyonnais jadis, la West-LB relève du secteur public. Mais là s'arrête la comparaison. La West-LB fait partie du grand groupe d'institutions publiques de crédit (banques et caisses d'épargne) solidement implantées dans les États fédérés allemands. Son port d'attache est Düsseldorf, capitale de la Rhénanie-du-Nord-Westphalie.

En 93 fut promulguée une nouvelle directive européenne obligeant les banques à maintenir un ratio de solvabilité (un minimum de fonds propres) de huit pour cent par rapport aux prêts placés. La West-LB ne respectait pas ce critère à cette époque: le ratio n'était que de 5,6 pour cent. Afin de fournir l'appoint de fonds propres pour satisfaire aux normes européennes, le gouvernement du Land de Rhénanie-du-Nord-Westphalie décida de transférer les fonds de sa société de construction de logements, la Wohnungsbauförderungsanstalt (WfA) à la West-LB, pour l'intégrer dans son capital propre. Ces fonds s'élevaient à 5,9 milliards de DM, dont 4 milliards étaient à considérer comme capital frais en consolidation des fonds propres, une injection colossale de capital donc. Son ratio de solvabilité augmentait ainsi d'un coup sec de 80 pour cent!

En compensation de cette injection, la Rhénanie-du-Nord-Westphalie ne demanda qu'une indemnité de 0,6 pour cent sur un capital de 2,5 milliards de DM. Pour l'association des banques privées allemandes, la Bundesverband Deutscher Banken (BDB), cela dépassait les bornes. Elle estimait que cette indemnité était nettement inférieure à ce que les banques privées doivent payer pour attirer du capital frais. Les institutions publiques ne peuvent pas avantager leurs propres institutions de crédit par rapport aux banques privées. Elles doivent se comporter comme des investisseurs privés. Ce qui veut dire qu'il faut appliquer le taux d'intérêt du marché lors de l'octroi de moyens financiers, pour ne pas se mettre en infraction par rapport aux règles européennes en matière de concurrence et d'aide publique. Fin 1993, la BDB introduisit une plainte auprès de la Commission.

Ce dossier politiquement très délicat n'était pas un cas isolé. Il s'agissait d'une affaire qui risquait d'avoir de lourdes conséquences. De nombreuses autres banques des Länder avaient effectué des opérations similaires. Et ces banques étaient à leur tour étroitement liées au plus de six cents caisses d'épargne locales. Il y avait encore un dernier élément d'importance cruciale: tout ce système d'institutions publiques de crédit jouit d'une garantie d'État totale sous la forme de ce qu'on appelle l'*Anstaltlast* et la *Gewährsträgerhaftung*. Ce qui permet aux banques des Länder de bénéficier d'un *rating* international privilégié. Ces banques profitent donc, par rapport aux banques privées et même à la plupart des autres banques publiques de l'UE, d'un avantage concurrentiel créé par les autorités allemandes elle-mêmes. En Allemagne, les institutions publiques de crédit ont une part du marché de 35 à 40 pour cent. Et dans ce groupe, la West-LB est de loin la plus imposante. Il existe traditionnellement entre ces institutions et la classe politique allemande – à travers les partis et à tous les niveaux – une imbrication très étroite.

Il était bien clair pour nous qu'il fallait prendre la plainte des banques privées allemandes au sérieux. Mais par quel bout attaquer le problème?

Nous avons décidé d'une double tactique. Nous allions encourager d'une part les parties en litige à trouver elles-mêmes une solution acceptable pour la Commission. D'autre part, nous agiterions comme une épée de Damoclès devant les autorités allemandes la perspective d'une enquête officielle de la Commission. Il s'agissait donc d'appliquer volontairement le principe de subsidiarité!

Dans un premier temps, je reçus la visite de plusieurs délégations des deux parties: l'une menée par le patron de la West-LB Friedrich Neuber, l'autre par Martin Kohlhausen, à l'époque président de la Bundesverband Deutscher Banken (BDB). Ils me considéraient comme leur mur des lamentations! Il était manifeste que les deux camps n'avaient pas envie d'entamer un dialogue. Ils étaient aussi terriblement agressifs: j'ai rarement vu des parties s'affronter aussi violemment. C'est le plus souvent Neuber qui décrochait la timbale.

On comprend donc aisément que la politique allemande allait se mêler de plus en plus de l'affaire. Je reçus de nombreuses visites venant de Rhénanie-du-Nord-Westphalie, entre autres des dirigeants Rau, Clement et Schleusser, mais aussi d'autres Länder et bien entendu de Bonn. La situation était assez cocasse: c'est le libéral Rexrodt qui venait défendre, sans conviction il faut bien le dire, la position privilégiée des banques publiques auprès du social-démocrate Van Miert. La Chancellerie elle aussi suivait l'affaire avec méfiance. Lors de la visite que je fis début 96 au chancelier Kohl, il me recommanda vivement d'être accommodant et de ne pas toucher aux institutions publiques.

Je répondais chaque fois invariablement que l'affaire de la West-LB et des autres banques des Länder constituait un réel problème auquel il fallait trouver une solution. Que les parties essaient de la trouver elles-mêmes, sinon nous devrions entamer une enquête approfondie.

J'ajoutais cependant chaque fois que nous tiendrions les caisses d'épargne à l'écart tant que leurs activités resteraient à un niveau principalement local et donc en principe non transfrontalier. Cette précision avait son importance, puisque Neuber ne manquait pas de monter les centaines de caisses d'épargne et leurs mandataires contre Bruxelles. Le plus actif dans cet exercice était Horst Köhler, ancien secrétaire d'État des Finances et depuis peu grand patron du FMI. Köhler n'est pas homme à s'embarrasser de subtilités. Si Bruxelles n'est pas disposée à manifester plus de compréhension à l'égard des institutions financières allemandes, celles-ci se retourneront contre l'euro et l'UEM, menaçait-il. Santer était soumis à forte pression. À Bonn, on exigeait que la Commission s'engage une fois pour toutes à ne pas toucher au système bancaire public allemand.

Santer et moi ne pouvions bien entendu pas promettre une chose pareille. Nous étions tout au plus disposés à écrire une lettre où nous déclarions que les caisses d'épargne n'étaient pas concernées.

Au cours d'une conversation très animée dans mon bureau, la menace fut proférée ainsi: si vous n'accédez pas de votre propre initiative à nos exigences, nous forcerons la Commission à le faire; l'Allemagne compte mettre la question à l'ordre du jour de la conférence intergouvernementale sur le nouveau traité européen et exiger une modification du traité en faveur de la protection des institutions publiques de crédit. «Bonne chance, leur dis-je, vous êtes en train de transformer en question européenne ce qui est avant tout un problème allemand. Cela ne peut que se retourner contre vous.»

Mais ils campèrent sur leurs positions. Mis sous pression par les Länder, Helmut Kohl allait peser de tout son poids pour tenter de faire consigner le statut favorable des institutions publiques de crédit dans le nouveau traité. Mais tout le monde ne s'était pas assoupi durant ces négociations nocturnes. Kohl dut se contenter d'une déclaration juridiquement non contraignante suivant laquelle les institutions de crédit chargées de tâches de service public peu ou pas rentables peuvent obtenir une compensation, principe que la Commission n'avait jamais contesté, bien au contraire. Sur ce point donc, Kohl dut rentrer les mains vides. En outre, la Commission priait le

Conseil européen d'envisager le problème dans le contexte élargi de l'UE et d'en faire rapport dès que possible au Conseil des ministres des Finances. Je fis savoir que nous l'y aiderions volontiers.

Entre-temps, le chancelier Kohl avait tenté au début de 97 de régler personnellement l'affaire West-LB. Il proposa une formule d'arbitrage à laquelle les deux parties auraient à se soumettre. Dans une lettre dont je reçus copie, Martin Kohlhausen rejeta carrément cette proposition au nom des banques privées. La BDB n'avait visiblement aucune confiance dans l'initiative du chancelier.

Du coup, nous avons décidé de nous atteler nous-mêmes à l'affaire et une procédure d'enquête officielle fut lancée. Nous avions déjà perdu trop de temps et le principe de subsidiarité n'avait rien donné.

Ce dossier, non seulement politiquement très délicat pour la Commission, était aussi d'une grande complexité technique. De plus, ce genre d'affaires bancaires, comme celle du Crédit Lyonnais, était assez nouvelle pour nous.

Nous avons donc fait appel à des experts externes, en l'occurrence la société anglaise First Consulting. Ces consultants furent choisis parce qu'ils n'avaient aucun lien avec les parties en litige. Celles-ci firent également appel à des spécialistes. La West-LB engagea Lehman Brothers et l'association des banques allemandes s'embarqua avec Ernst & Young. Une première enquête de nos experts aboutit à évaluer l'indemnité normale à laquelle un investisseur privé avait droit pour un apport de capital supplémentaire auprès de la West-LB à 9,6 pour cent au lieu de 0,6. Partant de là, la banque aurait bénéficié durant toute la période examinée (de 92 à 99) d'une aide illicite de 1,5 milliard de DM.

Les experts des banques privées, Ernst & Young, considéraient même que la rémunération du capital propre devait se monter à 15 pour cent. L'avantage financier annuel de la West-LB aurait été, selon eux, de 360 millions de DM.

Par ailleurs, l'enquête demandée par le Conseil européen démontra que ce système privilégié de garantie d'État en faveur des banques n'existe qu'en Allemagne, et – avec une moindre ampleur – en Autriche. Il me fut demandé de commenter les résultats de cette enquête lors d'un Conseil des ministres des Finances (ÉCOFIN) en automne 98. Je conclus pour ma part que la situation était devenue injustifiable. Il était clair qu'il fallait intervenir, dans la perspective de l'UEM et de l'euro, pour arrêter les pratiques contraires à la saine concurrence au détriment d'autres banques.

Oskar Lafontaine, le ministre des Finances encore en fonction à cette époque, demanda immédiatement la parole. Il proposa de ne plus traiter l'affaire dans le cadre du Conseil Écofin, mais de la finaliser bilatéralement entre la Commission et l'Allemagne. Il voulait ainsi éviter que l'Allemagne et l'Autriche soient isolées lors de la discussion du rapport. Oskar promit de faire rapidement démarrer ces conversations bilatérales. En guise de plaisanterie, je lui signalai que le pape lui-même n'est pas au-dessus de la loi européenne. Lafontaine était cité à cette époque comme candidat possible à la présidence de la Commission, et à un journaliste qui l'interrogeait à ce propos, il avait répondu de façon évasive: «Ce qui m'intéresse réellement, c'est de devenir pape!»

Lafontaine quitta la scène, Hans Eichel prit sa place. J'attirai immédiatement son attention sur le rendez-vous pris avec Lafontaine pour aboutir à une solution et sur le fait qu'il était grand temps d'en finir avec les demi-mesures.

Sur ces entrefaites, l'enquête sur l'affaire West-LB touchait à son terme. La conclusion était limpide. La West-LB avait profité de manière illicite d'une aide publique et celle-ci devait être remboursée ou annulée d'une manière ou d'une autre. Éclata alors une virulente campagne des groupes de pression, qui me valut certaines surprises. Je fus ainsi invité par l'ancien premier ministre autrichien Vranitzky à prendre la parole dans le cadre du Forum Bruno Kreisky à Vienne. J'acceptais volontiers ce genre d'invitation en raison de mes liens antérieurs avec Bruno Kreisky. Mais à mon grand étonnement, au moment où j'arrivai sur les lieux de la conférence, je tombai nez à nez avec Friedrich Neuber! Que faisait-il à Vienne au Kreisky Forum? Vranitzky me demanda si j'étais disposé à l'écouter. C'est ainsi que je me trouvai brusquement en tête-à-tête avec Neuber. Je ne pouvais ni ne voulais dire grand-chose, d'autant plus que nous étions dans la phase finale de l'enquête.

Ce fut une conversation embarrassée et peu agréable. Le soir, un dîner suivait la conférence. Heureusement, les places à table n'étaient pas désignées à l'avance et je pus m'installer tranquillement à côté de quelqu'un avec qui je n'étais pas obligé de parler de l'affaire West-LB.

La Commission Santer frôle un nouveau coup dur

Finalement la Commission décida, le 8 juillet 99, que le Land de Rhénanie-du-Nord-Westphalie devait exiger de la West-LB la restitution de 1 580 millions de DM (non compris les intérêts). Mais entre-temps la Commission Santer était tombée. Du côté allemand on criait victoire: la West-LB et la Rhénanie-du-Nord-Westphalie surtout clamaient que la Commission démissionnaire ne pouvait plus prendre de décisions. On monta même toute une campagne autour de cet argument. Mais ils pavoisaient trop vite: la Commission reste en place jusqu'à ce qu'une nouvelle équipe prenne la relève. Et comme nous avions atteint, après toutes ces années, la phase finale de l'enquête, il m'aurait semblé injustifié de laisser encore traîner les choses.

Quand on se rendit compte que les choses étaient très sérieuses, l'action des groupes de pression reprit de plus belle. Plusieurs de mes collègues furent soumis à un intense travail de lobbying. Tous les arguments étaient bons et à plusieurs reprises on joua l'homme plutôt que le ballon. Mes fonctionnaires furent suspectés. Mes collègues sociaux-démocrates de la Commission furent l'objet de sollicitations. Monika Wulf-Mathies, qui ne partageait pas mon avis, a cependant toujours conservé une attitude correcte. Quoi qu'il en soit, l'intense lobbying ne resta pas sans effets. Lorsqu'on en vint au vote dans la Commission Santer démissionnaire, je ne fus pas étonné de voir se dégager une faible majorité de onze voix, alors qu'en pareil cas, il est normal que le commissaire récolte un large soutien. Il s'en était donc fallu de peu! Si le vote avait tourné autrement, cela aurait jeté encore davantage le discrédit sur la Commission… et une ombre sur l'attitude de certains collègues d'obédience sociale-démocrate.

Du côté de la West-LB, la décision de la Commission ne fut pas seulement présentée comme une agression vis-à-vis des institutions publiques de crédit allemandes, mais aussi comme un moyen de pression pour privatiser ces institutions. Cela n'avait pourtant rien à voir. Notre mission est de veiller à ce que les secteurs public et privé soient traités de la même façon; qu'il règne entre eux une concurrence loyale. Je pensais que l'Allemagne était, plus que d'autres États membres, attachée à ce principe. La West-LB et aussi la Rhénanie-du-Nord-Westphalie se sont pourvues en appel à la Cour européenne de Luxembourg contre la décision prise, ce qui est leur droit le plus strict. Les discussions sur le remboursement sont toujours en cours. Il reste donc du pain sur la planche pour mon successeur Monti.

Et entre-temps un mouvement agressif s'est déclaré du côté des Länder. Tout comme il y a quelques années en France, on entonne de nouveau le vieil air du service public et de la mission sociale des banques publiques. Mais il faut encore démontrer la non-rentabilité de ces missions de service public. Si tel est le cas, ces banques ont droit à une compensation, comme nous l'avons toujours affirmé. Mais l'argument suivant lequel nous aurions besoin de ces banques et de ces caisses d'épargne pour garantir un éventail complet de services est une absurdité. L'Allemagne possède un régime concurrentiel complet dans le secteur bancaire; elle n'a vraiment pas besoin de banques subsidiées.

Et comme ils ne semblent pas pouvoir obtenir gain de cause avec des arguments défendables, les Länder manient à présent allègrement l'arme du chantage. Ils menacent de bloquer l'approbation du nouveau traité nécessaire à l'admission de candidats de l'Europe centrale et orientale à l'UE. Et cela à l'aube du XXIe siècle!

Chapitre VII
LA PARADE DES GÉANTS DES MÉDIAS

J'avais trois bonnes raisons de ne pas m'étonner en voyant débarquer dans mon bureau, un beau jour de juillet 1997, Messieurs Leo Kirch, un bon ami d'Helmut Kohl, et Michael Dornemann, membre du comité de direction de Bertelsmann, responsable pour les nouveaux médias, et élu Homme des médias de l'année. La première interdiction de concentration que j'avais fait passer en tant que commissaire à la Concurrence en 1994 concernait précisément la collaboration entre Leo Kirch, Bertelsmann et Deutsche Telekom. Il s'agissait de Media Service GmbH, en abrégé MSG, une joint-venture qui se proposait d'offrir des services administratifs et techniques à des opérateurs de *pay TV* – en français, chaînes à péage – et à d'autres médias audiovisuels. À l'époque, nous avions constaté de sérieux problèmes de concurrence dans trois secteurs en Allemagne. Primo, MSG allait acquérir à long terme un monopole sur l'offre de décodeurs, ainsi que sur le développement d'un système de contrôle d'accès et d'administration des abonnements. Secundo, la position dominante de Telekom en tant que câblodistributeur et la gigantesque offre de programmes (films, shows et droits sportifs) de Kirch et Bertelsmann barreraient l'accès aux concurrents potentiels. Enfin, grâce à un réseau de télédistribution comptant plus de 14 millions de ménages abonnés, Deutsche Telekom pourrait quasiment dominer le marché de la télédistribution ordinaire. Face à ces problèmes de concurrence, la seule réaction des trois partenaires consistait en l'engagement d'un comportement correct à l'avenir. Ce genre de belles promesses ne suffit pas à la Commission pour approuver définitivement des structures qui menacent la concurrence. L'interdiction de 1994 était donc inévitable.

Trois ans plus tard, la situation était devenue fort différente: à l'époque, le plus virulent opposant à la fusion avait été la CLT belgo-luxembourgeoise. Et c'est à moi qu'échut l'honneur de recevoir Gaston Thorn, devenu président de la CLT après son mandat de président de la Commission. Il vint se plaindre à cor et à cri des tentatives allemandes d'écarter CLT du marché. Thorn était persuadé que MSG voulait verrouiller le marché. Après être arrivé à la même conclusion, au terme d'une enquête approfondie, nous avons interdit officiellement le projet. L'affaire fit alors étonnamment peu de bruit; pour tout le monde il paraissait clair que le seul objectif de MSG avait été le verrouillage du marché allemand pour la télévision payante. Mais cette fois donc, en juillet 97, CLT était impliquée dans l'affaire et, qui plus est, en tant qu'alliée de Bertelsmann dans la joint-venture CLT-UfA.

La seconde raison pour laquelle je n'étais pas surpris était d'ordre financier. En 1994 déjà, j'avais réalisé que seul MSG pouvait risquer de se lancer financièrement dans l'ère numérique. Trois ans, c'est fort long au pays des médias. Et pendant ce temps le leader du marché, Première (Bertelsmann), et bon nombre d'émetteurs numériques de Leo Kirch se disputaient les faveurs des spectateurs allemands. La phase préparatoire exige déjà des sommes colossales au niveau de l'infrastructure nécessaire. Le plan de mes visiteurs était simple: on venait me démontrer qu'il n'y avait de chances de survie que pour un seul opérateur par région linguistique. À cela s'ajoutait que les perspectives de la télévision à péage en Allemagne étaient bien moins avenantes qu'on l'avait cru. Cette conjugaison de facteurs expliquait la quête d'alliances et de partenariats. En principe il n'y a rien à redire à cela, si ce n'est l'arrière-pensée, toujours et partout sauf en Grande-Bretagne, de la mise en place d'un monopole national.

J'en viens ainsi à la troisième raison pour laquelle je n'étais pas étonné. Cette deuxième tentative allemande n'était pas isolée. D'autres États membres ourdissaient assidûment des projets nationaux. Au lieu d'engager des accords de coopération transfrontaliers, l'idée motrice des grands États membres était immuablement de former un monopole national afin d'exclure des tiers du marché. Immédiatement après MSG, nous avions rencontré une tentative similaire en Espagne, visant, avec le soutien massif du gouvernement Gonzàlez et de Canal +, le verrouillage du marché espagnol. Il existait une corrélation évidente entre les deux tentatives. Au début de l'année 1996, le gouvernement espagnol décida de faire un geste en faveur du groupe de médias Promotora de Informaciones (PRISA) qui lui avait été favorable durant ses quatorze années de gouvernement. Une alliance avec Telefónica, monopole contrôlé encore à l'époque par l'État, donnerait pour longtemps à PRISA, déjà propriétaire du plus grand journal et de la principale station radio, une position dominante dans le domaine de la télévision à péage. Telefónica se chargerait de la vente via un réseau câblé qui devait encore en grande partie être installé et qui serait adjugé à l'entreprise dans des conditions douteuses par rapport aux règles de la concurrence. Pour éviter des questions gênantes, on alléguait que l'alliance – «Cablevisión» – était une affaire purement nationale, à laquelle Bruxelles n'avait rien à redire, puisqu'une dimension européenne faisait totalement défaut. Nous voyions cela tout autrement. D'autant que Canal +, partenaire de PRISA dans l'unique chaîne de télévision à péage du pays à ce moment, n'était autre que le géant français du même nom. Mes demandes d'éclaircissements restaient sans suite, ce qui m'obligea finalement à lancer une enquête officielle. Une première dans un domaine où une notification préalable par les parties est prescrite par la loi et où le non-respect de cette obligation peut entraîner des amendes considérables. Mis sous pression, PRISA et Telefónica finirent par me faire parvenir leurs projets le 31 mai. Mais entre-temps ils avaient déjà entrepris les premières démarches dans l'élaboration de leur accord – ce qui, d'un point de vue légal, est encore plus grave que la non-communication de leurs intentions. Des accords de concentration ne peuvent être exécutés que si la Commission a marqué officiellement son approbation.

Notre enquête révéla une série d'objections sérieuses. Cablevisión menaçait dès le début de s'assurer un long monopole dans le domaine de la prestation de services techniques aux exploitants de télédistribution. L'opération aurait renforcé la position monopolistique de Telefónica sur le marché de l'infrastructure de câblage et des services de télécommunication. Enfin, la filiale PRISA de télévision à péage n'aurait été soumise à aucune concurrence. Il semblait bien que seule une amende énorme – jusqu'à dix pour cent du chiffre d'affaires de toutes les parties concernées – était en mesure de bloquer le démarrage anticipé de l'entreprise.

Le gouvernement espagnol tenta de me faire changer d'avis. J'avais beaucoup de sympathie pour le Premier ministre Gonzàlez. Toutefois, je communiquai à deux de ses ministres venus me trouver, Javier Solana et Pedro Solbes, que tels quels ces projets seraient inacceptables dans le cadre de la politique de concurrence.

Les partenaires et le gouvernement persistèrent cependant dans leur stratégie visant à contourner la Commission et continuèrent à prétendre que Canal + France n'avait aucun pouvoir sur Canal + Espagne. Jusqu'à ce que Gonzalez perde les élections où il briguait un quatrième mandat de Premier ministre. Son gouvernement approuva encore l'alliance, lors du dernier conseil de cabinet avant la passation de pouvoir, comme s'il n'existait pas de Commission à Bruxelles. Le successeur de Gonzàlez – Aznar – laissa immédiatement tomber Cablevisión; ce n'était pas tant pour me faire plaisir que pour prendre une revanche politique. J'étais quand même soulagé. Plus tard, d'autres tentatives de mise sur pied de monopoles nationaux virent le jour, cette fois-si sous Aznar et soutenues par mon collègue espagnol Marcelino Oréja, du même bord politique.

En Italie resurgissait constamment la notion de «solution à l'italienne». Ici aussi, le gouvernement jouait un rôle actif, et bien entendu pour la même raison: nous devons renforcer nos entreprises nationales et leur permettre de tenir tête à la concurrence par le biais d'une solution nationale. Même en France – où on prônait une concurrence qui ne profitait pas seulement au consommateur mais avait aussi pour conséquence d'élargir le marché – des voix réclamant une solution nationale pour écarter la concurrence recommençaient à s'élever. En conclusion, il y avait une tendance nette, particulièrement dans les grands États membres, à reconstituer des monopoles, cette fois pour la télévision à péage. On avait l'impression d'être revenu au temps de l'ancienne politique industrielle qui favorisait les «fleurons de la nation».

La justification la plus souvent invoquée était «l'impérialisme culturel» des États-Unis. La puissance de l'industrie américaine de l'image ne constitue pas encore une raison suffisante pour créer des monopoles ou pour protéger des marchés nationaux contre des concurrents européens. Et même si des motifs économiques doivent donner lieu à l'autorisation temporaire de monopoles particuliers, la tâche des autorités de concurrence est de préserver l'accès au marché. D'ailleurs, une solution paneuropéenne qui ne verrouille pas les marchés mais stimule la libre concurrence ne serait-elle pas une meilleure façon d'engager le combat contre les concurrents américains?

Et bien entendu on clamait aussi régulièrement haut et fort qu'il fallait sans délai stopper ce terrible Rupert Murdoch, et déjouer ses tentatives de débarquer sur le continent européen. Je veux être très clair à ce propos: je n'ai pas la moindre sympathie pour les personnages de son espèce et ses tabloïds me dégoûtent profondément. Il ne pouvait pour autant être question d'évoquer le scénario catastrophe de l'épouvantail Murdoch pour persuader la Commission de donner sa bénédiction à des monopoles de la vieille école. L'argument a en outre quelque chose d'hypocrite quand on sait que chaque magnat européen des médias a déjà flirté avec le terrible Australien. Du reste, l'expérience nous apprend que les trusts médiatiques se plaisent à servir la citation d'Adenauer: «Je me moque de mes bavardages d'hier...»

Revenons à juillet 1997. La rencontre se déroula dans une ambiance agréable et détendue. Kirch me présenta joyeusement son partenaire: «Voici mon ami Michaël. C'est l'homme qui m'a sauvé mais aussi exproprié!» Les deux associés avancèrent leurs arguments en faveur de la collaboration projetée et développèrent leurs projets dans les grandes lignes. Ils avaient l'intention de réunir leurs activités de télévision payante dans la chaîne Première dejà existante; d'autre part, Bertelsmann et Deutsche Telekom entreraient dans Beta Research (l'entreprise de techniques de décodage de Kirch), et exploiteraient le décodeur existant d-box.Telekom de son côté équiperait le nouvel émetteur digital commun d'un système ou d'une plate-forme technique destinée à la distribution de leurs programmes. Au moment de prendre congé, mes visiteurs me promirent en tous cas de nous faire parvenir rapidement les documents nécessaires.

Après ce premier entretien, on n'entendit d'abord plus grand chose. L'élaboration de l'accord complet semblait plus difficile que prévu. Au lieu d'une notification officielle, j'eus vent d'une rumeur selon laquelle Kirch et Bertelsmann avaient l'intention de vendre ensemble le d-box et leur kit de programmes pendant la période de Noël. C'était évidemment inquiétant, puisque le règlement sur le contrôle des concentrations prescrit de façon claire que l'application de tels accords ne peut entrer en vigueur qu'après approbation par la Commission. À défaut, on en arrive à des situations de fait accompli qui sont encore plus difficiles à corriger. Mes collaborateurs et moi-même avons donc attiré fermement l'attention des trois groupes concernés sur le fait qu'aucune exécution prématurée ne serait tolérée. Malheureusement ces admonestations ne furent suivis d'aucun effet. Il parut au contraire de plus en plus évident que les partenaires se lançaient avec enthousiasme dans l'affaire et étaient déjà en pleine campagne publicitaire.

C'est ainsi que nous avons découvert des publicités pleine page dans plusieurs revues et journaux pour le décodeur numérique de Première, DF1 et Telekom. «Nous sommes devenus UN», «Un seul décodeur pour l'Allemagne», ou «D-box, le décodeur numérique standard», proclamaient-elles. Bertelsmann et Kirch nous avaient tout simplement ignorés en lançant sans sourciller la promotion conjointe du d-box comme norme numérique définitive. Ce beau dynamisme révélait une grande assurance chez les deux partenaires. Avant même la notification officielle, il était clair que nous allions droit vers un différend.

Avant toute chose, il fallait intervenir sans tarder. Nous devions clairement signifier que nous n'avions pas l'intention de laisser passer cette affaire, et que nous accepterions encore moins de voir la crédibilité des autorités de concurrence européennes mise en question. Kirch, son directeur général Hahn et Dornemann avaient pris rendez-vous avec moi le 4 novembre pour discuter de la suite des négociations. La fusion prévue n'était toujours pas notifiée. Je profitai de l'occasion pour rappeler de vive voix un des principes essentiels du contrôle de l'UE sur les fusions, à savoir que toute opération de fusion est soumise à l'approbation préalable de la Commission. Je manifestai clairement mon mécontentement devant le fait que l'accord de fusion projeté était déjà en partie réalisé et les informai que mes collaborateurs allaient entamer une enquête approfondie sur ces infractions. J'annonçai également mon intention d'avertir l'opinion publique de cette affaire afin d'éviter tout malentendu. Et notre communiqué de presse fut des plus directs: «S'il s'avère que notre crainte est fondée, les parties en cause ont intérêt à suspendre à l'instant leurs agissements illicites, sans quoi la Commission pourrait leur imposer une amende allant jusqu'à 10 pour cent du chiffre d'affaires total des parties réunies.» L'usage de termes aussi durs relève plutôt de l'exception. De surcroît, on ne se contenta pas de menaces: deux jours plus tard, le 6 novembre, les trois entreprises reçurent chacune une demande de renseignements circonstanciée. Si indignées qu'elles fussent de ma prise de position publique, elles semblaient à ce moment-là encore s'imaginer qu'elles pouvaient continuer tranquillement leur jeu. De son côté aussi, la presse commença une campagne, m'accusant de vouloir empêcher le développement de la télévision numérique en Allemagne. Cette campagne était bien sûr accompagnée d'une offensive politique non moins virulente.

Je trouvais ces accusations déloyales, hypocrites et injustifiées. Un grand nombre de politiciens croyaient tout à coup devoir intervenir en faveur des projets des trois entreprises allemandes. Je n'ai pas compté les appels téléphoniques, mais me souviens d'avoir eu une foule impressionnante de personnalités politiques allemandes à l'appareil, parmi lesquelles Hans-Dietrich Genscher, supporter de Bertelsmann, mais jamais le chancelier fédéral Kohl, comme on l'a pourtant insinué. De ce côté-là, c'était le président Santer qui était la cible. Kohl voulait tout simplement que la Commission ferme les yeux et dise «amen», sans même attendre la notification officielle. Il ne se souciait absolument pas du règlement régissant les fusions et escomptait en fait que la Commission ignore la législation édictée par les États membres eux-mêmes.

Le chancelier fédéral s'adressait donc en personne au président de la Commission, tandis que la chancellerie de Kohl s'en prenait à son chef de cabinet Jim Cloos. Tous deux me tenaient informé. Cette stratégie «subtile» atteignit son apogée lors du Conseil européen à Luxembourg où Kohl attaqua Santer personnellement parce que nous ne nous montrions pas prêts à céder. «C'est la guerre!» lança-t-il ce jour-là à un Santer médusé. Mais en dépit de ces menaces, le président Santer me laissa poursuivre mon travail.

Le 27 novembre 1997, nous avons exigé par écrit que toute publicité pour le d-box de Kirch via la chaîne Première de Bertelsmann soit immédiatement arrêtée. Le 1er décembre, la notification nous parvint enfin. Mais aucun élément ne permettait de conclure que les activités promotionnelles combinées étaient suspendues. Au contraire, tant le public allemand que les commerçants susceptibles de commander de grandes quantités de d-box restaient dans l'ignorance de la gravité de cette transgression permanente de la loi. Contre mon gré, je convoquai à nouveau la presse. Je rappelai clairement que l'exploitation et la promotion combinées du d-box de Kirch allaient à l'encontre de l'interdiction des autorités européennes de concurrence et exhortai une dernière fois Bertelsmann et Kirch à arrêter sur-le-champ leurs activités, passibles de lourdes sanctions financières. J'exigeai aussi qu'ils rectifient l'impression donnée au consommateur que le d-box constituait déjà le standard numérique définitif du marché allemand.

Si on n'arrêtait pas la promotion en cours, de grandes quantités de décodeurs d-box seraient installés au cours de la procédure d'enquête, estimée à cinq mois pour aboutir à un jugement définitif. Dans ce cas, l'implantation du d-box comme standard numérique effectif sur le marché allemand serait difficile à annuler. Pour répondre aux calomnies d'une partie de la presse allemande, j'affirmai très clairement que « cette mesure n'anticipe en aucun cas sur une décision des autorités de concurrence au sujet de la fusion projetée. Et elle ne signifie pas non plus que la Commission émette des réserves fondamentales sur un standard numérique uniforme, ou qu'elle veuille empêcher l'introduction de la télévision numérique en Allemagne. La Commission considère la télévision numérique comme un marché d'avenir avec un potentiel de croissance important. Ce potentiel ne peut cependant être mis à profit que si le marché reste ouvert et peut se déployer pleinement grâce à la libre concurrence. » Je précisai encore que le problème de la concurrence ne résidait pas dans l'introduction générale d'un décodeur uniforme, mais dans la nécessité que la Commission puisse contrôler la garantie de l'accès non discriminatoire à ce décodeur.

On pourrait croire que la menace d'une amende gigantesque allait être pour l'alliance une sorte de test de l'élan numérique dans lequel elle s'était témérairement lancée. Il n'en fut rien. Tout continua à se dérouler comme si rien n'était et les deux premières semaines de l'enquête furent entièrement consacrées à l'arrêt de la vente combinée du d-box et des abonnements. Ce n'est que le 15 décembre que les parties comprirent qu'elles étaient allées trop loin et que même le chancelier ne parvenait pas à nous détourner de notre objectif d'interdire la vente. Et c'est ainsi qu'après deux mois de tiraillements, Bertelsmann et Kirch finirent par accepter une suspension immédiate de la promotion combinée pour le programme numérique Première Digital et de la vente de d-box au public et aux commerçants. Toute forme de vente directe serait immédiatement arrêtée et on ne traiterait plus les demandes d'abonnement s'y rapportant. Il ne serait plus délivré d'abonnement Première Digital aux propriétaires d'un DF1-d-box et l'appareil ne serait plus activé. Enfin, on arrêterait les actions publicitaires communes pour Première Digital. Bien qu'entre-temps 90 000 d-box avec abonnement Première Digital aient été vendus, ils concernaient principalement des abonnés de la chaîne à péage de Première, à qui celle-ci avait offert le programme numérique et le d-box moyennant un supplément relativement modeste, ainsi que des abonnés à Première qui avaient échangé leur Media-box numérique pour un d-box.

Malgré le caractère tardif de leur repentir, nous sommes convenus de ne pas faire perdre la face aux parties. J'exprimai publiquement ma satisfaction pour les bonnes dispositions dont avaient fait preuve Bertelsmann et Kirch en vue de respecter enfin l'interdiction. Ainsi, nous n'avions plus à craindre que le d-box ne passe *de facto* – avant que l'enquête soit bel et bien terminée – pour la norme digitale du marché allemand. La Commission ne voulait toutefois pas priver les propriétaires de téléviseurs de la possibilité de capter le programme numérique auquel ils étaient abonnés et autorisa Première à passer ce programme via le d-box aux abonnés affiliés depuis début novembre, tant que l'enquête était en cours. De plus, Première était autorisée à activer les d-box destinés à Première Digital qui étaient encore en stock dans le commerce ou déjà vendus, mais pas encore opérationnels.

Après cette bataille, mes collaborateurs purent enfin se consacrer à ce qui était normalement la première étape dans cette procédure : l'enquête à proprement parler concernant deux concentrations officiellement séparées, mais très liées sur le plan économique. Initialement CLT-UfA, qui fait partie du groupe Bertelsmann, et le groupe Kirch voulaient unir leurs sociétés de télévision numérique existantes. Kirch, le plus grand distributeur de films et de spectacles télévisés en Allemagne, possédait déjà à ce moment, avec Canal +, le pionnier français du numérique, une participation dans la chaîne Première de CLT-UfA. Canal + voulait à présent en sortir et Kirch pensait retirer son émetteur DF1 et placer sa chaîne sportive DSF et les droits d'émission de télévision à péage dans Première. Enfin, Première allait émettre via la technologie d'accès Beta de Kirch et ses décodeurs d-box. Par ailleurs la Deutsche Telekom (à l'époque de loin le plus important câblodistributeur allemand malgré les constantes rumeurs d'une possible vente) prendrait une participation dans la filiale de Kirch qui mettait des techniques d'accès et de décodage à la disposition d'opérations numériques. Sur cette base, Telekom fournirait une plate-forme technique pour la diffusion numérique d'émissions à péage par câble et en obtiendrait les droits exclusifs.

Les traditionnelles jérémiades sur l'épouvantail américain retentirent à nouveau. Ce maudit rouleau compresseur américain – avec sa production massive de programmes débiles – allait écraser sans vergogne tous les distributeurs européens. Un pôle opposé européen était donc vital pour la culture occidentale. Depuis Paris, Thévenet, le directeur de la Compagnie Générale des Eaux (Canal +) fit savoir, sans qu'on lui ait rien demandé, qu'un « front européen » était absolument indispensable. Il ne voulait pas que ses enfants grandissent dans cette soupe médiatique américaine. Bien entendu, seul un monopole de longue durée permettait de se défendre contre ces dangers! J'y lisais aussi l'affirmation que, sans fusion, le sort des deux partenaires, en tout cas celui du plus petit des deux, serait scellé. C'est la ritournelle habituelle des protagonistes de la formation de monopoles.

Chaque entreprise est certes libre de nous vanter les conséquences de sa fusion avec un concurrent, ou à l'inverse de pointer les effets négatifs en cas d'interdiction. Les résultats de notre enquête étaient pourtant peu surprenants. En fin de compte, l'enjeu de cette fusion dans le monde de la télévision numérique concernait les ténors et une poignée de concurrents. La fusion vaudrait à Première une position monopolistique sur le marché allemand de la télévision à péage. La combinaison des droits très étendus de télévision et de film de CLT-UfA et Kirch placerait de son côté tout concurrent potentiel face à une mission impossible. Première deviendrait donc la seule plate-forme de programmation et de publicité pour la télévision à péage en Allemagne et dicterait ainsi ses conditions à l'ensemble du monde germanophone. La menace d'un monopole à long terme se profilait également sur le marché de la prestation de services techniques autour de la télévision à péage: tous les opérateurs existants de télévision à péage numérique par satellite et, via Telekom, par le câble, avaient opté pour la technologie d'accès Beta et le décodeur d-box de Kirch. Étant donné qu'une alternative à l'infrastructure du décodeur Beta était (et reste) invraisemblable, tous les concurrents potentiels seraient réduits à utiliser ce décodeur d-box et la technologie d'accès Beta. Ils seraient donc entièrement à la merci de Kirch et de ses partenaires. Même les opérateurs de télévision numérique étrangers auraient du mal à écouler leurs programmes dans la zone germanophone. On pouvait de surcroît craindre que les partenaires numériques n'observent pas très rigoureusement, en cas de fusion, les règles de concurrence régissant la «télévision normale» sur le marché allemand.

Fin janvier 1998, nous dûmes donc entamer la seconde phase de l'enquête. La décision finale devait tomber avant la fin mai. Ce n'est qu'à ce moment que l'énorme machine de propagande se mit à tourner à plein régime. Les partenaires commencèrent également à nous inonder d'informations parfois fort douteuses. Pour ce rôle, ils utilisèrent les services d'une dame très futée. Ancienne proche collaboratrice de Bangemann, elle était passée chez Kirch peu de temps avant l'annonce de la fusion. Le soir, elle arpentait les couloirs de la Commission et déposait toutes sortes de documents dans les bureaux de ses anciens collègues de cabinet. Sur son passage, elle saluait aussi très cordialement mes collaborateurs, sans toutefois leur remettre de documents. Nous les recevions bien sûr des autres cabinets, par voie détournée.

À la lumière de l'expérience avec Boeing (voir chapitre XI), mon équipe se mit à rédiger sans relâche une liste complète d'objections. La complexité du problème et la difficulté de cerner les futurs marchés nécessitaient une collecte d'informations à grande échelle chez les concurrents, fournisseurs et clients importants des partenaires de la fusion. Malgré la masse gigantesque de documents à traiter, nous réussîmes à fournir en mars 1998 – un vendredi treize! – une liste complète d'«objections» aux deux partenaires. La liste minutieusement documentait mentionnait également le danger des conséquences d'une fusion dans le domaine de la télévision numérique par rapport à la télévision traditionnelle d'accès libre. Comme les chaînes de Kirch et Bertelsmann possédaient déjà un quasi monopole sur la télévision commerciale allemande, les annonceurs n'avaient pas d'alternative; les jours ouvrables, les télévisions publiques ne peuvent en effet émettre que 20 minutes de publicité. Il est significatif de noter que le 23 février, le magazine *Der Spiegel* disposait déjà de documents provenant de la direction de Bertelsmann relatifs à la stratégie de regroupement. On pouvait y lire qu'il fallait éviter le mot «monopole» en public!

La comparaison avec Boeing s'imposait de plus en plus. Les partenaires refusaient de prendre acte de nos objections, mais n'hésitaient pas à nous imposer de longues sessions de négociation. En même temps, ils recherchaient un soutien parallèle auprès de mes 19 collègues. Toujours est-il que la séance d'audition où Bertelsmann et Kirch auraient l'occasion de réagir à nos objections fut fixée au 1er avril. Les représentants des deux trusts misaient invariablement sur l'inéluctable disparition de la chaîne DF1 de Kirch. Si la Commission interdisait la fusion, la chaîne Première de Bertelsmann reprendrait quand même les gigantesques fichiers d-box et les programmes de Kirch. Celui-ci avait d'ailleurs déjà passé commande d'un million d'exemplaires de décodeurs à la société finlandaise Nokia. On ne voulait toutefois pas, pour éviter une interdiction, faire un «compromis douteux», déclarait Dornemann, vieux routier des *talk-shows*. Et il continuait à insister sur le cauchemar de l'invasion américaine imminente: «La Commission ne comprend toujours pas, remarquait-il, que nous devons d'abord former le contrepoids nécessaire aux trusts de divertissements américains, avant de permettre la concurrence entre Européens.» Et de quelle manière? Par un monopole?

Je me rendis progressivement compte que quelque chose ne tournait pas rond. J'avais pourtant trouvé en Leo Kirch un des rares interlocuteurs capables de prêter l'oreille à nos objections, malgré ses intérêts radicalement opposés. Bien entendu le million de décodeurs, l'achat de films coûteux et les pertes subies jouaient un rôle important dans cette démarche. Mais tout cela n'empêchait pas une approche sincère et sans détours, malgré l'attitude combative dont il avait fait preuve dans un premier temps. Du côté de Bertelsmann, la donne était différente. Mises à part les divergences d'opinion internes chez Bertelsmann, je me demandais quelle était en réalité la position de leur partenaire CLT dans la joint-venture. Le groupe CLT- UfA devait en effet payer beaucoup d'argent au groupe Kirch dans le cadre de la fusion. Et outre Bertelsmann, CLT aussi devait pas mal contribuer. Et qui dit CLT – dont fait également partie RTL – dit Albert Frère, le financier belge réputé pour son sens des affaires particulièrement aigu.

C'est à ce moment que je fus invité au vernissage de la rétrospective Magritte à Bruxelles. Alors que je regardais un tableau du grand surréaliste, quelqu'un derrière moi me demanda: «Vous le trouvez beau?» Je reconnus la voix d'Albert Frère. «Oui, très beau», dis-je. «Il est à moi», répondit-il, à quoi je répliquai laconiquement: «Félicitations.» «Il y a encore trois tableaux de ma collection ici», poursuivit-il. «Je vous félicite triplement», lançai-je pour continuer le jeu. «Et j'en ai encore quelques-uns à la maison», termina-t-il. Albert Frère était passé du statut de ferrailleur à celui de baron de l'acier, pour se constituer ensuite une fortune colossale via des participations dans de nombreux secteurs. Mais Frère ne m'avait pas interpellé pour me parler uniquement de ses tableaux. «À propos, enchaîna-t-il, je sais que vous vous occupez intensivement de notre affaire en Allemagne. Je vous signale que si ça tourne mal, cela ne m'empêchera pas de dormir.» Tiens, tiens, voilà qui était significatif. Cette remarque confirmait notre impression que – indépendamment des tensions au sein du groupe Bertelsmann – l'enthousiasme n'était pas à son comble chez les principaux partenaires. Ce qui allait apparaître encore davantage dans la phase finale des négociations, lorsque, au lieu de sauver l'alliance avec Kirch, Bertelsmann – sous la pression de CLT-UfA – lui donna un fameux coup de frein.

Le 27 avril 1998, le délai officiel pour les modifications et les engagements serait révolu. Si j'attendais davantage, nous courrions le même risque qu'avec Boeing, à savoir nous trouver acculés sous la pression de l'échéance. Il fallait à présent faire un pas décisif. Le 23 avril, je fis envoyer un projet de décision d'interdiction aux quinze États membres et inscrivis la discussion à l'agenda de la Commission du 6 mai, trois semaines avant la date de la décision finale. Bien entendu tout le monde, les partenaires de la fusion en tête, savait que cela ne signifiait pas encore que la décision officielle était prise. Qu'arriverait-il maintenant? Mes impressions des dernières semaines s'avérèrent exactes. Kirch se mit effectivement à analyser plusieurs options et à tenir compte de certaines objections. Dès qu'une solution valable se présentait, Dieter Hahn, son bras droit, sortait instantanément un plan bien élaboré. Du côté de Bertelsmann, les choses se passaient tout autrement. Michael Dornemann n'était pas le seul à adopter des réactions routinières, tous ses collaborateurs manquaient également de créativité et se montraient peu enclins à proposer des solutions concrètes de rechange. En outre, il y avait la présence constante d'un délégué de CLT, visiblement chargé de surveiller Dornemann. En dépit de tout cela, le 28 avril, on déposa sur la table toute une série d'engagements relativement élaborés.

Ils portaient sur trois aspects de la fusion susceptibles de mener à un monopole: la technique numérique, les droits de programmation et la câblodistribution. Les partenaires de la fusion acceptaient tout d'abord d'accorder des licences pour les techniques de codage et la production de d-box à des tiers. Ils accordaient également le libre accès aux services techniques de Kirch. D'éventuels différends ne pouvaient retarder l'accord convenu et devaient être soumis à une commission d'arbitrage. Ensuite les partenaires de la fusion céderaient 25 pour cent de leurs droits sur de futurs films de «Majors Hollywood», acquis par Kirch dans le cadre d'accords de production – les *output deals* – à des tiers; bien sûr, contre paiement. En troisième lieu, les partenaires de la fusion proposeraient une collaboration commerciale à d'autres câblodistributeurs que leur partenaire Telekom.

Malgré le chemin parcouru, ce n'était pas suffisant. Vingt-cinq pour cent des nouvelles productions en série américaines, c'était trop peu, surtout si des tiers devaient les partager avec Première. En plus Kirch et Bertelsmann disposaient ensemble des droits sportifs les plus attrayants, qu'ils ne voulaient partager avec personne. Qui pouvait dès lors encore espérer offrir un ensemble de programmes compétitif? La subordination de concurrents à l'obtention de licences pour techniques numériques aux mains d'une entreprise appartenant entièrement à Première n'était pas satisfaisante non plus, car les câblodistributeurs menaçaient d'être réduits à ne servir que de circuits de vente, sans moyens propres pour construire un programme. Ils devaient même transmettre leurs listes de clients à Première!

Mais Kirch et Bertelsmann jouaient très habilement avec la notion des limites de ce qui était financièrement réalisable. J'endossais inévitablement le rôle du gardien tâtillon de la concurrence, obsédé par les détails, bloquant, pour quelques futilités, la percée du numérique en Europe. Pour comble de malheur, je remarquai aussi de la résistance du côté de certains collègues, qui ne dissimulaient pas leur sympathie pour l'alliance, malgré l'expérience Boeing. Outre la croisade contre les vilains Américains incarnée par Édith Cresson, Martin Bangemann se rallia à son tour à l'alliance allemande. Et Marcelino Oreja, qui m'avait pleinement soutenu du temps du projet Cablevisión, lorsqu'il s'agissait de contrer le gouvernement socialiste espagnol, se prononçait maintenant en faveur d'un plan similaire. Depuis que ses amis politiques avaient pris le pouvoir, il n'y trouvait tout à coup plus grand-chose à redire.

Je gardai pourtant confiance dans l'objectivité des collègues. Au sein du comité consultatif, les discussions avec les experts nationaux prirent une tournure favorable. Les engagements pris furent jugés insuffisants et la Commission reçut le feu vert pour interdire l'opération.

De nouvelles discussions s'ensuivirent. Le 11 mai, les parties se rencontrèrent à nouveau chez nous. Et ce fut encore Kirch qui trouva justifiée notre inquiétude à propos d'un monopole de sa technique d'encodage Beta et qui s'engagea à proposer 25 pour cent du capital de Beta-Research à une société tierce. Mais pour le reste, la pression des médias ne fit qu'augmenter et renforça l'impression générale que nous allions trop loin. Les matières complexes ne sont pas faciles à communiquer. Et la connaissance des détails étant forcément limitée chez la plupart de mes collègues, je voulais absolument éviter une décision de dernière minute, comme ce fut le cas dans l'affaire Boeing l'année précédente. Il fallait trancher. Deux bonnes semaines avant la date à laquelle la décision devait tomber, je fis déclarer par mon porte-parole que sans nouveaux engagements radicaux, clairement spécifiés, une interdiction serait inéluctable.

La déclaration fit son effet mais provoqua également d'autres rebondissements. Ainsi, le 18 mai, o.tel.o, – une filiale de Mannesmann – nous présenta «un avant-projet détaillé pour un modèle de marché alternatif», qui maintenait la voie libre à une concurrence à tous les niveaux entre fournisseurs de programmes, émetteurs par satellite, exploitants d'ondes et câblodistributeurs. Malgré cela, je ne réussis pas à faire une percée. La défection publique de deux de mes collègues en partie coresponsables du dossier, ajouta un fait nouveau qui insuffla aux partenaires de la fusion l'espoir qu'ils avaient encore des chances auprès de la Commission ou du Collège.

Entre-temps, les tiraillements se poursuivaient et la date prévue pour la décision approchait dangereusement. Je fixai encore une dernière échéance pour l'amendement de la proposition: le 23 mai, à six heures du soir. La bombe explosa le dimanche 24 mai: Bertelsmann joua son va-tout et déclara que toute concession supplémentaire serait un suicide économique – il fallait que ça passe ou que ça casse. Je répondis à leur coup de bluff en déclarant que dans ce cas, nous n'avions pratiquement plus rien à nous dire. Le lendemain, à Bruxelles, lors de la conférence de presse quotidienne, la porte-parole de Santer, Martine Reicherts en profita pour se livrer à son occupation favorite: le dénigrement de commissaires européens. Avec la délicatesse d'un éléphant dans un magasin de porcelaine, elle déclara devant les caméras que je n'étais qu'un commissaire parmi les vingt et qu'elle se demandait si mon attitude obstinée pourrait compter sur une majorité. Elle passa ensuite le reste de la journée dans son bureau à décortiquer l'image de mégalomane solitaire qu'elle avait de moi.

Deux jours plus tard, lors d'une séance de la Commission, mon prédécesseur à la Concurrence, le commissaire pour le Commerce extérieur Leon Brittan, déclara à ce propos qu'une personne qui sape de manière aussi éhontée la position de la Commission, c'est-à-dire son action collective, n'est absolument pas qualifiée pour exercer la fonction de porte-parole. Mais cette perception resta hélas sans effets à ce moment-là. En la congédiant, Santer aurait pu lors de la crise de la Commision s'épargner beaucoup de tracas.

Revenons-en à Bertelsmann. Les déclarations de Martine Reicherts avaient suscité une certaine agitation. Il régnait une ambiance équivoque parmi mes collègues. Il semblait que la pression politique, le lobbying agressif et l'identification de plus d'un collègue avec les intérêts nationaux, les campagnes de presse venimeuses allaient se payer cher. Il nous restait deux jours pour redresser la situation. Une fois de plus, je convoquai dans mon bureau un conseil de guerre avec mes proches collaborateurs: Alex Schaub (directeur général à la Concurrence), Götz Drauz (chef de la direction Fusions), ainsi que les rapporteurs du cas Nicole Hacker et Dietrich Kleeman, mon chef de cabinet Claude Chêne, mon collaborateur Olivier Guersent et mon porte-parole Stefan Rating.

Nous nous sommes vite mis d'accord sur la marche à suivre. Il fallait, exactement comme dans l'affaire Boeing, mettre catégoriquement les parties devant leurs responsabilités: des concessions supplémentaires ou une interdiction de fusion. Concrètement, nous voulions des concessions sans équivoque sur trois plans. Il fallait d'abord que des câblodistributeurs puissent acheter à Première des programmes de jeux – particulièrement populaires – afin de pouvoir constituer des batteries *pay-per-view* concurrentielles. Sans cette possibilité, aucune concurrence n'avait de chance de survie. Ensuite, il était absolument impensable de les obliger à céder leur fichier clientèle à Première. Si nous conservions cette clause, les câblodistributeurs risqueraient de perdre des clients au profit de Première à chaque action promotionnelle. Nous exigions enfin des conditions claires en ce qui concerne les accords de licences entre Première et d'autres fournisseurs de batteries de programmes, ainsi que l'obligation de soumettre tous les différends à un arbitrage impartial.

Jusqu'alors, chacun des partenaires s'était farouchement opposé aux deux premiers points. Dornemann citait librement Lénine, arguant de l'absurdité de tendre les armes à ses propres concurrents. Comme il n'y avait pas de concurrents (c'est encore le cas actuellement), et comme il n'y en aurait jamais sans ces engagements, je résolus d'insérer une clause d'équité: s'il s'avérait que dans un marché concurrentiel nos conditions devaient menacer l'existence de Première, la Commission s'engageait à revoir ces conditions. Mais en attendant, ces trois conditions devaient veiller à ce que l'accès au marché germanophone de la télévision numérique reste ouvert, même si dans un premier temps, la fusion allait aboutir à un monopole de fait. Cette proposition minimale ne souffrait pas de discussion: c'était à prendre ou à laisser. Le soir même, ces conditions furent soumises à Bertelsmann et Kirch. S'ils les acceptaient, je m'engageais à conseiller à mes collègues d'approuver la fusion.

Notre proposition en trois points eut un effet immédiat. Le lendemain matin, à la veille de la session définitive, Leo Kirch appela pour me demander s'il pouvait encore me rencontrer dans le courant de la journée. Un jet privé l'attendait et Michael Dornemann l'accompagnerait, sans autres collaborateurs ou conseillers. Pouvait-il venir? Bien sûr. Je me préparai à un entretien musclé, m'attendant à ce que les deux partenaires tentent de marchander les trois points.

À peine étions-nous tous trois attablés – j'avais décidé moi aussi de ne pas mêler de collaborateurs à la discussion – que Kirch prit la parole et déclara résolument, et à mon grand soulagement, qu'il acceptait les trois points, à condition que je plaide en faveur de la fusion. Ma réponse fut brève: «Leo, je viens d'un milieu où une parole donnée est sacrée. Si Monsieur Dornemann est d'accord lui aussi, je soumets demain à mes collègues une demande d'approbation.» Dornemann prit alors la parole pour dire que Bertelsmann ne pouvait accepter aucun des trois points. Ce fut comme un coup de tonnerre dans un ciel serein. La consternation, l'incrédulité, puis la panique s'emparèrent de Kirch. Il s'attendait à tout sauf à cela. C'était incroyable. Les deux hommes ne se seraient donc pas concertés durant le vol vers Bruxelles?

Kirch tenta de convaincre Dornemann. Il lui demanda de prendre contact avec Gütersloh, le quartier général de Bertelsmann, et le conjura de respecter leur engagement mutuel. Il alla même jusqu'à défendre notre proposition qu'il taxait de «sévère mais pas déraisonnable». J'essayai moi aussi de convaincre Dornemann. Mais il tint bon et prétendit même que Kirch avait trahi leur position commune. Un peu décontenancé, mais attentif, je suivais les événements. Je me surpris même à éprouver de la sympathie pour Kirch. Celui-ci me demanda alors s'il pouvait s'entretenir seul à seul avec Dornemann. «Mon bureau est à votre disposition aussi longtemps que vous le désirez», répondis-je. Je commandai du café pour mes hôtes et les laissai seuls.

Un quart d'heure plus tard, le tête-à-tête était terminé. Dornemann n'avait pas cédé. Et je fus donc obligé de dire qu'il ne me restait plus qu'à mettre une proposition d'interdiction de fusion à l'agenda du lendemain. Kirch était épuisé et profondément déçu. Il me remercia et me demanda s'il pouvait encore me joindre dans la soirée. Il ne s'avouait donc pas encore vaincu. Le soir, il m'appela en me demandant si mon offre était toujours valable. «Oui, lui dis-je, du moins si les trois conditions sont acceptées dans leur ensemble, telles que nous les avons discutées ce matin à trois. – Vous me donnez encore un délai jusqu'à demain matin – demanda-t-il. – Certainement, répondis-je, à condition de me remettre en début de session une déclaration d'intention officielle, complète et irrévocable des deux entreprises.»

La nuit fut apparemment très animée. Mais je n'espérais plus vraiment de revirement. Et me préparai donc à une session âpre et sans doute décisive. Lors de la séance préparatoire de la veille, mon chef de cabinet avait évalué à onze le nombre de voix favorables à ma position, ce qui représentait le minimum absolu. Fischler, mon collègue autrichien, ne participerait pas à la session, ce qui supprimait une voix. J'estimai cependant que les chances d'une défaite étaient faibles, après notre dernière offre minimale. La nuit, je réfléchis pourtant encore longtemps à ce qui allait arriver si je n'obtenais pas de majorité pour ma proposition. Je n'en parlai à personne mais ma décision était prise: si la pression politique et le lobbying l'emportaient sur l'étude sérieuse et professionnelle des problèmes de fusion, il ne me restait plus qu'à tirer ma révérence. Je ne menacerais pas publiquement de démissionner, mais je tirerais mes conclusions le moment venu.

Le jour J, la presse s'étendait largement sur l'affaire Kirch-Bertelsmann. Le siège de la Commission, le discret complexe Breydel au parc du Cinquantenaire, était en émoi. Les couloirs bruissaient de rumeurs. Les lobbyistes assiégeaient les bureaux de mes 19 collègues. La presse cherchait des commissaires disposés à divulguer leur intention de vote. Dans le *Figaro*, le vice-président de Canal +, Marc-André Pfeffer, racontait que je visais une décision purement «politique». Les concessions des partenaires de la fusion dépassaient pourtant toutes les prévisions. Van Miert menaçait d'en faire trop et d'ôter le pain de la bouche aux producteurs de programmes! Ailleurs, je pus même lire que j'avais carrément disjoncté.

La session se déroula sans accrocs. Mes collègues pouvaient difficilement contester le caractère raisonnable de mes trois conditions. Santer tenta malgré tout de me convaincre de reporter la décision. Oreja introduisit aussitôt une demande officielle en ce sens. C'est à ce moment précis – à dix heures et demie – qu'un fax tomba de Gütersloh: Bertelsmann refusait définitivement et irrévocablement toute concession supplémentaire. Contre toute attente, on vota finalement à l'unanimité contre l'alliance. Notre communiqué de presse ne pouvait présenter les choses plus clairement: «La Commission aurait applaudi à la mise sur pied d'une fusion répondant aux conditions de concurrence. Elle considère la télévision numérique comme un marché d'avenir important possédant un potentiel de croissance considérable. Ce potentiel ne peut être utilisé que si le marché reste ouvert et trouve l'occasion de se développer pleinement grâce à la concurrence.»

Kirch me téléphona encore une fois pour me dire que si ses efforts avaient échoué, il n'avait pas encore abandonné tout espoir. Il me redemanda s'il pouvait compter sur ma parole au cas où il parviendrait à convaincre Bertelsmann dans un avenir proche. Je lui répondis que cela allait de soi. Il m'invita aussi à venir visiter son entreprise à Munich. Je répondis à cette invitation quelques mois plus tard. Avant cela il vint encore à Bruxelles pour m'informer sur son nouveau projet et exprima à cette occasion son aversion pour la façon d'agir de Bertelsmann et surtout de CLT. Il me confia qu'entre-temps, il avait vu clair dans leur jeu et était arrivé à la conclusion que les deux «partenaires» avaient spéculé à l'époque sur sa faillite...

La suite? Après quelques chamailleries juridiques, principalement au sujet d'une plainte de Kirch contre notre décision en vertu d'un prétendu traitement discriminatoire, DF1 ne fut jamais liquidée. Par contre, Kirch acheta les parts de Bertelsmann dans Première, ce qui plaça pas mal de monde devant deux énigmes: d'où Kirch sortait-il l'argent et pourquoi la Commission se taisait-elle? Je ne peux pas répondre à la première question (peut-être Berlusconi ou Murdoch le pourraient-ils). Concernant la deuxième, je peux avancer que l'issue de toute l'affaire n'a pas conduit à une politique commune des deux plus grandes industries des médias de la région linguistique germanophone. Bertelsmann et Kirch restent concurrents et Bertelsmann peut toujours se lancer plus tard dans des développements numériques. Qu'en est-il de Thévenet, qui voulait protéger ses enfants contre la détestable inculture télévisuelle américaine? Ses déclarations ultérieures portèrent sur les négociations entre son entreprise et ... Rupert Murdoch. «Nous laissons la voie libre à toutes les possibilités» déclara-t-il. Eh oui, «Tout arrive», disait déjà Bredero... Ô hypocrisie!

Chapitre VIII

SPORTS SANS FRONTIÈRES

Je me suis toujours beaucoup intéressé au sport. Quand j'étais jeune, je ne me défendais pas mal en athlétisme. Et aujourd'hui encore, je me passionne pour les grands événements sportifs, quoique les affaires de dopage aient un peu refroidi mon enthousiasme. Je jouais aussi au football. J'étais de trop petite taille pour être gardien de but – pendant mon premier match sous la barre je dus encaisser sept buts. Je tentai alors ma chance au centre. Mais quand je repris mes études, mes rêves d'une brillante carrière de footballeur furent étouffés dans l'œuf.

Jamais je n'aurais imaginé avoir un jour affaire, à titre professionnel, et au niveau européen, à toutes sortes de conflits dans le monde du sport. Et en tant que commissaire à la Concurrence par-dessus le marché. On m'a souvent demandé quel rapport il pouvait y avoir entre la libre concurrence et le sport. Dans le domaine du sport, l'UE dispose de peu de compétences propres. Celles-ci sont réservées aux États membres eux-mêmes ou, comme en Belgique, aux communautés. Cela s'appelle la subsidiarité. Ne vous occupez pas d'affaires qu'on peut régler à un niveau inférieur.

Mais ce raisonnement vaut-il encore aujourd'hui pour la haute compétition, qui s'est entre-temps commercialisée à outrance? En peu de temps, le sport s'est mué en *big business*. Et son importance économique augmente de façon spectaculaire.

En 1997, le sport représentait déjà 3 pour cent du commerce mondial. Le sponsoring générait à cette époque environ 13 milliards d'euros, les droits télé 37 milliards et la vente de billets 44 milliards. La part européenne de ces montants s'élevait à 36 pour cent, celle des États-Unis au moins à 42 pour cent. En Europe, l'Allemagne vient en tête avec une part de 30 pour cent, suivie par la Grande-Bretagne avec 22 pour cent, de l'Italie avec 17 pour cent et de la France avec 15 pour cent.

Les fédérations et les clubs sportifs se transforment en entreprises dirigées de manière de plus en plus professionnelle, parmi lesquelles certaines sont cotées en Bourse ou exploitent leurs propres droits de télévision ou autres; et tout cela par dessus les frontières. Les compétitions de la Primera División, de la Série A et de la League sont suivies intensivement partout en Europe et ailleurs par les médias, même si le coût des droits de retransmission augmente sans cesse.

Leur importance économique dépasse depuis longtemps les frontières nationales, sans parler des compétitions européennes ou internationales.

Les conflits d'intérêts qui en résultent sont le plus souvent de type européen ou du moins transfrontalier et ne peuvent donc pas toujours être résolus à un niveau national.

Dans la deuxième moitié des années 90 principalement, la Commission eut ainsi à traiter une série d'affaires se rapportant au sport professionnel et aux fédérations sportives; celles-ci émanaient d'horizons variés: du CIO (Comité International Olympique) à l'UEFA et à la FIFA, des organisateurs de la Coupe du Monde de football en France à la Formule 1. S'y ajoutaient encore des affaires comme la vente des droits télévisuels ou le transfert de Ronaldo.

Au moment où je quittai la Commission en septembre 99, plus de cinquante cas ou affaires relatives au sport étaient encore en traitement. En dépit de l'image régulièrement véhiculée par les médias de ce trop zélé commissaire à la Concurrence toujours en chasse de gibier sportif, il s'agissait en fait pour la plupart de plaintes introduites chez nous par des concurrents ou des parties concernées.

Un joueur de football accuse

En 1974 déjà, la Cour européenne de justice avait déclaré que les conventions du traité de Rome étaient aussi applicables aux activités sportives professionnelles. Mais pour le monde extérieur, cela ne devint vraiment évident qu'après le fameux arrêt Bosman. Jean-Marc Bosman était un footballeur qui avait eu ses heures de gloire mais qui souhaitait garder encore un temps une activité de professionnel. Son club, le F.C. Liège, lui proposa de prolonger son contrat d'un an. Mais au lieu de 120 000 BEF (un peu moins de 3 000 euros) par mois, il ne recevrait d'un coup plus que 30 000 BEF (à peine 750 euros), un salaire de famine. Bosman refusa de signer, ce qui lui valut d'être inscrit sur la liste des transferts. Et bien que son contrat eût expiré, le Club liégeois demanda une somme de 11 743 000 francs pour le transfert. Aucun club belge n'était bien sûr disposé à payer cette somme. Finalement Bosman trouva lui-même une équipe française de deuxième division à Dunkerque prête à lui payer 100 000 BEF par mois. Le Club liégeois et Dunkerque tombèrent d'accord sur un montant de transfert réduit à 4,8 millions de francs belges. Mais ce transfert ne pouvait devenir effectif que si la Ligue belge de football était disposée à délivrer un certificat de transfert, ce qui n'eut pas lieu. En outre le Club liégeois radia Jean-Marc Bosman pour la suite de la saison de football. Résultat: Bosman fut non seulement forcé à l'inactivité mais aussi privé de son gagne-pain.

Il fit alors une chose que les autorités du football et d'autres sports ne pardonnent jamais à un sportif, homme ou femme: il porta l'affaire devant la Justice pour faire valoir ses droits. Aujourd'hui encore on crache son nom avec dégoût dans les milieux sportifs. J'étais souvent frappé de voir à quel point, à cette époque, des instances nationales et internationales se sentaient, comme par privilège divin, élevées au-dessus des lois. Et si un problème surgissait malgré tout, il suffisait d'un coup de fil au Premier ministre, d'une visite à un dirigeant ami ou d'une place à la tribune d'honneur et le sport était sauvé. C'est un phénomène bien connu dans le monde entier que les politiciens aiment se montrer aux côtés de vedettes sportives ou d'équipes championnes. Moi non plus je n'étais pas immunisé contre ce virus et je pense qu'en soi il n'y a rien à redire à cela. Mais les choses vont trop loin lorsqu'on en vient à tolérer l'abus de pouvoir, l'ignorance de droits civiques élémentaires ou l'acceptation de pratiques commerciales douteuses.

Sensation à Luxembourg

Via la Cour d'appel de Liège, l'affaire arriva devant la Cour européenne de Justice à Luxembourg qui devait statuer sur le préjudice. Bosman était assisté par Maîtres Misson et Dupont, deux avocats motivés et intelligents. Avec eux, il lança une offensive directe contre une série d'éléments de base du système établi. On plaida que le règlement de transfert pour des joueurs en fin de contrat est contraire à un principe fondamental de l'UE, qui garantit la libre circulation des travailleurs à l'intérieur de ses frontières (art. 39 du traité). Et cette liberté fondamentale était refusée à Bosman. En second lieu, on allégua que les clauses dites de nationalité, que les ligues nationales de football imposaient à leurs clubs et qui limitaient le nombre de joueurs étrangers entre trois et cinq, étaient également contraires à un principe fondamental du droit communautaire, à savoir qu'il ne peut pas être fait de discrimination entre des sujets d'États membres de l'Union européenne. En décembre 95, la Cour prononça enfin son arrêt préjudiciel, en suivant les conclusions de l'avocat général Otto Lenz qui donnaient sur pratiquement toute la ligne raison à Bosman. Et la Cour confirma une nouvelle fois que le sport, pour autant qu'il soit lié à des activités commerciales, relève effectivement du droit communautaire. Les juges réfutaient également l'allégation de la défense selon laquelle le sport doit être placé au même niveau que la culture et ne ressortit donc pas à la compétence de la Communauté. La Cour établissait qu'il s'agissait de la libre circulation des travailleurs et par là d'un droit fondamental de tout citoyen de l'UE. La subsidiarité ne peut pas non plus être invoquée contre ce droit. Ce dernier argument avait été introduit lors du traitement du dossier par le gouvernement allemand. Celui-ci affirmait même que dans la plupart des cas, une discipline sportive comme le football n'a rien à voir avec une activité économique. Mais le ridicule de cette thèse apparut bientôt. Il était frappant de voir que la France et l'Italie argumentaient elles aussi contre Bosman dans cette affaire.

Le président ferme les yeux

Dans cet arrêt, la Commission aussi fut fameusement égratignée au passage. L'UEFA avait invoqué un *gentleman's agreement* concocté au début des années 90 avec la Commission. Pendant toutes ces années, celle-ci avait pratiqué une politique de tolérance à l'égard du sport en général et du football en particulier. Il s'agissait principalement d'infractions contre la libre circulation de travailleurs et la non-discrimination de citoyens européens. Dans la seconde partie des années 80, Peter Sutherland était, au sein de la première Commission Delors, chargé de la politique de concurrence. À l'époque, il avait déjà signalé avec insistance à l'UEFA et aux ligues nationales de football que certaines choses n'étaient pas conformes au droit communautaire. Il les avisa de s'adapter tant qu'il en était encore temps. Mais ces bons conseils s'envolèrent avec le vent et les promesses d'adapter les faits et gestes du monde du football à ce droit communautaire restèrent lettre morte. Au lieu de cela, on exerçait des pressions; des politiciens amis étaient mis dans le circuit pour ne surtout rien changer aux vieilles habitudes.

La Commission avait évidemment bien d'autres chats à fouetter. Le marché intérieur atteignait sa vitesse de croisière, il fallait préparer l'UEM et les négociations sur le commerce mondial de l'Uruguay round étaient dans l'impasse. La plupart des membres de la Commission estimaient de toute manière qu'ils devaient s'occuper le moins possible d'affaires sportives.

C'est aussi ce que pensait le président de l'époque. Jacques Delors était un grand amateur de sport. Les sports populaires surtout, comme le football et le cyclisme, le passionnaient. Tous les ans, à bord d'une voiture suiveuse, il participait à au moins une étape du Tour de France. Le lundi, il commentait comme un vrai connaisseur les matchs du week-end et ses critiques n'étaient en général pas tendres pour les joueurs ou entraîneurs. S'il en avait eu la possibilité, il aurait licencié personnellement des joueurs et entraîneurs parfois moins performants! Les plus hauts dirigeants de ligues et de clubs sportifs trouvaient chez lui beaucoup de sympathie et de compréhension. Ils ne doutaient donc pas un instant de pouvoir compter sur lui pour que les choses changent le moins possible et que le *statu quo* puisse se maintenir.

C'est au début des années 90 que fut conclu, à l'initiative de Martin Bangemann, le fameux *gentleman's agreement*. Il portait sur la règle dite «3 + 2» selon laquelle, depuis le 1er juillet 1992, le nombre d'étrangers pouvant participer à une compétition était limité à trois. Ce nombre était porté à cinq si deux d'entre eux jouaient depuis cinq ans sans interruption dans le pays en question. Ce compromis, accepté avec beaucoup de réticence par l'UEFA, était bien sûr encore à des kilomètres de la lettre et de l'esprit du traité de Rome. La Commission continuait donc à traiter l'UEFA et consorts avec beaucoup de bienveillance. Et voilà que d'un coup tombait l'arrêt Bosman, mettant en évidence que la Commission avait outrepassé ses compétences en concluant un *gentleman's agreement* discutable avec l'UEFA, lequel, selon la Cour, ratifiait un accord incontestablement opposé au Traité. La Commission, dont le rôle était précisément de veiller au respect des traités, essuyait ainsi un fameux camouflet.

Le 15 décembre 95, quand l'arrêt tomba, je traversais l'Allemagne en voiture, en route pour Bruxelles. On pouvait bien sûr s'attendre à voir la Cour tenir compte de l'exigence des plaignants. Non seulement parce que d'autres jugements allaient dans ce sens, mais aussi en raison des conclusions limpides de l'avocat général Lens. Pour ma part, je m'attendais effectivement à ce qu'elle donne raison à Bosman, mais j'espérais une phase de transition pour atténuer les conséquences énormes de cette décision. J'avais d'ailleurs déjà chargé mes services d'examiner la forme possible d'un pareil règlement de transition. Mais la Cour estimait donc que les bonzes du sport avaient durant des années fait preuve de mauvaise volonté pour faire avancer les choses et décidait de ne plus tolérer le moindre délai. En outre, l'arrogance avec laquelle on essayait de faire pression sur elle était évidemment très mal reçue. Enfin, la limpidité de la situation de droit l'imposait: il ne pouvait donc être question d'une période de transition.

La presse voulait des commentaires immédiats de la Commission sur le jugement. Puisque l'arrêt avait été pris sur base de l'article 39 du Traité (la libre circulation de personnes) et non pas sur base des règles de la concurrence, cette tâche revenait donc à Padraigh Flynn, mon collègue irlandais aux Affaires sociales. Mais il était absent et c'est à moi qu'il incombait de le remplacer. Dans mon commentaire, je ne laissai subsister aucun doute sur le jalon que représentait cet arrêt et affirmai que la sentence devait être appliquée dans son ensemble et sans délai. Finies les tolérances! La Cour avait rendu justice et la Commission devait se conformer au jugement. J'envoyai aussi un coup de semonce en annonçant que les plaintes contre l'UEFA reçues entretemps par la Commission allaient être traitées tambour battant. Toute l'affaire fit grand bruit; la salle de presse de la Commission était pleine à craquer. Une liaison directe avait été établie entre la salle de presse et Madrid, où le Conseil européen était en réunion. Beaucoup de journalistes se trouvaient là-bas et y prirent donc connaissance de l'arrêt Bosman et du commentaire de la Commission. Les chefs de gouvernement furent immédiatement confrontés au verdict. C'est donc le hasard – l'absence d'un collègue – qui associa définitivement mon nom à l'arrêt Bosman. À tel point qu'on aurait pu croire que je l'avais écrit moi-même!

Colère dans le monde sportif

Je me rendais bien compte que mes déclarations à la conférence de presse ne seraient pas accueillies par des cris de joie du côté de certains de mes collègues. Plus d'un aura sans aucun doute froncé les sourcils. Mais pas Jacques Santer ni mes deux collègues concernés par le sport: Padraigh Flynn et Marcelino Oreja. Malgré une forte pression extérieure, des coups de fil irrités et des remarques sarcastiques, nous allions maintenir cette ligne de conduite systématiquement durant les années suivantes. Les ligues sportives étaient furieuses. Mais elles ne devaient pas espérer que la Commission fermerait encore les yeux. Dans leur colère et leur désespoir, elles se laissaient parfois aller à des déclarations ridicules. Ainsi le secrétaire général de l'UEFA crut bon d'affirmer que Van Miert était un analphabète du monde sportif qui, par-dessus le marché, détestait le sport.

Il faudrait bien du temps encore avant que les organisations sportives daignent délaisser leur tour d'ivoire pour aller discuter en adultes de la suite des opérations avec la Commission, compte tenu de l'arrêt. Des Premiers ministres amis et des ministres des Sports se laissèrent accrocher au train des lobbyistes. Si le Traité régentait la libre circulation des travailleurs et la non-discrimination entre citoyens de l'UE, il n'y avait qu'à le modifier au profit des fédérations sportives!

Le Premier ministre belge de l'époque, Jean-Luc Dehaene, supporter fanatique du F.C. Brugeois et des Diables rouges, et pour le reste un monument de bon sens, se laissa entraîner par le courant. Bien sûr qu'il plaiderait auprès de ses collègues pour faire adapter le Traité de Rome aux *desiderata* des patrons du foot. On pensa sérieusement à intégrer dans le traité d'Amsterdam en cours de négociation une clause qui constituerait une exception pour les sportifs. Les choses n'allèrent heureusement pas aussi loin malgré un lobbying intense (pratiqué même par le CIO). On s'en tint à une déclaration non contraignante, qui fut ajoutée au Traité. Aujourd'hui encore, la pression reste constante, même à la Commission, pour ignorer l'arrêt. Fin 99, les fédérations pensaient pouvoir à nouveau crier victoire, lorsque le nouveau commissaire luxembourgeois Viviane Reding – dont les compétences s'étendent au sport – fit quelques déclarations un peu malheureuses qui suscitèrent de faux espoirs. La Commission, en sa qualité de collège compétent, mit rapidement bon ordre dans la question.

Il en alla autrement en Allemagne. Après que le *Bundeskartellamt* eut taxé de cartel illégal la vente collective de droits de télé pour les matchs de l'UEFA, ce qui fut confirmé aussitôt par la justice allemande, le monde politique décida en un temps record de modifier la loi du pays. Une réaction assez inquiétante pour un État de droit qui se respecte.

Une autre affaire UEFA – hormis celle de la Formule 1 – constitue un des exemples les plus forts d'arrogance qu'il me fut permis de vivre. Depuis 89, la Commission a enregistré une dizaine de plaintes émanant de chaînes de télévision contre le fameux article 44 des statuts de l'UEFA. Cet article interdisait non seulement des diffusions en direct de matchs de championnat national, mais faisait aussi dépendre la retransmission de matchs à certaines périodes de toutes sortes de conditions et de restrictions alambiquées (telles que l'accord obligatoire des fédérations nationales de football). Dans le même temps, l'UEFA n'hésitait pas à autoriser les diffusions en direct des championnats européens qu'elle organisait. L'UEFA demanda à la Commission d'approuver juridiquement ce système. En parcourant ce dossier, je compris tout de suite que cette demande était irrecevable. Nous avons alors demandé à l'UEFA de modifier de sa propre initiative le système en tenant compte des plaintes formulées par les chaînes. Pour faciliter l'opération, je fis quelque chose d'inhabituel, en désignant un vieux routier de mon département, Jean Dubois, comme médiateur dans l'affaire. L'UEFA demeura intraitable. Elle harcela le cabinet du président Delors de demandes d'intervention afin de ramener ses messieurs de la direction générale de la Concurrence à la raison. À un moment donné, on annonça la visite d'une délégation UEFA sous la direction de son président Lennart Johansson. Sûrement une tentative pour débloquer le dossier, pensai-je. C'était bien naïf de ma part. J'ai rarement vu un regard aussi méprisant que celui de ce Johansson. Il était venu contre son gré et le fait de discuter avec un membre de la Commission européenne constituait pour lui une atteinte à sa dignité. Il s'attendait par contre à ce que sa visite suffise à régler l'affaire. C'était hors de question: l'UEFA dut finalement faire marche arrière.

L'affaire Ronaldo

L'affaire Bosman avait fait sauter un verrou et entraîné le dépôt auprès de la Commission de plaintes de plus en plus nombreuses concernant des problèmes et des abus réels ou imaginaires. Elles avaient trait à des discriminations dans les activités parrainées, les critères de sélection d'athlètes, la vente de billets, le système – complexe – des droits de retransmission d'émissions sportives (exclusivité, durée, vente et achat collectifs), le libre établissement de clubs sportifs (et leur éventuelle délocalisation), la création de nouvelles associations et de championnats concurrents, les abus de pouvoir de fédérations sportives, le problème de la multipropriété de clubs en compétition entre eux, etc. Nous n'étions, à vrai dire, pas préparés à une telle avalanche de problèmes relatifs au sport. Mes collaborateurs étaient déjà surchargés par le nombre croissant de dossiers de concurrence. Nous avons cependant réussi à constituer un petit groupe de fonctionnaires motivés pris dans les départements et cabinets de Padraigh Flynn (Affaires sociales) et Marcelino Oreja (Sport et Culture) pour mettre les choses correctement en place. Deux dames – Pascale Wolfcarius et Marie-José Bicho – traitèrent avec beaucoup d'ardeur les dossiers sportifs. Mon entourage se composait en outre de quelques véritables spécialistes du sport, parmi lesquels mon porte-parole Willy Hélin et mon chef adjoint de cabinet Marc Van Hoof.

Il fallait parfois intervenir très vite, comme dans l'affaire Ronaldo. Ce joueur avait rompu prématurément son contrat avec le FC Barcelone pour s'en aller gagner encore plus d'argent à l'Inter Milan. En soi l'affaire n'avait aucun rapport avec l'arrêt Bosman. La résiliation d'un contrat existant et les conséquences qu'elle entraîne sont une affaire de droit national. Ronaldo et le FC Barcelone devaient régler le différend entre eux.

Mais la Commission fut tout de même à nouveau impliquée dans l'affaire parce que le FC Barcelone refusa de rédiger un certificat de transfert international, ce qui empêchait provisoirement Ronaldo de jouer pour l'Inter. En pratique, la libre circulation des personnes était donc entravée par l'obligation de disposer de ce certificat de transfert international. Et cette libre circulation est effectivement de notre ressort. L'exigence d'un certificat international de transfert avait été décrétée par l'UEFA dans sa circulaire 616 du 4 juin 97. Mon collègue Flynn des Affaires sociales et moi-même (pour les aspects de concurrence) avons sur-le-champ envoyé une lettre à la FIFA. La rupture de contrat est une chose – qui doit pouvoir être résolue au niveau national – mais empêcher quelqu'un d'exercer sa profession en entravant la libre circulation des travailleurs dans l'UE en est d'évidence une autre. Ce dernier principe est solidement ancré dans le traité de Rome.

Nous ne nous sommes pas contentés de traiter le cas de Ronaldo; la circulaire 616 de la FIFA a également retenu notre attention parce qu'elle implique de façon nette une violation de cette libre circulation des travailleurs. Le 2 juillet 97 (donc même pas un mois après la publication de la circulaire), nous l'avons signalé dans une lettre au secrétaire général Blatter de la FIFA, qui eut la sagesse de la faire rapidement annuler. Indirectement cette affaire était une conséquence de l'arrêt Bosman. Du côté de la FIFA on avait tenté, par l'introduction de cette circulaire, d'empêcher les joueurs d'aller à la recherche d'une autre équipe. Il est clair que nous devions, vu l'infraction flagrante du droit européen, mettre un terme à ces démarches.

La Commission entre en compétition avec la Formule 1

Bernie Ecclestone, de son vrai prénom Charles Bernhard, est de loin le personnage le plus haut en couleurs du sport automobile. Il est, sinon de droit du moins de fait, avec son compère Max Mosley à la tête de cette gigantesque machine à sous qu'est la Formule 1. La F1 comporte 17 courses automobiles annuelles réparties dans différents pays du monde. Le montant qu'un circuit doit payer pour pouvoir organiser un Grand Prix atteint facilement les dix millions de dollars. Et pour organiser un telle course il faut passer par Ecclestone et Mosley. Ce n'est pas pour rien qu'on traite Ecclesstone de despote éclairé dans le milieu du sport automobile. À l'intérieur et autour des circuits, rien ne peut se régler sans qu'il donne le feu vert.

Ecclestone commença sa carrière comme attaché commercial de l'écurie F1 de Jack Brabham. Son cheval de bataille était le grand champion brésilien Nelson Piquet. Dans les années 70 déjà, Ecclestone parvint à frapper un grand coup en fondant avec quelques autres équipes de F1 le club FOCA (Formula One Constructors Association) dont l'objectif était la promotion de la Formule 1.

C'est entre autres par ce canal qu'il réussit à avoir de plus en plus d'emprise sur l'exploitation commerciale des Grands Prix. À partir de 1981 furent signés des accords appelés Concorde, par lesquels la Fédération Internationale de l'Automobile (FIA) accordait à la FOCA (ensuite FOA) l'exclusivité pour la conclusion de contrats commerciaux (droits médiatiques inclus) se rapportant au programme de la F1. C'est ainsi que, par son organisation parfaite et sa roublardise commerciale, Ecclestone put bientôt s'asseoir sur une montagne d'or. Il faut reconnaître qu'il parvenait à monnayer tous ces droits d'une main de fer et que la Formule 1 était devenue très populaire à la télévision.

Ses indices d'écoute sont en effet comparables à ceux des Jeux Olympiques ou du Championnat du monde de football. Le spectateur du circuit n'entrevoit qu'un éclair de la course. La télévision permet des tas de choses amusantes comme des caméras montées dans les casques des pilotes ou sur le côté de l'habitacle; c'est comme si on était dans la voiture. Et dans un proche avenir, on pourra même, à partir de notre confortable fauteuil, zapper d'un pilote à l'autre avec la télécommande, revoir des images prises à différents endroits du circuit ou dans les stands où les bolides sont vérifiés. Cela deviendra possible grâce à la technique de la télévision numérique. Fort de son monopole sur les droits de retransmission, Ecclestone veut introduire la FOA en Bourse, pour y engranger encore quelques milliards de dollars. Il espère atteindre ainsi, lui qui n'est «encore» qu'un géant du sport auto, le statut de magnat des médias.

Money, honey

Je suis tombé plutôt par hasard sur cette affaire qui allait susciter tant de remous plus tard. Début 95, alors que je faisais systématiquement le tour de mes services pour m'informer auprès de mes fonctionnaires des affaires en cours, on attira mon attention sur le dossier FIA. En juillet 94, la Fédération internationale de l'automobile avait notifié auprès de la Commission une réglementation concernant certains aspects sportifs et sécuritaires des courses automobiles. Le côté commercial de ces activités était à peine mentionné, car il ne semblait pas poser de problèmes immédiats. Et qui aurait pu avoir des objections contre des consignes de sécurité plus sévères dans le secteur automobile?

En janvier 96, je rencontrai Max Mosley, le président de la FIA, pour la première fois. Je lui dis que des accords sur les consignes de sécurité ne constituaient bien entendu pas un problème, à condition qu'elles ne cachent pas d'autres pratiques comme l'abus de pouvoir ou la discrimination. Pour vérifier cela, il fallait que nous disposions de toutes les consignes, ce qui n'était pas encore le cas. Mosley me promit de nous les procurer sans délai. De son côté, il insista pour obtenir une décision (positive) rapide. Je consentis à envisager la possibilité d'une lettre administrative dite «comfort letter», c'est-à-dire une déclaration écrite mais officieuse de la Commission selon laquelle elle ne s'oppose pas aux mesures proposées. Mais, ajoutai-je, elle ne porterait que sur les consignes de sécurité, donc pas sur le reste.

À notre grand étonnement, l'information manquante n'arriva que cinq mois plus tard. Il faut dire que c'était une liste reprenant environ deux mille clauses. En y regardant de près, il apparut qu'elle ne comportait pas que des consignes de sécurité mais toutes sortes de petites stipulations destinées à renforcer le pouvoir de la FIA. Dans ces conditions, il devenait difficile d'envisager encore une lettre d'aval distincte.

Par ailleurs, Mosley avait «oublié» de nous raconter une chose importante lors de sa visite en janvier 96. Peu auparavant, la FIA avait décrété ce qu'on appelle les *broadcasting resolutions*. Elles revenaient à dire que tous les droits télé de compétitions internationales, de championnats FIA ou de courses autorisées par la FIA seraient désormais propriété de la fédération. Cette prise de pouvoir commerciale suscita un grand mécontentement dans le monde automobile. De plusieurs côtés, on prit discrètement contact avec mes services pour demander s'il ne s'agissait pas là d'un abus de pouvoir, en insistant chaque fois sur la confidentialité, par crainte de suites désagréables.

Voilà qui jetait une lumière toute nouvelle sur l'affaire. Il devenait de plus en plus clair que les FIA, FOA et ISC (International Sportsworld Communications, encore une entreprise de l'écurie Ecclestone) avaient des liens étroits entre eux. Un deuxième aspect qui retint notre attention était l'hypothèse, de plus en plus souvent évoquée depuis mars 97, d'une introduction en Bourse de l'entreprise d'Ecclestone. C'était pour cette raison que Mosley et Ecclestone voulaient au plus vite une lettre administrative et donner au public le signal que l'affaire était dans le sac avec Bruxelles. Le 21 mai 97, je reçus la visite conjointe d'Ecclestone et Mosley. Ils étaient manifestement venus à Bruxelles pour me faire savoir que leur patience avait des limites. Où restait la lettre administrative promise? Je leur fis clairement comprendre où le bât blessait. L'atmosphère vira peu à peu à l'aigre.

Ecclestone se mit à menacer de retirer ses compétitions de F1 d'Europe et de les organiser en Asie. Là-bas, on pleurait pour en avoir.

Deux semaines plus tard, le 5 juin 97, je reçus une nouvelle lettre de Mosley qui reprenait les choses dans l'ordre. S'il ne recevait pas dans les deux semaines une lettre administrative en matière de Formule 1, l'entrée en Bourse projetée de la FOA serait compromise. Cela aurait de lourdes répercussions sur le sport automobile européen et les techniques numériques de télévision. Si le sport automobile tournait le dos à l'Europe, il y aurait des suites fâcheuses pour une série de secteurs économiques et par conséquent pour l'emploi. Sur un ton de menaces à peine voilé, Mosley ajoutait que cela pourrait sérieusement nuire aux intérêts de l'Europe.

Il y avait du chantage dans l'air. Si je n'étais pas disposé à fléchir le genou devant Mosley, la Commission allait s'entendre reprocher qu'elle avait lésé les intérêts européens et banni un sport extrêmement populaire. L'opinion publique allait être montée contre la Commission. Mosley demandait un nouvel entretien à bref délai, dans le courant de la semaine même. L'introduction en Bourse est une affaire sérieuse à laquelle nous devons nous atteler sans tarder, fit-il savoir.

Exiger de recevoir *illico* une lettre administrative témoignait d'un mépris total pour la procédure que la Commission est tenue de suivre sous le contrôle de la Cour européenne. Mosley exigeait tout bonnement que nous envoyions promener tous les principes de base juridiques, procéduraux et d'éthique professionnelle. Par-dessus le marché, mes services ne disposaient même pas encore de toutes les informations nécessaires. Le directeur en charge du dossier, John Temple Lang, assurait que ses gens n'étaient pas en mesure de se mettre sérieusement au travail.

Comme des contacts avaient été prévus les jours suivants entre la FIA et mes services, je décidai de continuer à traiter l'affaire de manière strictement rationnelle et juridico-technique. Je ne dus pas le répéter deux fois à mes gens. Au lieu de recevoir personnellement Mosley, je lui écrivis une lettre dans laquelle je l'informai de la procédure usuelle. Je terminai la lettre en lui signalant que les menaces qui m'étaient adressées ne détourneraient pas la Commission d'une enquête approfondie.

Un parlementaire hyperactif

Quand Mosley comprit que ses menaces n'avaient pas d'effet, il changea de tactique. Dès le début, il avait fait intervenir le parlementaire européen travailliste Alan Donnelly. Celui-ci s'était distingué comme parlementaire actif et compétent.

Un des dossiers qu'il suivait de près concernait les chantiers navals. Il avait été régulièrement en contact avec moi à ce sujet. Cela ne m'a d'ailleurs jamais dérangé que des parlementaires viennent me trouver pour en savoir plus sur les affaires que nous traitions. Au contraire même. Il arrivait de temps à autre qu'un parlementaire européen demande un rendez-vous pour l'une ou l'autre délégation qui désirait me parler. Souvent il, ou elle, accompagnait alors cette délégation. Tout cela ne me gênait pas. Mais la démarche de Donnally prenait sérieusement des airs de lobbying. Au début, je pensais qu'il y avait été amené par Mosley, qui aurait voulu ainsi se donner des airs de travailliste. Face à moi aussi, Mosley a toujours voulu mettre cette appartenance politique en relief, espérant sans doute obtenir ainsi plus de complaisance de ma part. Comme si cela pouvait m'inciter à remettre la crédibilité et la cohésion de la politique européenne de concurrence en question! C'est une erreur d'appréciation assez fréquente et j'ai dû décevoir beaucoup d'amis politiques qui semblaient croire qu'une affinité politique suffit pour obtenir quelques extras.

Après cette lettre de Mosley datant de début juin 97, Alan Donnelly téléphona à tout bout de champ dans les semaines et mois qui suivirent pour réclamer de nouveaux entretiens avec Mosley et surtout pour que je fasse preuve d'un peu plus de complaisance. Chaque fois, je lui expliquais où en étaient les choses, mais à la fin cela devenait une contrainte, surtout pour mes collaborateurs et mon secrétariat. Avec moi, il gardait un ton assez correct. Mais vis-à-vis de mes collaborateurs, Donally se comportait de manière tout à fait inadmissible. Il abusait donc de son mandat parlementaire pour exercer des pressions douteuses. Il est plus que temps d'ailleurs que le Parlement européen clarifie ce type de situation. Je mis quelques vieilles connaissances travaillistes du Parlement européen au courant de ce qui se passait en les avertissant des risques liés à ces pratiques. Mais lorsqu'on apprit par une fuite que Ecclestone avait offert, sous la pression de Mosley, un million de livres à la caisse de son parti, Donnelly se calma un peu. Pour éviter encore pire, Tony Blair donna l'ordre de rembourser le montant complet.

Des concurrents sonnent le tocsin

C'est en mai 97 que la première plainte officielle fut déposée; elle provenait d'AE-TV, une société de télévision allemande, spécialisée dans la production et la vente de programmes de sport automobile comme le championnat européen «Truck Racing». AE-TV affirmait que la FIA avait abusé de son pouvoir en s'emparant à son profit, mais surtout au profit d'Ecclestone, des droits de télévision pour toutes les courses de voitures, la compétition européenne précitée incluse.

Ultérieurement, AE-TV allait déposer une plainte supplémentaire concernant la Formule 1.

En septembre 97, la FIA notifia ses consignes télé auprès de la Commission, soit trois mois après la plainte d'AE-TV et plus d'un an et demi après que son diktat soit entré en vigueur. Nous apprenions donc via des plaintes l'existence et les conséquences de ces faits si essentiels pour l'enquête.

En novembre 97, une deuxième plainte arriva, cette fois de BPR, laquelle organisait des courses automobiles de Grand Tourisme. BPR accusait la FIA de lui retirer les droits télé de compétitions organisées par elle.

Plus tard, après la conclusion d'un accord financier, la plainte fut retirée. Mosley et Ecclestone tenaient beaucoup à ce retrait, de quelque manière que ce fût. La même chose arriva pour une plainte de British-American Racing du 5 janvier 99, concernant une énième consigne de la FIA.

Il était entre-temps devenu évident pour mes services et pour moi-même que la FIA et Ecclestone avaient tissé un tel réseau d'accords et de pratiques qu'une enquête approfondie et prolongée s'imposait. Malgré tout cela, Mosley et Ecclestone continuaient à faire croire à leur base et au monde extérieur qu'il ne s'agissait là que de détails ou de malentendus. Le 6 octobre 97, le *Financial Times* annonçait que Ecclestone s'attendait à ce que les accords qu'il avait conclus avec la FIA supportent sans problèmes l'enquête de la Commission.

Dans l'*Auto-Hebdo* du 17 décembre 1997, il allait encore plus loin: «La Commission a salué notre projet d'introduction en Bourse avec enthousiasme et nous sommes décidés à le réaliser dans les plus brefs délais.» Max Mosley envoyait lui aussi de bonnes nouvelles à sa base. Ces déclarations, qui allaient sciemment à l'encontre du déroulement de l'enquête, nous plongeaient dans l'embarras. Imaginons que l'entrée en Bourse se fasse sur base d'informations erronées quant à l'état de l'enquête et que la Commission se retranche derrière la confidentialité pour s'abstenir de commentaires. On nous ferait ensuite à juste titre grief de n'avoir rien entrepris pour rectifier à temps de fausses informations aux lourdes conséquences financières.

Dans les affaires Boeing et l'alliance entre British Airways et American Airlines, il avait aussi un moment été nécessaire d'attirer l'attention du monde extérieur sur la gravité du dossier. Mais il faut bien entendu que cela reste une exception et qu'on examine au cas par cas la meilleure façon de procéder. Cette attitude reflète aussi mon idée de la politique de concurrence, qui doit se faire dans la plus grande transparence possible.

Nous avions aussi été frappés de constater à quel point des personnes ou des entreprises qui auraient pu fournir des informations utiles à l'enquête ou proposer leur collaboration craignaient des représailles de la part de la FIA et d'Ecclestone. Cette crainte expliquait l'exigence de garder leurs informations et identité rigoureusement secrètes. Ils refusaient le plus souvent de coucher le moindre mot sur papier. En donnant l'impression qu'il ne s'agissait que d'une tempête dans un verre d'eau, la FIA et la FAO voulaient éviter que d'autres écuries collaborent à l'enquête.

Début décembre 97, mes services avaient terminé la rédaction des lettres dites d' «avertissement» aux trois organisations concernées, FIA, FOA et ISC. Nous les avions fait vérifier par le service juridique de la Commission pour être sûrs que nous étions sur la même longueur d'ondes, ce qui sembla être le cas. Les lettres furent officiellement expédiées le 19 décembre 97. Elles mettaient les intéressés au courant d'une série d'infractions éventuelles que nous pensions pouvoir établir après un premier examen. Le 15 décembre, j'eus encore un entretien avec Mosley. Je lui annonçai le courrier qu'il allait recevoir et les infractions apparentes qui y étaient reprises. Son commentaire fut laconique: «J'estime que les principaux problèmes doivent pouvoir se résoudre sans trop de difficultés. – Et quelles pourraient être ces solutions?» demandai-je. Ma question resta sans réponse.

Un incident regrettable

À ce stade de la procédure, il n'est encore question que d'un avertissement; une mise en demeure officielle pourra suivre si les objections de la Commission ne peuvent être réfutées. Comme il convient dans un régime démocratique, la partie adverse fut invitée à défendre son point de vue et à contester celui de la Commission. Au moment où les lettres d'avertissement furent envoyées, je voulus aussi diffuser quelques textes et explications sur l'état des choses, entre autres pour récuser les informations erronées émanant de Mosley et Ecclestone. À des journalistes qui étaient depuis longtemps déjà à l'affût de nouvelles sur l'affaire de la Formule 1, je mentionnais quelques infractions à première vue importantes. Ainsi par exemple les contrats d'exclusivité de longue durée pour l'entreprise FOA d'Ecclestone et les prix excessifs que les stations de télévision sont obligées de payer pour des images de F1 lorsqu'elles diffusent aussi des images de courses américaines concurrentes, d'Indycars par exemple.

À la mi-janvier 98, le *Wall Street Journal* publia une interview que j'avais donnée au sujet de l'affaire F1. Mes réponses étaient reproduites de manière correcte mais concise, ce qui fit émerger quelques traits saillants qui corsaient l'affaire, un risque souvent couru dans une interview. J'avais signalé que je ne me souvenais pas d'avoir rencontré d'autre affaire où de prime abord tant d'infractions pouvaient être constatées, et aussi qu'elles paraissaient bien plus graves que chacun l'imaginait au départ.

Il se produisit malheureusement à ce stade de la procédure un incident qui n'aurait pas dû arriver. Durant la période où les lettres d'avertissement furent expédiées, mon porte-parole attitré n'était pas disponible. Dans pareil cas, il est d'usage qu'un autre membre du groupe des porte-parole de la Commission le remplace pour informer la presse. Cette remplaçante n'était peut-être pas assez familiarisée avec le dossier et elle commit une erreur professionnelle: elle donna des copies des lettres d'avertissement à des journalistes intéressés, parmi lesquels ceux des *Financial Times, The Guardian, The Times* et *Wall Street Journal.* La porte-parole s'imaginait évidemment que les journalistes qui avaient reçu les copies ne divulgueraient pas leurs sources. On n'a pas de précision sur ce qui s'est exactement passé, mais il est vraisemblable qu'un de ces journalistes passa à son tour une copie à un collègue qui, lui, livra les sources. En un rien de temps, Mosley et consorts furent au courant de ce qui s'était passé. Ils pensaient tenir là un moyen de pression idéal pour me mettre le couteau sur la gorge et me faire plier. La faute ayant été commise par une personne qui ne se trouvait pas sous mon autorité, il fallut un certain temps avant que nous puissions réagir officiellement, et il s'agissait d'être doublement prudent. Lorsqu'il fut établi qu'une irrégularité s'était produite, j'en pris la responsabilité via une lettre du directeur général Alex Schaub reconnaissant clairement qu'il s'agissait d'un regrettable incident qui n'aurait pas dû se produire.

Comme, en janvier 98, Mosley avait commencé à menacer de procès la Commission en général et moi en particulier, il nous parut clair qu'il utiliserait cette confession contre nous si nous ne battions pas en retraite.

La FIA mit finalement ses menaces répétées à exécution. Le 29 mai 98, elle introduisit officiellement une plainte contre la Commission en tant qu'institution auprès du Tribunal européen de première instance. Elle exigeait que les lettres d'avertissement soient déclarées illégales et que la Commission paie une lourde amende en compensation du dommage encouru et du préjudice occasionné à sa réputation. Assez curieusement, Ecclestone se tint à distance des démarches judiciaires de la FIA contre la Commission.

Lors de l'événement annuel qu'est le Forum économique mondial, réuni à Davos fin janvier 98, le président directeur d'une grosse société demanda à me parler seul à seul. «Je ne suis pas toujours heureux de ce que vous faites, me dit-il, mais je respecte sincèrement la politique de concurrence européenne. C'est pour cela que je veux vous avertir: méfiez-vous de cette affaire F1, car rien ne sera négligé pour vous discréditer, la Commission et vous personnellement.» Il me raconta en outre qu'ils avaient cru pouvoir attirer un fonctionnaire de la DG IV (direction générale de la Politique de concurrence) dans leur camp. J'avoue avoir eu du mal à m'endormir cette nuit-là. Je réalisais depuis un moment que nous avions affaire à des adversaires roublards, qui n'hésiteraient pas à utiliser leur énorme influence et leurs moyens financiers, et qui étaient habitués à obtenir toujours ce qu'ils voulaient. Comme je l'avais appris dans l'épisode des lettres d'avertissement, certains journalistes pouvaient être de mèche avec eux. Il m'apparut vite qu'une campagne de presse virulente était imminente. Je ne me souciais pas d'attaques personnelles; je m'inquiétais par contre du fait qu'ils pensaient pouvoir mettre un membre de mon entourage sous leur coupe. Même si je jugeais improbable que quelqu'un de la DG IV se prête à cela, je convoquai dès mon retour le directeur général Alex Schaub ainsi que mon chef de cabinet Claude Chêne. Je demandai à Schaub s'il avait remarqué quelque chose de suspect dans ses services. Ce n'était pas le cas. Nous avons convenu de rediscuter discrètement de l'affaire avec quelques hauts fonctionnaires afin d'écarter tout risque. Mais manifestement les menaces n'étaient que du bluff. J'étais soulagé, car on peut s'imaginer la situation dans laquelle nous nous serions trouvés si une telle affaire s'était produite dans le département. Par ailleurs, j'avais également mis le président Santer au courant. Je lui livrai également l'identité de mon informateur de Davos. Il me répondit sur un ton paternel: «Ces gens s'imaginent sans doute que nous nous laissons mener comme une écurie de course.» Je parlai aussi discrètement des menaces à quelques autres collègues. Tout le monde prit mon parti, même ce fanatique de la F1 qu'est mon collègue commissaire Erkki Liikanen.

Le 4 février se tenait une séance d'audition au Parlement belge. Je me dis que c'était l'occasion de donner un signal clair sur notre position inébranlable face à l'intimidation. «La FIA est une organisation puissante qui n'hésite pas à utiliser son pouvoir de toutes sortes de manières. Mais contrairement à ce qui se passe sur le plan national, la Commission ne cédera pas.» Je visais par là l'abdication d'une grande partie du monde politique wallon devant la menace de Mosley de supprimer les compétitions de F1 en Belgique, si la loi sur l'interdiction de la publicité pour le tabac déjà votée au Parlement était appliquée. Mosley et Ecclestone avaient effectivement les moyens de faire fléchir des ministres et des parlements! Et l'épisode travailliste nous avait appris qu'ils étaient capables de graisser la patte aux partis politiques et aux politiciens.

Durant la première moitié de 98, des articles critiques à mon égard parurent en effet çà et là dans la presse européenne. Je pouvais vérifier très exactement quels journaux et hebdomadaires étaient sous l'influence de la FIA. Mais je m'étais attendu à bien pire. Des journalistes accrédités auprès de la Commission m'ont raconté plus tard qu'ils avaient éteint des foyers d'incendie naissants, en informant des rédactions sportives de la position de Bruxelles. Résultat: les journalistes de sport automobile qui laissaient transpirer l'influence par trop évidente de Mosley dans leurs articles durent revoir leurs copies.

La confession d'Ecclestone

À la mi-avril 98, Bernie Ecclestone me téléphona pour me demander de lui accorder un entretien urgent. Il se sentait en fait très malheureux de la situation créée. Il désirait venir seul, sans Mosley et sans avocats. «Vous êtes le bienvenu, dis-je, mais je tiens à ce que mon directeur général Schaub et mon chef de cabinet Chêne assistent à l'entretien». J'avais pour principe de m'assurer à chaque entretien la présence de quelques collaborateurs proches, non seulement pour me prêter main forte en cas de besoin, mais surtout parce que je préconisais une ouverture totale vis-à-vis de mes collaborateurs et aussi pour avoir le cas échéant des témoins de ce qui avait été réellement dit. Je suis convaincu que cette méthode de travail m'a épargné beaucoup d'ennuis et de malentendus. Nous pouvions également éviter ainsi que des avocats habiles ou des visiteurs qui ne retenaient que ce qu'ils voulaient bien entendre ne sèment la discorde entre mes services et moi-même. Je ne me suis que rarement écarté de cette règle, par exemple dans les négociations finales de l'affaire du Crédit Lyonnais.

L'entretien avec Ecclestone eut lieu le 29 avril 98 à six heures moins le quart de l'après-midi et ce fut un des entretiens les plus curieux que j'aie connus durant mon mandat. Ecclestone fut d'une amabilité parfaite. Il raconta d'une voix douce, parfois à peine audible, une partie de sa vie en y incluant même sa vie privée. J'avais presque l'impression d'être un confesseur!

Il se plaignait d'avoir été précipité dans l'aventure du financement du parti travailliste par Mosley. C'est lui qui avait dû jouer le rôle du méchant, alors que c'était Mosley, le sympathisant du parti travailliste, qui l'avait supplié de verser généreusement à la caisse du parti.

«Je l'ai fait pour Max, mais à contrecœur», voilà ce qu'affirma Ecclestone. Il raconta que Mosley avait reçu un budget illimité («open ended») de la direction de la FIA pour s'occuper de la Commission et moi personnellement. Il nous confessait cela comme lui seul peut le faire, presque en passant, d'une voix toute douce et d'une manière assez confuse. Voilà pourquoi la portée réelle de ses paroles ne m'apparut que plus tard. Il n'était pas d'accord avec Mosley. La façon de procéder de ce dernier ne faisait qu'aggraver les choses. «Max est allé trop loin, mais il ne sait ou ne peut pas revenir en arrière. Il va engager une procédure contre la Commission et vous personnellement. Il engagera les meilleurs avocats, peu lui importe le coût.» Ecclestone me dit qu'il n'avait, jusqu'à nouvel ordre, aucune intention de suivre Mosley dans cette aventure. Lui voulait régler les problèmes par des entretiens personnels, sans avocats. Il avait déjà fait preuve de sa bonne volonté en acceptant que les chaînes télé qui diffusaient des compétitions autres que celles organisées par la FIA ne paient plus de droits supplémentaires. Il avait aussi pu convaincre Mosley de se montrer bienveillant à l'encontre de Peter, un des plaignants dont l'organisation dénommée BPR organisait la course GTR (Grand Tourism Racing Championship) qui avait été écartée du marché par la FIA. «J'ai pu convaincre la FIA d'autoriser quand même ce championnat», nous dit Ecclestone. Mais cela ne suffit pas à Peter, qui n'avait pas retiré sa plainte et ne le ferait, selon Ecclestone, que si on mettait quelques millions de dollars sur la table à titre de compensation. Ecclestone considérait cela comme une forme de chantage rendue possible par l'enquête que la Commission avait instaurée. Je lui signalai que le fait de retirer ou non la plainte n'avait pas d'impact sur l'enquête. C'était à lui d'en tirer les conclusions. Ce qui se tramait comme pratiques douteuses en marge de l'enquête devait être signalé aux instances judiciaires. Et cela ne détournerait en aucun cas la Commission de sa tâche.

Bernie file doux

À la fin de l'entretien, Ecclestone déclara qu'il fallait se revoir le plus vite possible pour résoudre le conflit. Il semblait visiblement pressé de lancer son opération boursière. Nous étions tout à fait d'accord pour un nouvel entretien, mais exigions qu'il puisse se passer en toute clarté. Ce qui veut dire en amenant cette fois des solutions juridiquement acceptables pour toutes les infractions que nous avions cru pouvoir observer. Pas de semblants de compromis, mais des accords clairs où ne subsiste plus aucun doute. Toutes les infractions étant imbriquées – comme l'affaire des droits télé –, il était impératif de trouver des solutions globales. Ce qui signifiait aussi que la FIA devait collaborer pleinement. On n'en décelait encore aucun signe, bien au contraire. «C'est exact, dit Ecclestone, mais Max se montrera conciliant si la Commission et moi parvenons à régler déjà quelques questions entre nous». Nous avons convenu qu'il viendrait soumettre le plus vite possible des propositions concrètes à mes services. Les négociations ultérieures seraient alors conduites par le directeur général Schaub.

Après coup, Schaub, Chêne et moi-même nous sommes demandé comment il fallait interpréter cette conversation. Il nous paraissait improbable que Mosley et Ecclestone n'arrivent plus à s'entendre. Il s'agissait peut-être d'une tactique élaborée entre eux: Mosley maniant le bâton, Ecclestone la carotte. D'autre part, il était clair aussi qu'il fallait examiner chaque nouvelle proposition d'Ecclestone dans un esprit positif. Tant mieux si cela pouvait réussir.

Au cours des semaines suivantes, l'impression se renforça qu'Ecclestone s'engageait sur sa propre voie. Ainsi marqua-t-il publiquement ses distances par rapport à Mosley en ne s'associant pas à la plainte contre la Commission auprès du Tribunal de première instance à Luxembourg. Cette prise de position apparut clairement dans sa déclaration du 6 mai 98: «Dans une série de communiqués de presse récents, il est suggéré que moi-même ou les sociétés que je contrôle aurions l'intention de traduire la Commission européenne en justice. On a établi un rapport avec le dommage que j'ai subi suite aux déclarations de la Commission à la presse et à d'autres démarches que la Commission a entreprises dans des affaires concernant le sport automobile. Les déclarations au sujet de ces démarches judiciaires faites par la Fédération internationale de l'automobile n'engagent que la FIA elle-même. Je tiens à affirmer ici clairement que ni moi-même, ni aucune des entreprises que je contrôle (Formula One Administration Limited et International Sportsworld Communication Limited) n'avons l'intention d'entreprendre des démarches contre la Commission européenne». Par ailleurs, Ecclestone nous fournit encore quelques renseignements intéressants sur le fonctionnement interne de la FIA et le rôle de Mosley. Il transmit même au directeur général Schaub une note confidentielle de la FIA particulièrement intéressante, en le priant de la détruire après lecture...

Après quelque temps, il apparut pourtant rapidement que Ecclestone ne parvenait pas à s'exécuter comme il l'aurait peut-être voulu. Les différents aspects de l'affaire étaient en effet trop liés. Peu à peu, nous nous apercevions qu'il tirait habilement parti de ses entretiens avec moi et la DG IV pour créer l'impression que nous étions parvenus à un accord avancé. Je décidai de filer doux à cause de tout ce qui avait précédé. Mais on était arrivé une fois de plus à un stade où se croiser les bras équivaudrait à une négligence coupable.

Comme aucune percée ne s'annonçait, l'introduction en Bourse de l'entreprise d'Ecclestone était sans cesse reportée à plus tard. On essaya alors de mettre une alternative provisoire en place. Une option fut prise pour l'émission d'un emprunt obligataire de pas moins de 2 milliards de dollars. Ecclestone avait fourni à la banque émettrice toutes sortes de nouvelles rassurantes. En résumé, les problèmes avec Bruxelles étaient quasiment réglés, il ne restait que des détails. Le *Financial Times* qui suivait le dossier de près, comprit vite que quelque chose ne tournait pourtant pas rond. Il annonça que le dossier était loin d'être bouclé et qu'il restait encore de sérieux obstacles en travers de la route.

Le Parlement européen s'en mêle

Après avoir cité la Commission européenne devant le Tribunal européen de première instance à Luxembourg, Mosley n'allait pas manquer une occasion de tenter de la contraindre à la défensive. Le 15 janvier 99, il l'attaqua auprès du Parlement européen. Dans une lettre à Karl von Wogau, le président respecté de la Commission économique, monétaire et de politique industrielle du Parlement, il se plaignit de «retards, grossières erreurs administratives et manque d'ouverture»...

Mosley prétendit que la FIA voulait précisément respecter les règles de concurrence européennes, mais que c'étaient le commissaire à la Politique de concurrence et ses services qui faisaient traîner les choses. Il concluait que cette affaire démontrait la nécessité d'une réforme du droit de concurrence européen et spécialement des procédures. Il faisait même des propositions concrètes!

De plus Mosley suggérait que moi-même, le président Santer ainsi que le directeur général Schaub refusions de le recevoir et qu'il était bien obligé de s'adresser à des membres du Parlement, au président du Conseil des ministres et à d'autres membres de la Commission. Il insistait pour que la Commission parlementaire économique, monétaire et de politique industrielle consacre une séance publique à l'affaire FIA et aux propositions qu'il avait faites en vue de modifier la politique de concurrence.

C'est Alan Donnelly qui avait soufflé à Mosley l'idée de s'adresser au Parlement européen. Ce n'était pas une très bonne idée puisqu'elle m'offrait l'occasion de mettre les points sur les «i» dans un cadre parlementaire normal. La présentation erronée et unilatérale de plusieurs aspects de l'affaire me donnait la possibilité de démonter l'offensive de Mosley contre la Commission. Il sous-estimait totalement la qualité de relation entre la commission parlementaire de Karl von Wogau et moi-même.

Je suis assez fier de pouvoir dire que durant tout mon mandat de commissaire européen, j'ai toujours eu une relation positive et confiante avec le Parlement et notamment avec la commission parlementaire en question. J'estimais tout à fait normal que le Parlement européen exerce pleinement son contrôle sur nos activités d'autorité de concurrence et je m'étais engagé à rester en permanence à la disposition de cette commission afin de lui permettre d'exercer ce contrôle en connaissance de cause. En revanche, le Parlement ne pouvait pas se mêler directement du traitement d'affaires individuelles et devait donc respecter l'indépendance et la responsabilité institutionnelle de la Commission. C'est sur une telle base qu'une collaboration fructueuse avait grandi. À chaque occasion, je veillais scrupuleusement à transmettre le plus possible d'informations et d'explications à un groupe de parlementaires experts et intéressés, dont par exemple Fernand Herman. Les séances sont publiques et la presse était donc toujours présente et suivait attentivement bon nombre de débats. Il n'était d'ailleurs pas toujours simple de maintenir un juste équilibre entre une transparence maximale et la discrétion nécessaire dans le traitement de certaines affaires individuelles. Le Parlement appréciait notre attitude et la Politique de concurrence pouvait donc compter sur un large soutien de sa part, même dans des affaire ultrasensibles.

Je fis immédiatement savoir à Karl von Wogau que je prendrais volontiers la parole devant sa commission parlementaire à propos de l'affaire FIA. D'autre part, mes collaborateurs insistaient à juste titre pour que nous répondions le plus vite possible par écrit aux accusations de Mosley. Nous avons pris le taureau par les cornes dans une lettre à Karl von Wogau. L'image déformée présentée par Mosley fut d'abord corrigée. Je soulignai qu'il s'agissait manifestement là d'une tentative de mise sous pression pour obtenir un jugement positif sur la notification des droits pour les retransmissions télévisées de courses de FI et autres événements internationaux de sports moteur. Il n'était pas difficile de réfuter le reproche d'avoir tardé à traiter l'affaire. Les propositions de modifier les règles du jeu d'une affaire en cours, sur base de vices de forme, ne trompaient pas non plus. Pour ma part, je me déclarais sans équivoque disposé à entamer à tout moment une discussion avec le Parlement européen sur d'éventuelles réformes et je proposais d'organiser un tel débat cette année encore. Ainsi l'action de Mosley s'évapora comme de l'eau sur une plaque brûlante. Je regrettai même vivement que l'affaire fût à peine évoquée lors d'une séance ultérieure de la commission parlementaire.

Le Comité International Olympique (CIO) roule pour la FIA

L'enquête avait déjà révélé que Mosley et Ecclestone changeaient constamment et à leur gré les règles du jeu, et pas toujours de la manière la plus transparente.

De là peut-être leur tendance à vouloir aussi modifier les règles dans d'autres organisations et institutions, si elles ne faisaient pas leur affaire. Dans ce contexte, Mosley tenta aussi adroitement d'exploiter l'inquiétude et l'insatisfaction qui s'étaient emparées de quelques organisations sportives européennes et internationales, comme l'UEFA, la FIFA et le CIO, à la suite de l'application des normes juridiques européennes aux activités sportives.

Il n'était pas très étonnant que Mosley puisse compter sur la compréhension de l'UEFA et de la FIFA, surtout après l'arrêt Bosman. Mais il était beaucoup moins sûr que le CIO se laisserait entraîner à son tour par lui. Par le passé, chaque fois qu'avaient surgi des problèmes impliquant le CIO, ils avaient pu être résolus sans trop de difficultés. On apprit dans le milieu de la FIA qu'une réunion informelle d'importantes fédérations sportives allait être organisée en mars 98 à Lausanne, à l'initiative du CIO. Un groupe de travail de haut niveau sous la présidence de Samaranch lui-même fut constitué, en vue de plancher sur la situation nouvellement créée.

Lorsque Mosley voulut imprimer sa marque à cette initiative, les autres commencèrent à se méfier. L'UEFA fit savoir qu'elle ne voulait pas compromettre ses relations améliorées avec la Commission européenne. Quand je demandai à Jacques Rogge, un membre belge influent du CIO, comment je devais interpréter la position du COI et de Samaranch, il me dit que l'une et l'autre étaient fondées sur un malentendu et qu'on l'avait entre-temps compris à Lausanne. À titre personnel il ajouta: «Je trouve insupportable l'idée que le CIO puisse se laisser entraîner par Mosley».

Pendant ce temps, à Luxembourg, les juges étaient bien ennuyés par la plainte de Mosley, surtout à cause des lettres d'avertissement mises à la disposition de certains journalistes. Comme ils sont par définition tenus à une grande discrétion, ils auront probablement aussi froncé les sourcils en lisant l'une ou l'autre déclaration publique venant de ma part. Par ailleurs, le service juridique de la Commission put apporter quelque éclaircissement et replacer certains faits dans leur contexte. En décembre 98, le juge rapporteur demanda si nous étions prêts à trouver un arrangement avec la FIA, ce qui montre que les juges n'étaient pas enclins à accéder fondamentalement à ses exigences.

Après beaucoup de discussions, on arriva à un accord de principe sur un texte qui déclarait regrettables des déclarations anticipant un jugement dans une affaire en cours. La Commission confirma en outre que l'enquête se poursuivait et qu'aucune décision définitive n'avait encore été prise. Pour finir, elle disait une nouvelle fois regretter l'affaire des lettres d'avertissement et promettait une plus grande prudence à l'avenir.

Ce texte ne me posait aucun problème, mais ce n'était pas le cas pour Mosley. Il ne voulait donner son accord que si la Commission réglait tous ses frais d'avocats: 400 000 euros. Ce montant était tout à fait déraisonnable et je refusai donc catégoriquement. Nous n'arrivions pas à nous entendre et finalement le Tribunal accorda un dixième seulement de cette somme. Dans leur ordonnance, les juges devaient encore dénoncer l'exigence extravagante de la FIA. Celle-ci prétendait que sept avocats et un stagiaire avaient consacré 1253 heures à l'affaire; à quoi il fallait encore ajouter les honoraires de conseillers, des frais de taxi, des billets de chemin de fer, des frais d'hôtel etc. Tout cela, dit la Cour, était «sans aucun lien avec les aspects objectifs de l'affaire».

En ce qui concerne le fond du problème, on avait entre-temps déjà bien avancé. En dépit de toutes les manœuvres, et malgré la démission collective de la Commission, mes collègues étaient unanimement d'avis que la dernière phase, celle de la communication des griefs, pouvait être entamée.

La FIA rate son virage

C'est ainsi que la Commission décida le 30 juin 99, après une enquête complexe et approfondie, d'engager une procédure formelle à la FIA (la Fédération internationale de l'automobile), la FOA (Formula One Administration) et l'ISC (International Sportsworld Communicators). Cet avertissement fut transmis au moyen d'une notification de griefs à l'encontre des sociétés concernées dans laquelle les infractions aux règles de concurrence étaient officiellement définies. Les parties pouvaient ainsi préparer leur défense. La FIA fit alors une chose inhabituelle: une version de ce document, dont on avait effacé les données confidentielles, fut installée sur le site Internet de l'entreprise, où tout le monde pouvait donc la lire... Le document comptait près de 200 pages. On y répertorie quatre sortes d'infractions.

En premier lieu, la FIA abuse de son pouvoir en interdisant des compétitions concurrentes. Tous les organisateurs de courses automobiles doivent être en possession d'une licence délivrée par la FIA. Cela vaut autant pour des exploitants de circuits que pour les écuries et les pilotes. Seule la FIA décide si une course est autorisée. L'organisateur d'un événement non autorisé par elle perd sa licence et ne peut pratiquement plus participer à aucune course en Europe. En conséquence, personne n'ose participer aux compétitions organisées hors de la FIA. Cela n'est pas conforme aux règles puisque la FIA est elle-même l'organisatrice d'une série de courses. Elle peut donc décider quels propriétaires de circuits ou pilotes peuvent être admis. Celui qui organise une course «clandestine» tombe en disgrâce.

Des concurrents peuvent être éjectés du marché. La Commission découvrit des preuves que dans au moins un cas la FIA avait abusé de son pouvoir pour exclure un organisateur concurrent (BPR) du marché et organiser elle-même une course à sa place.

La FIA abuse également de son pouvoir en exigeant des droits télé pour tous les événements de sports mécaniques internationaux. Les émissions télévisées sont d'une importance vitale pour le succès des sports mécaniques, parce que les organisateurs dépendent du sponsoring. Toutes les courses approuvées par la FIA doivent automatiquement lui céder leurs droits. Elle les transmet alors à l'ISC, une des entreprises d'Ecclestone. Ceci ressemble étrangement à un abus de position de marché dominante. Enfin, la FIA et les stations de télévision, promoteurs et équipes contrôlés par Ecclestone imposent toutes sortes d'obligations rendant impossible toute tentative de concurrence à l'intérieur du monde de la F1. Ainsi les propriétaires de circuits de course qui organisent des compétitions de F1 ne sont pas autorisés à ouvrir leurs circuits à des organisateurs concurrents.

L'accord Concorde continue d'interdire à des équipes de F1 de participer durant une longue période à des courses qui ressemblent trop à la Formule 1.

Les chaînes de télévision qui retransmettent ces courses de Formule 1 doivent payer des prix plus élevés (allant de 35 à 50 pour cent du prix du contrat) si elles diffusent une course qui d'après la FAO fait concurrence à la Formule 1.

Outre l'affaire Bosman, le dossier sportif qui provoqua ces dernières années le plus de remous et de sensation fut incontestablement l'affaire FIA et Formule 1. Je n'eus malheureusement plus le temps de le finaliser personnellement alors que l'affaire entrait dans sa dernière phase suite à la communication de griefs.

Dans la période qui a suivi mon départ, Mosley a poursuivi ses anciennes pratiques, à savoir attaques personnelles et menaces. Lors d'une conférence de presse début février 2000 où il y avait beaucoup de monde, il a non seulement violemment critiqué la Commission, mais a en même temps exigé que tous les fonctionnaires ayant traité l'affaire en soient exclus. Voilà la mentalité de Mosley et de la FIA: celui qui ne se plie pas à leurs désirs doit quitter la place.

Il a tenté d'amadouer mon successeur Mario Monti. Il croit pouvoir le pousser à des concessions en lui passant la brosse à reluire, mais il ne parviendra pas à l'empêcher de traiter l'affaire de manière correcte et objective, jusqu'aux conclusions finales, tout comme il n'a pas réussi à me convaincre avec ses sympathies travaillistes.

Il semble avoir à présent compris: le 26 avril 2000, Mosley a fait des propositions concrètes que mon successeur a taxées de «constructives et novatrices». Elles répondent en partie seulement aux objections, mais permettent éventuellement d'échapper à une collision frontale.

Sport et concurrence
Une vente de billets expéditive

Personne n'aurait jamais imaginé que le commissaire européen à la Politique de concurrence soit mêlé à la vente de billets pour le Mondial ou l'Euro 2000. C'est pourtant ce qui lui arriva à son corps défendant.

À l'occasion du Championnat du monde en Italie en 1990, la Commission dut déjà intervenir suite à la plainte d'une agence de voyage.

Le comité organisateur avait en effet accordé à un voyagiste italien (90 Tour Italia) le monopole de l'organisation et de la vente de voyages groupés pour le Championnat du monde. Aucune autre agence ne pouvait donc lui faire concurrence. La Commission condamna cette situation, d'autant plus qu'un tel monopole n'était absolument pas nécessaire pour garantir la sécurité des matchs de football.

En Italie le conflit concernait les agences de voyage; en France ce sont des supporters en grand nombre qui, lors du tour final de la Coupe du monde, manifestèrent leur mécontentement face au système de vente des billets. Rarement la Commission enregistra autant de plaintes de citoyens isolés. Que se passait-il?

L'organisation du tour final avait été confiée au CFO, le Comité français organisateur de la Coupe du monde de football 1998. Ce comité avait émis 26 665 000 billets d'entrée pour l'ensemble des matchs. Mais, signe des temps, à cause de l'hypercommercialisation de ce genre d'événements, une grande partie des billets (environ 42 pour cent) ne fut pas proposée en vente au public, mais répartie entre sponsors, VIP, toutes sortes d'autorités françaises et ce qu'on appelle la famille du football français.

Des 58 pour cent destinés au public, 23 pour cent allèrent aux fédérations nationales de football et 6,5 pour cent à des agences de voyage autorisées. Il ne restait donc plus que 28 pour cent pour une vente directe au public. Et pour avoir droit à un billet, il fallait être Français ou avoir une adresse postale en France. Les réservations téléphoniques devaient se faire à partir de la France même et non de l'étranger. Comme si le trafic téléphonique s'arrêtait à la frontière française. Pour commander par correspondance, il fallait d'abord demander un formulaire à une banque française: le Crédit Agricole. Même par l'internet on butait sur le protectionnisme français, car là il fallait d'abord s'abonner au système Minitel. Résultat: presque tous les billets furent acquis par des candidats français ou résidents en France. Il n'est donc pas étonnant que des réactions indignées fusèrent de partout, principalement des pays environnants. En Angleterre surtout, ce fut un tollé général. La presse et les politiciens ne laissaient pas passer une occasion pour tirer à boulets rouges sur l'organisation.

Début 98, la majeure partie des billets en question était déjà vendue ou distribuée. Il n'en restait qu'une partie limitée (6 à 7 pour cent).

En première instance nous avons encore essayé de trouver un compromis avec les organisateurs. Nous voulions obtenir que la part restante soit réservée de préférence aux supporters non français, puisque les Français eux-mêmes avaient déjà été largement servis. Le 17 mars 98, j'eus un entretien à ce sujet avec Lambert du CFO. J'avais l'impression qu'il était sensible à notre proposition, mais à Paris cela n'intéressait personne: la Coupe du monde était française et basta! La discrimination entre citoyens de l'UE faisait partie du système.

Le Parlement européen s'en mêla lui aussi. Le 12 mai 98, il y eut un débat houleux où on réclama des sanctions contre le CFO. La Commission aussi fut critiquée pour ne pas être intervenue assez rapidement. Mais dans des affaires de concurrence, il ne faut pas agir avec trop de précipitation. On ne peut pas lancer des sanctions à tort et à travers. Il s'agit de suivre les règles et les procédures, ce qui n'est pas toujours bien accepté par l'opinion publique ou les politiciens qui veulent voir couler immédiatement le sang. On assista à un épisode cocasse en juin 98, lors du Conseil européen à Cardiff, lorsque le président Chirac passa un savon au président Santer parce que la Commission s'était mêlée de l'affaire! Les Anglais de leur côté estimaient au contraire que la Commission n'était pas intervenue avec assez de fermeté contre les organisateurs de la Coupe! Ces mêmes Anglais qui ne débordent pas d'estime pour les «bureaucrates bruxellois de la Commission...» À présent, les choses ne pouvaient pas aller assez fort et vite pour eux !

Entre-temps, les organisateurs avaient décidé de mettre un peu d'eau dans leur vin et quelque 175 000 billets restants furent mis à la disposition de citoyens européens de manière non discriminatoire. On pouvait à présent commander des billets à partir de l'étranger, et même en anglais. Ce fut une correction tardive et limitée à une action discriminatoire orchestrée.

Voilà pourquoi, en juillet 1999, après avoir parcouru toute la procédure et donné au CFO l'occasion de se défendre, la Commission condamna officiellement les organisateurs français pour abus de pouvoir. Qu'il n'y eut qu'une amende symbolique de 1000 euros tient au fait qu'il s'agissait d'un premier cas de ce genre, que le système de vente français ressemblait fort à celui des précédentes organisations du Championnat d'Europe et du Championnat du monde. Enfin que les bénéfices de ce dernier profitaient à une bonne cause.

L'affaire était pourtant d'importance car elle créait un précédent. Lors de l'organisation de l'Euro 2000, on a sérieusement tenu compte de ce qui s'était passé en 98 afin d'éviter qu'un comité organisateur monopolistique se rende coupable de discrimination entre des sujets de l'UE. Bien sûr, il est impératif de veiller aux aspects de sécurité et de contrôle, mais cela ne peut pas être un prétexte de discrimination.

Chapitre IX

LES BRISEURS DE CARTELS

«Dawn raids»: perquisitions, descentes à l'aube dans les bureaux des grandes entreprises. Cette expression a quelque chose de spectaculaire, évoquant davantage des policiers vêtus d'imperméables que des fonctionnaires de la Commission européenne. Ce sont pourtant bien des fonctionnaires de la Commission, souvent appuyés par des collaborateurs des autorités nationales de concurrence qui organisent de telles descentes. Ils sont à la recherche de documents prouvant la création de cartels ou l'existence d'autres accords illégaux conclus par des entreprises. Il s'agit là d'une facette de la politique européenne de la concurrence que le grand public commence à mieux connaître depuis quelques années du fait de quelques cas spectaculaires.

Ces activités sont totalement différentes, il est vrai, de celles menées habituellement par la Direction générale-Concurrence. La majorité des dossiers aboutissent d'ailleurs à la Commission à la suite de l'obligation juridique de notification (concentrations, aides d'État) ou d'une obligation de fait (accords entre entreprises). En outre, le nombre de dossiers faisant suite à des plaintes ne cesse d'augmenter. Dans ce cas, l'information est véritablement apportée à la Commission. Par contre, les cartels ou accords secrets doivent, quant à eux, être repérés par la Commission elle-même. Celle-ci ne peut intervenir qu'à partir du moment où elle dispose d'un nombre de preuves suffisant. Par conséquent, «no evidence no case» (pas de dossier sans preuve), même si les présomptions de cartel sont très fortes. Il s'agit donc de lutter contre des entreprises qui concluent des accords secrets sur les prix et le partage du marché, ou sur la volonté de ne pas se livrer concurrence. De tels accords servent les intérêts des entreprises mais desservent ceux du consommateur. Ce sont des péchés mortels contre l'économie de marché et la libre concurrence. Tels sont les préceptes inscrits dans les traités instituant la CEE et nous avons dès lors l'obligation d'intervenir.

Aux États-Unis, la création de cartels est considérée comme un crime grave, qui peut être sanctionné par la prison. C'est ce qui est arrivé dernièrement à un cadre de l'entreprise pharmaceutique Hoffmann-La Roche. Dans l'UE, la Commission ne peut intervenir au plan pénal. Elle ne peut donc solliciter de témoignage sous serment, comme c'est le cas aux États-Unis, où les témoins convoqués rendent compte des réunions auxquelles ils ont participé et des accords conclus. Si une entreprise ou l'un de ses cadres ne se présente pas spontanément, la Commission n'a d'autre possibilité que de rechercher dans l'entreprise même les preuves qui lui font défaut; littéralement, de procéder à des fouilles. Dès qu'elle a réuni les preuves, elle peut alors imposer de lourdes amendes. C'est précisément dans ce sens que la Commission agit de plus en plus.

Le premier commissaire chargé de la concurrence (dans la Commission présidée par Walter Hallstein, dans les années 1960) était Hans von der Groeben. Il s'était vu confier la concurrence comme un à-côté par rapport à d'autres compétences que l'on estimait plus importantes à l'époque. Cet Allemand élancé et distingué ne passait pas inaperçu. Il était davantage un haut fonctionnaire qu'un homme politique et c'est peut-être ce qui faisait de lui l'homme le mieux placé pour mettre en œuvre les principes de la politique de la concurrence contenus dans le traité de la CEE. À cette époque, l'Allemagne était le seul État membre à mener une politique de la concurrence et à disposer d'une autorité de concurrence digne de ce nom. Le Bundeskartellamt était l'exemple même de la lutte contre les cartels en Europe. von der Groeben, qui bénéficiait de l'appui efficace du premier Directeur général de la DG concurrence, le Néerlandais Verloren van Themaat, a veillé à donner à la Commission, par le biais des règlements d'application, les instruments nécessaires pour qu'elle puisse espérer rencontrer quelque succès dans l'exécution de sa tâche. Cette action allait déboucher sur le célèbre règlement n° 17 de 1962. C'est à lui que la Commission doit de pouvoir procéder à des perquisitions et imposer des amendes. En outre, les entreprises sont depuis lors obligées de notifier leurs accords. Ces instruments, dûment inspirés du système allemand, allaient permettre à la Commission de créer progressivement une politique anti-trust fiable et solide. Aujourd'hui encore, c'est sur base du règlement n° 17, amendé à plusieurs reprises, que la Commission lutte contre les cartels et examine les accords auxquels les entreprises ont souscrit. Même si ce système date de 1962 et qu'il a besoin d'être actualisé, personne ne niera qu'il revient à von der Groeben et à ses collaborateurs d'avoir posé, en dépit de fortes résistances, les bases opérationnelles d'une politique européenne de concurrence couronnée de succès.

Le terme qui décrit le mieux les cartels est celui de complots. Les entreprises qui s'en rendent coupables appartiennent la plus part du temps à la sphère des grandes sociétés. Souvent, elles font partie des groupes industriels européens et mondiaux les plus importants. Ainsi bon nombre d'entreprises du secteur chimique ont eu maille à partir avec les autorités européennes chargées de la concurrence: Hoechst, BASF, ICI, Montedison, AKZO, Solvay etc. La pratique du cartel est intimement liée à certains secteurs: l'acier, le papier, le ciment et le sucre, pour ne citer qu'eux, en plus de la chimie déjà mentionnée.

Si à cette époque, la loi du marché exerçait une certaine influence sur ces secteurs, ses effets étaient réglés, arrangés ou simplement annulés par des accords réciproques. D'ailleurs, de telles pratiques avaient souvent cours sous l'œil bienveillant des gouvernements et des autorités. Elles s'appliquaient non seulement aux marchandises mais aussi aux services. Des cartels faisaient régulièrement surface dans le secteur des banques et des assurances. Dans des pays tels l'Autriche et l'Italie, l'autorité a longtemps joué le rôle de «ring leader» ou parrain. Bon nombre d'États membres étaient connus depuis longtemps pour être des pays de cartels: nous songeons ici aux Pays-Bas, à l'Autriche, à l'Italie, à la Belgique et dans une certaine mesure, à l'Allemagne. Dans d'autres États membres comme la France par exemple, c'étaient plutôt les entreprises d'État ou les monopoles, qui tenaient le haut du pavé, avec toutes les conséquences que l'on connaît. Ainsi, chaque État membre avait sa tradition propre. La réalité était fort éloignée de la loi du marché libre et l'Europe a beaucoup dû apprendre en matière d'économie de marché.

Mais il serait absolument faux de déduire de tout ceci que la pratique des cartels appartient au passé. Les méthodes se sont affinées. À l'heure actuelle, les cartels s'organisent davantage en fonction des secteurs, des produits ou des services spécifiques comme les tuyaux en acier, les canalisations de chauffage urbain, les services de transbordeurs, etc. Ainsi, une entreprise peut s'allier à un cartel pour un produit déterminé mais laisser jouer l'économie de marché pour d'autres produits. Des entreprises à la réputation irréprochable comme ABB, se brûlent parfois les doigts aux pratiques des cartels. On pourrait supposer que ce type de cartels finirait par disparaître dans le marché unique européen, alors que l'économie se libéralise de plus en plus. Cependant, c'est l'inverse qui est parfois vrai: la libéralisation fait perdre aux entreprises la position protégée dont elles bénéficiaient à l'intérieur des frontières nationales et les confronte à une concurrence plus dure. D'où leurs manœuvres pour alléger ou contrôler la concurrence par le biais d'accords réciproques. En outre, un accord de cartel ne doit nullement être consigné par écrit. Il existe d'ailleurs beaucoup d'accords et d'engagements non écrits. «Si vous ne produisez pas (ou plus) tel ou tel produit, nous promettons qu'à notre tour, nous ne commercialiserons pas (ou plus) tel ou tel autre produit. De cette façon, nous ne nous ferons pas d'ombre.» Et une soudaine guerre des prix ne signifie pas en soi qu'il n'existe pas de cartels. Il est d'ailleurs arrivé qu'un membre peu loyal du cartel ait besoin d'une leçon et qu'on lui rende la vie difficile par le biais d'une guerre des prix. Si seuls quelques concurrents subsistent dans un marché donné, les entreprises concernées ont tout loisir de s'observer sur les augmentations de prix qu'elles appliqueront. Par ailleurs, il n'est pas exclu que des contacts préalables aient eu lieu. Il devient dès lors très difficile de faire la part des choses. Nous avons été confrontés à un problème de ce genre en 1998: à quelques jours d'intervalle, Airbus et Boeing ont annoncé un relèvement assez sensible de prix. Les deux entreprises avaient fait savoir, chacune à leur tour, que dorénavant, elles se concentreraient davantage sur les bénéfices que sur les parts de marché. Nos collègues américains, tout comme nous-mêmes, avions été surpris par ce hasard. Une pré-enquête fut entamée de part et d'autre de l'océan. Je ne me faisais guère d'illusions. Si des contacts avaient eu lieu, il y avait fort à parier qu'ils avaient été oraux. Et comme nous ne pouvons entendre des témoins sous serment, il est fort probable que nous ne fassions guère de progrès dans cette affaire.

Eliott Ness en Europe

Les fonctionnaires chargés des enquêtes sur les cartels sont d'une espèce particulière. Le service lui-même a été organisé voici quelques années sous la direction de Maurice Guerin, un de nos fonctionnaires les plus chevronnés. Nos fonctionnaires les plus talentueux et les plus expérimentés étaient répartis dans différents services. Dans le souci d'une plus grande efficacité, les ressources humaines et matérielles ont été concentrées dans le groupe des briseurs de cartels. Ceux qui y travaillent doivent être capables de «sentir» la situation, ils doivent avoir de véritables talents de détectives. À la tête de l'équipe se trouve Julian Joshua, un Britannique qui, depuis des années, détecte les cartels. Ses qualités de fin limier lui ont valu le surnom d'Eliot Ness au sein des services de la politique de concurrence.

Une des tâches les plus importantes des briseurs de cartels consiste à rassembler – autant que possible – les preuves écrites relatives à la formation de cartels. C'est à l'intérieur même des entreprises qu'il faut rechercher ces preuves et dans la plupart des cas, c'est bien là que nous les trouvons. Il est permis de se demander pourquoi elles consignent assez fréquemment par écrit des accords illégaux. Cela s'explique par la très grande complexité des matières. Bien souvent, les augmentations de prix sont discutées dans les moindres détails, par client, en prévoyant pour chacun une échéance. Une entreprise donnée annonce une augmentation de prix, peu de temps après une deuxième entreprise fait de même, et ainsi de suite. Elles rédigent un scénario détaillé qu'elles sont tenues de suivre. De cette manière, elles peuvent donner à penser que les augmentations résultent de la libre concurrence. Tel était le mode opératoire adopté par le cartel des producteurs de carton aux activités desquels nous avons mis fin en 1994. Il se composait d'une vingtaine d'entreprises qui se mettaient d'accord sur un système de quotas détaillé que chacune d'elles devait respecter. Ces accords étaient couchés sur papier car la méfiance régnait en maître parmi les membres du cartel.

Ce sont de tels genres de preuves que recherchent les briseurs de cartels de la Commission. Ce service n'est d'ailleurs pas très étendu: il compte une douzaine de collaborateurs. Des représentants d'autres services de la Direction générale Concurrence doivent être associés aux descentes éventuelles dans les entreprises suspectes. Un tel raid suppose l'intervention d'une dizaine de fonctionnaires par entreprise. Bien souvent, des descentes ont lieu simultanément dans cinq ou six entreprises, ce qui mobilise au total une équipe de cinquante personnes. Il n'est guère difficile de trouver des agents pour de telles opérations. En effet, se rendre au petit matin dans des entreprises pour essayer d'y trouver des preuves rompt la routine du travail au bureau.

Mais quand peuvent-ils intervenir? Au moment où le commissaire chargé de la concurrence leur donne formellement le feu vert, à savoir, lorsqu'il existe suffisamment d'indices de pratiques illégales. Il faut donc que le succès de l'opération soit raisonnablement garanti, sans quoi ils risquent d'être accusés d'avoir agi de manière irréfléchie ou d'avoir commis un abus de pouvoir. La plupart du temps, ces visites-surprises ne restent pas confidentielles, constituant un impact publicitaire négatif pour l'entreprise concernée. Nous ne pouvons donc pas travailler dans la précipitation. Le schéma d'une enquête pour suspicion de cartel est pour ainsi dire à chaque fois identique. Dans un premier temps, à la suite de plaintes, d'indications, de comportements ou de fixation de prix suspects, de lettres de clients ou de consommateurs, un groupe restreint se livre à une première évaluation des éventuelles pratiques ou situations illégales. Si les indices s'avèrent importants et fiables – et il appartenait aux fonctionnaires concernés de m'en convaincre dans chaque cas – le feu vert est en principe accordé. Au cours de cette phase, nous n'utilisons pas encore de notes administratives, tout au plus établissons-nous une brève liste argumentée. Il est important que le nombre de personnes initiées soit faible; il s'agit en effet de limiter les risques de fuite et de conserver la plus grande discrétion. Une enquête dans une entreprise ne livre des secrets que si l'effet de surprise est entier.

Pour découvrir l'existence éventuelle d'un cartel, il faut être très attentif à tout ce qui se passe sur le marché. De grandes différences de prix pour un produit déterminé dans différents pays peuvent laisser supposer l'existence d'accords géographiques sur les prix. Les cartels relèvent souvent de constructions ingénieuses. Afin de ne pas susciter la méfiance, c'est tantôt l'une, tantôt l'autre entreprise du cartel qui relève les prix. En fait, nous dépendons aussi de certaines informations reçues du secteur concerné. Parfois ce sont d'anciens collaborateurs qui tirent la sonnette d'alarme, parfois encore ce sont les entreprises elles-mêmes qui attirent notre attention sur un point. En cas de fusion par exemple, l'entreprise qui absorbe constatera parfois que l'entreprise absorbée fait partie d'un cartel. Le nouveau propriétaire veut mettre fin à cette pratique et en avertit la Commission. Les grandes opérations de reprise et de fusion des années écoulées ont révélé l'existence de quelques-uns de ces cartels. Parfois, les clients de certains produits pour lesquels existent éventuellement des accords sur les prix attireront notre attention sur ce fait. Ils feront preuve de prudence car ils ne veulent pas s'exposer à d'éventuelles représailles.

Une fois le feu vert donné, je m'en remettais entièrement aux briseurs de cartels pour organiser avec un maximum d'efficacité les visites prévues. Ces préparatifs duraient souvent quelques semaines. Je ne demandais jamais à mes collaborateurs de me donner la date précise de la visite. Ni mon cabinet ni moi-même ne devions connaître cette information. Toutefois, je demandais d'être informé de l'opération si tôt que celle-ci avait été menée. Tout comme je voulais connaître les difficultés qu'ils auraient pu rencontrer et surtout le résultat de l'opération. Le fait que je n'étais jamais au courant au préalable des dates des descentes prévues a donné lieu à quelques situations cocasses. Je me trouvais un jour à Paris pour y tenir un exposé au cours d'un déjeuner. Mon voisin de table, Francis Mer, le grand patron de l'entreprise métallurgique Usinor Sacilor, m'apprit que c'était précisément ce jour-là que mes fonctionnaires visitaient de manière impromptue son entreprise non loin de là!

Au cours de ces descentes, il faut prêter attention au moindre détail. L'expérience nous permet de dire que, dans la plupart des cas, il existe bel et bien des documents mais que ceux-ci sont dissimulés. L'équipe doit donc arriver aux bureaux des plus hauts dirigeants de l'entreprise car c'est là que se trouvent le plus souvent les preuves. Le hasard peut parfois aider. Ainsi, l'équipe de Joshua a un jour trouvé le schéma complet d'un cartel dans le bureau d'un membre de la direction parti en vacances. Dans tous les bureaux, les preuves avaient été soigneusement retirées, sauf dans le sien, et c'est ainsi que l'existence du cartel put être établie. Une règle empirique importante veut que les fonctionnaires ne doivent jamais se laisser éconduire. Dans les grandes entreprises, les directeurs essaieront d'en imposer aux enquêteurs: ceux-ci tomberont sur des messieurs bien mis qui, par toutes sortes de circonvolutions, chercheront à leur empêcher l'accès aux bureaux de la direction. La mission consiste à aller jusqu'au but.

Une bonne tactique consiste à placer des femmes dans l'équipe d'enquêteurs. Quoi qu'il en soit, les membres de la direction de grandes entreprises sont généralement sans défense devant des fonctionnaires qui ne s'en laissent pas conter.

Les services nationaux de la concurrence sont le plus souvent associés aux descentes dans les entreprises. Cette coopération était malaisée dans le passé car ils se considéraient alors davantage comme les défenseurs des intérêts des entreprises concernées. À l'heure actuelle prévaut l'idée que leur tâche ne consiste pas à défendre les intérêts des entreprises nationales, mais plutôt à veiller à ce que la libre concurrence soit garantie entre les entreprises. Les services nationaux sont avertis quelques jours avant la descente dans une entreprise de l'imminence de l'opération. Nous avons constaté à certains moments l'existence de fuites. Ce fait reste toutefois exceptionnel. La collaboration est bonne dans la plupart des cas. En Autriche eut lieu, voici quelques années, une enquête sur le cartel dans le secteur bancaire. J'y reviendrai plus loin. Nous avions informé au préalable le service autrichien chargé de la concurrence, qui se trouvait sous la responsabilité du ministre des Affaires économiques. La collaboration de ce service s'est révélée parfaite. Personne, pas même le ministre compétent, n'avait été informé, de sorte que nos inspecteurs ont pu bénéficier de l'effet de surprise et saisir un volume assez considérable de documents probants. La Commission a naturellement calqué la structure de son organisation anti-cartels sur celle du Bundeskartelamt. Dans d'autres pays également, la liberté de manœuvre s'est accrue. La Commission a pu établir ainsi un réseau avec les services nationaux. À leur tour, ces services s'inspirent de plus en plus de ceux de la Commission européenne.

Les cartels fonctionnent souvent selon un schéma de base identique. La structure proprement dite du cartel se compose de deux niveaux. Le niveau supérieur est formé la plupart du temps par les Executive Officers ou chefs de certaines activités de l'entreprise. Ces personnes se réunissent régulièrement et arrêtent la stratégie. L'exécution est du ressort du deuxième niveau, représenté par les cadres qui tiennent de nombreuses réunions. Ils doivent élaborer le schéma des prix pour toute la gamme des produits et pour les différents marchés. Si nécessaire, ce schéma sera très détaillé et comportera les prix dans les différentes devises nationales pour les différents marchés. L'euro a énormément simplifié ce travail. Les véritables gros bonnets se rencontrent en toute discrétion, en général pas plus d'une fois par an, afin de rester en phase avec les souhaits des uns et des autres et de vérifier si tout se déroule comme convenu. Ils ne sont guère modestes: c'est ainsi que leurs clubs ont pour nom «Les chefs d'État», «Les quatre Grands», «Les présidents», «Les papes», etc. Les lieux de prédilection pour de telles rencontres sont les hôtels haut de gamme de Zurich, comme le Bauer au Lac ou le Bauer en Ville. Quelquefois, s'ils sont pressés, ils s'arrêtent à l'Hilton de Zurich près de l'aéroport. Ils savent très bien la raison pour laquelle ils se rendent en Suisse: impossible pour nous de les y arrêter. La Suisse n'est pas un État membre de l'UE et ce pays échappe donc à notre juridiction. Il arrive que les dirigeants d'entreprises ne fassent pas confiance à leurs propres collaborateurs. Le cartel du polypropylène se composait des dirigeants de douze entreprises. Mais ces dirigeants ne savaient pas qu'au-dessus d'eux existait un directoire secret composé des quatre entreprises dirigeantes ayant les plus grandes parts de marché: ICI, Hoechst, Montedison et Shell.

Accords en béton armé

Un des cas les plus célèbres que nous avons traité est celui du cartel du ciment. Cette affaire remonte à 1983, bien avant que je ne rejoigne la Commission. Après une longue enquête, 33 producteurs de ciment européens et 8 organisations nationales de producteurs de ciment ont été accusés d'avoir conclu des accords visant au partage du marché. En novembre 1994, ils furent condamnés à payer de lourdes amendes qui s'élevaient au total à 248 millions d'euros, la plus grosse amende jamais imposée par la Commission. Il est surprenant de constater que c'est l'ensemble du secteur qui a été condamné, en ce compris les quatre grands producteurs européens que sont Heidelberger Zement d'Allemagne, la Société des Ciments et Lafarge Coppée de France, Italcementi d'Italie et Blue Circle du Royaume-Uni. Il va de soi que la formation d'un cartel est d'autant plus aisée que le nombre de concurrents est peu élevé. C'est ainsi que certains pays n'avaient qu'un seul producteur de ciment. Celui-là ne devait donc pas craindre la concurrence sur le plan national. Raison de plus pour conclure des accords au-delà des frontières afin d'exclure d'autres concurrents éventuels. L'enquête de la Commission a fait ressortir que la Fédération européenne des producteurs de ciment (Cembureau) avait ainsi mis en place un système permettant de protéger les marchés nationaux.

Dès 1983, les membres de Cembureau avaient conclu un accord visant à ne pas se mettre des bâtons dans les roues sur les marchés domestiques. En outre, ils mirent également au point un système d'échange d'informations sur les prix et les marchés. Il fut convenu que tous les producteurs harmoniseraient leurs prix en fonction de celui pratiqué par le «price leader». La Commission récolta suffisamment de preuves relatives à la tenue de réunions où de tels accords furent conclus. Les producteurs savaient pertinemment bien que leurs activités étaient illégales: au début de la réunion, leur président déclarait: «Inutile de préciser que cette réunion ne fera l'objet d'aucun procès-verbal». Et cependant, on trouva divers mémos prouvant de manière incontestable la conclusion d'accords; par exemple des producteurs de ciment français et italiens s'étaient partagé le marché de la Côte d'Azur. Ce qui signifie bien qu'il existait des accords sur les prix et le refus d'effectuer des livraisons à certains clients. «Nous ne devons pas nous livrer une guerre interne. Nous devons conclure des accords afin d'éviter des conflits». Il en allait de même chez les producteurs espagnols et portugais. Certains mémos retrouvés révèlent notamment ceci: «Les producteurs de ciment espagnols et portugais établissent explicitement qu'il ne peut y avoir de transport de ciment entre l'Espagne et le Portugal ni entre le Portugal et l'Espagne». Voici encore un exemple d'un accord conclu entre des entreprises françaises et allemandes et pour lequel il existe une preuve écrite: «Nous convenons sans ambiguïté que chacun doit rester à l'intérieur de ses propres frontières.» En 1986, un certain nombre de producteurs de ciment, membres du Cembureau, se coalisèrent contre la menace que représentaient les exportations bon marché de ciment grec vers différents pays européens. La Grèce venait de perdre d'importants marchés à l'exportation au Moyen-Orient et recherchait activement de nouveaux débouchés. Au cours de plusieurs réunions – les preuves sont claires – il fut discuté des mesures à prendre pour mettre fin à ces exportations grecques. Ces producteurs allèrent jusqu'à créer une entreprise, Interciment, qui devait veiller à ce que le ciment grec ne soit pas exporté vers certains marchés européens. Un producteur de ciment italien fit rompre un contrat entre un client italien et des fournisseurs grecs. En vérité, un bien étrange un marché intérieur... Il va de soi que la Commission doit agir fermement contre de telles pratiques.

Les enquêtes se révèlent le plus souvent d'une très grande complexité. La Commission doit pouvoir prouver de manière indiscutable qu'un cartel se montre actif sur le marché. Il faut également pouvoir apporter la preuve de la durée du cartel, qui en est membre, qui en est le «ring leader» et qui sont les suiveurs? Lors d'une perquisition domiciliaire, mes fonctionnaires ont pu démontrer que l'entreprise concernée avait organisé dans ses locaux une réunion dont le but était d'apprendre au personnel à éliminer rapidement du matériel compromettant si les inspecteurs de la Commission venaient à se présenter. Cette entreprise avait spécialement consulté un bureau d'avocats pour parer à ce genre de situations.

Les canalisations de chauffage urbain: certains s'y sont brûlé les doigts

Les cartels, eux aussi, fonctionnent avec leur temps. Le cartel des producteurs de canalisations isolées pour le chauffage urbain en est un exemple frappant. Un marché de niche, car voici cinq ans, le chiffre d'affaires était de 400 millions d'euros. Le chauffage urbain est un système permettant de chauffer des logements individuels grâce à un réseau public: les canalisations d'eau chaude sont agencées en réseau, qui a pour point de départ une installation centrale, souvent une centrale électrique, afin d'utiliser au mieux la chaleur produite pour l'ensemble de la ville ou d'un quartier. Ce type de chauffage connaît de nombreuses applications surtout dans le nord de l'Europe, même si on en trouve également en Grèce et au Portugal. Ce marché dépend donc essentiellement des adjudications publiques. Le plus grand producteur des équipements de ce type était ABB (Asea Brown Boveri), une multinationale helvéto-suédoise. La filiale danoise ABB/IC Møller était responsable du département chauffage urbain. Le cartel était dirigé par le président-directeur de cette filiale.

Outre ABB, neuf autres contrevenants étaient également impliqués dans l'affaire. Le cartel s'est formé au Danemark parce que c'est là que se trouvent les producteurs les plus importants. Il y eut plus tard une extension vers l'Allemagne et ensuite, sur une plus petite échelle, vers l'Autriche, l'Italie, les Pays-Bas, la Suède, la Finlande et le Royaume-Uni. Le cartel a commencé ses activités en 1990 et les a poursuivies jusqu'en 1996. Une descente de grande envergure dans différentes entreprises effectuée en 1995 a permis de saisir une masse d'éléments compromettants. Le mode opératoire était le suivant: lors d'une adjudication publique, le cartel désignait un de ses membres pour être le soumissionnaire le moins offrant. Les autres membres faisaient une offre plus élevée, et en conséquence le contrat revenait à l'entreprise que le groupe avait désignée en son sein. Le cartel était dirigé par les plus hauts responsables des entreprises participantes. Ils s'appelaient entre eux les «éléphants». Ces éléphants déterminaient les quotas auxquels pouvait prétendre chaque entreprise du cartel, tout comme ils fixaient aussi les prix. Ils essayaient même de contrecarrer les innovations technologiques en manipulant les normes techniques. Une canalisation meilleur marché fabriquée selon de nouveaux procédés technologiques fut exclue du marché car elle représentait une trop grande menace pour les produits existants.

En 1995, l'entreprise suédoise Powerpipe attira notre attention sur l'existence du cartel. Powerpipe avait reçu des menaces: l'entreprise devait se limiter au marché domestique, à savoir la Suède. Elle se verrait alors attribuer un quota garanti par le cartel. Toutefois, l'entreprise refusa la proposition. En conséquence, chaque fois que Powerpipe soumettait une offre, il se trouvait un membre du cartel pour proposer un prix moins élevé. L'entreprise Powerpipe fut coupée de ses fournisseurs dans le but évident de provoquer sa faillite. Or, il se fait que l'Allemagne représente le plus grand marché national de canalisations de chauffage urbain. Chaque année, quelque 1500 adjudications publiques y sont ouvertes dans ce secteur. Les directeurs des ventes du cartel se réunissaient toutes les deux à trois semaines afin d'examiner les nouveaux appels d'offres et de déterminer à quel membre du cartel irait telle ou telle commande. Un système de détecteurs et un programme informatique spécialement conçu pour analyser toutes les offres dissuadaient efficacement les autres membres du cartel de soumettre des offres moins élevées par des voies détournées. Une entreprise officia même en tant qu'arbitre pour éviter qu'un membre du groupe ne quitte le droit chemin. Powerpipe ne se contenta pas de résister aux pressions exercées pour rejoindre le club; elle s'attira les foudres du cartel en introduisant systématiquement une offre inférieure à celle du «favori», ce qui permit à cette entreprise suédoise de s'assurer un certain nombre de grands contrats en Allemagne. L'exemple le plus connu est celui du projet Leipzig-Lippendorf, une commande d'une telle importance qu'aucun membre du cartel ne pouvait l'exécuter seul. Un consortium composé des trois producteurs allemands – dont faisait aussi partie ABB avec sa filiale allemande – fut créé en secret pour remporter l'adjudication. Lorsque la décision d'accorder le contrat à Powerpipe fut annoncée en mars 1995, le cartel se réunit dans un hôtel de Luxembourg et décréta le boycott immédiat de Powerpipe. Une note secrète relative à cette réunion stipule: «Aucun de nos sous-traitants n'est autorisé à travailler pour Powerpipe. En cas de non respect, nous mettrons fin à toute collaboration. Nous continuerons à œuvrer pour empêcher l'approvisionnement de Powerpipe en matières premières, notamment le plastic». En juin 1995, les fonctionnaires de la Commission firent une descente-surprise dans toutes les entreprises du cartel. Ils trouvèrent suffisamment d'éléments à charge pour démontrer qu'il existait bel et bien un cartel. Celui-ci n'en poursuivit pas moins ses activités comme si de rien n'était. L'enquête de la Commission eut pour seul résultat concret que le cartel se réunit désormais à Zurich… et pour que les déplacements ne laissent aucune trace, ils s'effectuaient par avion privé.

Ce petit jeu se poursuivit pendant neuf mois. Le cartel dut mettre fin à ses activités lorsque la Commission produisit les preuves qu'elle avait accumulées contre lui et lui demanda de s'expliquer. À l'exception d'ABB, tous les autres contrevenants étaient des entreprises qui ne fabriquaient qu'un seul produit: les canalisations isolées de chauffage urbain. ABB essaya de faire présenter sa participation au cartel comme une démarche parfaitement atypique d'une petite filiale danoise qui n'en fait qu'à sa tête. Toutefois, les preuves saisies prouvaient que le cartel avait été mis en place et dirigé depuis les sphères dirigeantes du groupe ABB. Lorsque ABB et les autres entreprises du cartel eurent vent du fait que la Commission envisageait d'adopter une nouvelle stratégie prévoyant que les entreprises coopérant à l'enquête seraient frappées d'amendes moins lourdes, elles changèrent leur fusil d'épaule. Les avocats représentant les entreprises prirent contact avec la Commission et lui signalèrent qu'elles étaient disposées à parler. C'est ainsi que la Commission obtint de nouvelles preuves. ABB jouissait jusqu'alors d'une excellente réputation sur le plan de l'éthique des affaires. La découverte du cartel porta un coup rude à cette image de marque, d'autant plus que le dirigeant du cartel appartenait aux plus hautes sphères d'ABB. Pour éviter que sa réputation ne soit davantage ternie, l'entreprise mit tout en œuvre pour échapper à une amende. J'ai rencontré à quelques reprises Lindhal, le nouveau dirigeant d'ABB, qui plaida en faveur d'un règlement à l'amiable. Il tenait lui aussi le même discours: la direction du groupe n'était pas au courant de l'existence du cartel à l'époque et le dirigeant du cartel en cause avait agi contre la politique de la maison. En bref, il s'agissait d'un «accident de parcours» en contradiction flagrante avec la philosophie de l'entreprise. J'insistai spécialement sur le fait que ce qui s'était passé dans l'entreprise relevait de la responsabilité de l'ensemble de la direction, et qu'ABB ne pouvait nier que Wagner, le dirigeant du cartel, appartenait aux plus hautes sphères du groupe. Quoi qu'il en soit, des faits inadmissibles avaient eu lieu et l'entreprise admettait la situation. Il ne pouvait être question d'envisager une remise d'amende. L'amende serait d'ailleurs extrêmement élevée en l'occurrence, même en tenant compte de la collaboration d'ABB. Lorsque l'entreprise comprit qu'elle ne pourrait échapper à l'amende, elle eut recours à d'autres moyens. C'est ainsi qu'elle fit appel à un ancien fonctionnaire de la Commission devenu lobbyiste pour essayer de limiter les dégâts. L'homme fit preuve d'un grand dynamisme: les cabinets de mes collègues devinrent la cible de son activité. Comme c'est la Commission à titre collégial qui impose les amendes et non le commissaire chargé de la concurrence, il essaya d'influencer les autres commissaires pour qu'ils s'opposent à ma proposition d'amende. Mais nous avons assez vite découvert son manège. La plupart des commissaires se transmettent rapidement ce genre d'informations: lorsqu'ils ont le sentiment que quelque chose se trame derrière le dos d'un collègue, ils l'avertissent sans tarder. Sur ce point régnait une assez grande loyauté entre nous.

Lorsqu'arriva le moment de prendre une décision sur l'amende, le lobbyiste fit un ultime effort pour en limiter l'ampleur. Il fit parvenir aux cabinets de mes collègues des documents contestant des faits qu'ABB avait reconnus précédemment. Une des règles veut qu'une diminution de l'amende puisse être envisagée pour autant que le coupable reconnaisse les faits. Telle était bien la situation que nous connaissions, et nous pouvions donc consentir une telle réduction. À la toute dernière minute, le lobbyiste nia à nouveau certains éléments. Dans de telles circonstances, pouvions-nous encore envisager cette réduction d'amende? C'est à juste titre que la plupart des collègues ont estimé que c'était impossible. La Commission a dès lors décidé de relever de 10 millions d'euros l'amende proposée initialement pour formation de cartel par ABB. Il s'agit d'un cas d'école d'une action de lobbying qui produit l'effet inverse à celui attendu. Il prouve aussi que la plupart des commissaires ne sont pas dupes de ces pratiques, ce qui en soi finit par renforcer la position du commissaire chargé de la concurrence.

Pas de concurrence dure comme l'acier!

Les représentants de six grands groupes métallurgiques européens parmi lesquels Krupp Thyssen Nirosta (Allemagne), Acerinox (Espagne), Acciai Speciali Terni (Italie) et Usinor (France) se réunirent à Madrid le 16 décembre 1993. Ce sont en fait les départements «acier inoxydable» de ces entreprises qui se rencontrèrent dans la capitale espagnole. La réunion avait un objectif précis: convenir de relever le prix de la tôle d'acier inoxydable dans la plupart des pays européens (à l'exception de l'Espagne et du Portugal) à partir du 1er février 1994.

Il s'ensuivit le quasi doublement du prix de ces produits l'année suivante. Mais nos briseurs de cartels veillaient et lancèrent une enquête qui fut couronnée de succès. L'amende totale frôla les 30 millions d'euros. Tout comme dans le cas des canalisations de chauffage urbain, il s'agissait ici d'accords sur le prix d'un produit spécifique. Les entreprises métallurgiques se faisaient concurrence pour leurs autres produits. Du moins l'espérons-nous...

Une autre affaire de cartel célèbre se situe au Royaume-Uni et remonte aux années 1980. Il existait des indices sérieux que les deux plus grands producteurs de sucre britanniques, British Sugar et Tate & Lyle, avaient conclu des accords sur le prix du sucre, tant pour l'industrie de la transformation que pour le commerce de détail. Plus tard, les grossistes Napier Brown et James Budgett rejoignirent le groupe. Nous avions des preuves indiquant que les producteurs s'étaient réunis à diverses reprises en juin 1986. Le but était de s'entendre sur une politique commune de prix, s'agissant plus particulièrement des remises à accorder aux négociants en sucre. British Sugar avait pris l'initiative de ces entretiens et était donc le «ring leader». Avec Tate & Lyle et les deux grossistes, l'entreprise dominait 90 pour cent du marché britannique du sucre. Détail piquant: British Sugar avait soumis en octobre 1986 à la Commission un programme indiquant comment cette entreprise entendait respecter les règles communautaires. Les grandes entreprises ne craignent pas de se montrer quelque peu hypocrites. Après une enquête qui s'est avérée longue et difficile, British Sugar se vit imposer une amende de près de 40 millions d'euros en octobre 1998. Les autres membres du cartel s'en sortirent avec des amendes moins élevées.

Le cartel du carton

Pendant des années, une vingtaine de producteurs de carton ont réussi à gruger leurs clients et à duper les autorités en concluant des accords sur les prix et le partage de marchés. Le cartel a fonctionné de 1986 à 1991. Les pratiques illégales consistaient à geler des parts de marchés réciproques, à procéder sur le plan interne à des échanges sur les volumes de production, les commandes, les livraisons, l'utilisation des capacités, en ce compris les périodes d'arrêt des machines. Il existait également des accords manifestes sur les augmentations de prix qui intervenaient deux fois par an. Dix-neuf entreprises ont participé à ce cartel, parmi lesquelles Finnboard, un consortium de quatre entreprises finlandaises. Il comprenait en outre des producteurs de carton et de papier de Norvège, de Suède, d'Allemagne, des Pays-Bas, d'Angleterre et de France. Il s'agissait tant de grandes entreprises forestières intégrées scandinaves, comme Stora et Modo de Suède, que de producteurs de papier de moindre envergure.

Le cartel a été mis au jour à la suite d'une plainte introduite par des utilisateurs. Il leur semblait que des augmentations de prix intervenaient en série simultanément sur les différents marchés du carton. Des associations professionnelles d'utilisateurs de carton, respectivement française et britannique, ont introduit une plainte. En avril 1991, les fonctionnaires de la Commission ont perquisitionné à l'improviste dans seize entreprises. Cette visite non seulement livra une montagne de preuves utilisables, mais mit aussi en lumière une structure complète qui pouvait servir d'exemple au fonctionnement de la plupart des cartels.

La couverture de ces pratiques illégales était une organisation commerciale des plus respectables, la Product Group Paperboard, dont faisaient partie pratiquement tous les fournisseurs de carton d'Europe occidentale. Dès sa fondation en 1981, la Product Group Paperboard avait tenté de réguler le marché mais elle n'y parvint qu'en 1986, après une réorganisation.

Il n'existait aucune preuve écrite de la tenue de ces réunions: ni invitation, ni procès-verbal, absolument rien. Il était expressément interdit aux participants de consigner quoi que ce soit par écrit. Mais comme il s'agissait d'une matière des plus complexes, nous avons trouvé dans les entreprises des mémos qui étaient tombés entre les mailles du filet et qui prouvaient l'existence d'un cartel.

C'est en 1986 que furent créés les organes chargés de diriger le cartel: le President Working Group (PWG) qui préparait les réunions du President Committee, ainsi qu'un organe exécutif, le Joint Marketing Committee (JMC), responsable de l'analyse des marchés et de l'exécution des décisions prises par le PWG. Le JMC devait surtout contrôler les volumes de production et de vente et veiller à la bonne application des augmentations de prix. Ce JMC se composait des directeurs du marketing et des ventes de toutes les entreprises affiliées. Dans le PWG par contre siégeaient les plus hauts responsables des plus grandes entreprises du cartel. Ce groupe établissait les lignes de force du cartel. Cet élément est important pour établir les responsabilités.

Ce fut finalement l'entreprise forestière suédoise Stora qui nous livra les informations qui allaient porter le coup de grâce à l'ensemble de la structure. Stora admit devant la Commission qu'un certain nombre d'entreprises s'étaient rendues coupables de violations des dispositions du traité interdisant les accords sur les prix et sur les parts de marché. Peu de temps auparavant, Stora avait repris le producteur allemand Feldmuehle qui était un « ring leader » du cartel. Voilà comment tout le schéma fut mis au jour. Grâce aux informations de Stora, nous pûmes établir une liste précise des accusations et lancer la procédure d'infraction en 1992. Un certain nombre d'entreprises ont admis les faits. Enfin, le montant total des amendes s'éleva à 130 millions d'euros.

Accords dans l'Euroland

Dans les années qui ont précédé l'introduction de l'euro, la Commission a toujours insisté sur les avantages de la nouvelle monnaie unique, comme la disparition des risques et frais liés au change. Traditionnellement, les banques portaient en compte des frais de change des devises, ce qui se traduisait par des différences dans les prix d'achat et de vente de celles-ci. Ces écarts recouvraient des frais variés, parmi lesquels le risque de change car le banquier avait en caisse différentes monnaies dont le cours pouvait fluctuer, ne fût-ce que légèrement. L'euro a fait disparaître ce dernier risque pour les devises de la zone euro. Toutefois, des frais restent liés au change des billets et pièces nationales aussi longtemps que l'euro ne sera pas mis en circulation. Il est logique de rétribuer ce service. Cependant, le prix à payer doit être moindre que par le passé, lorsqu'existait encore le risque de change pour les devises européennes.

Certains indices permettent de penser que dans quelques pays, les banques se sont concertées pour fixer les prix des opérations de change. Dans certains pays comme la Belgique, l'Autriche, le Portugal et les Pays-Bas, les banques centrales nationales ont été associées à la concertation. Il est notoire que des accords relatifs à la tarification des frais de change ont été conclus par ces banques centrales. Les 16 et 17 février 1999, les fonctionnaires du service des cartels ont donc effectué des inspections dans huit banques en Allemagne, en Italie, en France et en Espagne. En outre, des demandes d'explication ont été envoyées à deux fédérations bancaires européennes et à quatorze fédérations nationales dans onze pays de la zone euro.

Enfin, la Commission a fait parvenir en juillet 2000 une notification de griefs à 120 banques et fédérations bancaires de quatre pays de l'Union: la Belgique, le Portugal, la Finlande et l'Irlande. Ce courrier portait à chaque fois sur les accords de prix conclus en relation avec la conversion des devises nationales de la zone euro. La notification de griefs constitue la dernière étape avant la prise de sanctions.

Le Club lombard autrichien

Le monde bancaire autrichien est un cercle restreint réunissant des gens distingués qui ne cherchent qu'à bien s'entendre. Ils se rencontrent régulièrement, non seulement dans les salons et la bonne société viennoise, mais également à des reunions d'affaires en vue de coordonner leurs décisions stratégiques comme le relèvement ou l'abaissement des taux d'intérêt des banques. Il existe en la matière unc longue tradition en Autriche. Plus fort encore: jusque dans les années 1980, la loi réglait ce genre de situations. Par ailleurs, l'Autriche ne fait pas figure d'exception en ce domaine. Il existait dans bon nombre de pays européens des cartels bancaires autorisés à l'époque par les gouvernements, qui élaboraient conjointement leurs décisions stratégiques. Depuis lors, une réglementation européenne y a mis fin, et l'adhésion de l'Autriche à l'espace économique européen en 1994 a imposé à ce pays la disparition des derniers vestiges du cartel bancaire.

Du moins officiellement. En effet, le cartel a poursuivi clandestinement ses activités pendant pas mal de temps encore. Ses membres étaient conscients du carractère illégal de leur action, car ils ont tenté, sans grand succès, de détruire toutes les preuves comme les comptes rendus de leurs réunions. Les accords visaient à ce que les taux de crédit et de débit des banques ne soient pas établis de manière autonome et en toute indépendance. Des négociations avaient lieu à ce sujet avec les «concurrents». Le point de départ d'une telle action concertée était souvent la modification par la Banque nationale d'Autriche de ses taux d'intérêt directeurs. Une baisse de ces taux directeurs amenait le cartel des banques à faire baisser immédiatement le taux de débit, à savoir le taux que les épargnants reçoivent pour leur épargne, en n'abaissant que partiellement, voire pas du tout le taux de crédit (sur l'argent prêté). Cette adaptation asymétrique des taux entraînait des bénéfices supplémentaires pour les banques et des pertes correspondantes pour le consommateur.

En avril 1997, un membre du conseil d'administration de l'une des banques du cartel se suicida. Il avait envoyé aux instances judiciaires et aux partis de l'opposition une lettre d'adieu à laquelle il avait joint un certain nombre de preuves. Un document portant la mention manuscrite «Lombard 8.5.» énumérait une série de mesures visant à améliorer le rendement des banques. Il s'agissait manifestement de l'ordre du jour ou du compte rendu d'une réunion tenue en mai 1996. C'était un document du Club Lombard, nom que s'était donné le cartel des banques autrichiennes. Mes services reçurent ce document un mois après le suicide. Comme les soupçons portaient sur des accords de distorsion de concurrence, mes services entamèrent une enquête préalable. Un mois plus tard, le FPÖ de Jörg Haider introduisait de son côté auprès de la Commission une plainte contre huit banques autrichiennes. Le FPÖ estimait que ces banques s'étaient rendues coupables d'accords entraînant des distorsions de concurrence. Ces révélations avaient bénéficié d'une grande publicité. Nous nous sommes posé la question de l'opportunité d'une enquête auprès des banques. On pouvait raisonnablement supposer que toutes les preuves avaient été détruites entre-temps. Il fallait également éviter d'être mêlé à des querelles politiques internes. Imaginez qu'après la plainte de Haider, j'aie ordonné une descente et que les briseurs de cartels soient revenus les mains vides. Par ailleurs, nous avons également le devoir de vérifier avec sérieux une plainte, d'où qu'elle vienne. Il fut convenu avec mes collaborateurs de laisser agir le temps, ce qui nous donnait la possibilité de vérifier discrètement si le Club Lombard ne poursuivait pas ses activités sous d'autres formes. Le club penserait peut-être que le danger était écarté après quelque temps. Nous avions eu la bonne intuition. Lorsque je fus raisonnablement certain qu'une descente-surprise pouvait donner certains résultats, je donnai le signal du déclenchement de l'opération. En juin 1998, des fonctionnaires de la Commission se présentèrent à l'improviste dans quelques-unes des plus grandes banques autrichiennes en vue de trouver les preuves de ces accords entraînant des distorsions de concurrence. Mes agents étaient accompagnés de fins limiers du ministère autrichien des Affaires économiques. Nous tenions une primeur pour l'opinion publique: le jour même de la descente, nous dévoilions la situation par le biais d'une communication dans la salle de presse de la Commission à Bruxelles. J'étais soulagé: la prise était bonne. La visite permit de rassembler des preuves écrites comme des listes de participants, des rapports de discussions, etc. Comme il convient dans une telle procédure, nous avons demandé des compléments d'informations aux banques nommées; après concertation, les plus importantes d'entre elles se sont montrées disposées à collaborer avec la Commission. Enfin, les chefs d'accusation furent communiqués aux huit banques en infraction. Mes collaborateurs et moi-même avons mis un point d'honneur à préparer le dossier pendant que j'étais encore en fonction de sorte que mon successeur Monti puisse alors lancer la dernière phase. Sa connaissance approfondie du secteur bancaire garantit que le dossier sera traité avec objectivité, rigueur et sans faiblesse.

Il y a encore du pain sur la planche

En ces temps de mondialisation et de concentrations d'entreprises, la lutte contre les cartels est une activité à part entière. Je suis toujours étonné par le nombre de cartels qui existent dans l'UE ou ailleurs. Certains d'entre eux fonctionnent sur le plan mondial. Le secteur diamantaire en est un exemple typique. L'accroissement de la concurrence du fait de l'existence du marché intérieur de l'UEM et de la mondialisation pousse certaines entreprises à en diminuer la pression en concluant des accords ou des cartels. Dans un certain sens, il est paradoxal de constater qu'une libéralisation accrue et l'élargissement de la concurrence favorisent la formation de cartels. Lutter contre de telles pratiques reste toujours difficile. Ainsi, il y a un manque chronique de personnel à la Direction générale Concurrence de la Commission. C'est un miracle que d'avoir déjà réussi à déceler tant de cartels et à imposer autant d'amendes. Si les gouvernements prennent la lutte contre les cartels au sérieux, il est indispensable que la Commission voie ses compétences élargies. Mais cela ne suffit pas car les instruments dont dispose la Commission ne sont pas assez performants. À mon avis, il faut que les services de la concurrence puissent procéder à des interrogatoires, comme aux États-Unis par exemple. En outre, la lutte contre les cartels serait bien plus efficace si les autorités compétentes en matière de concurrence des deux côtés de l'océan pouvaient échanger des informations confidentielles. Cette possibilité exige l'élargissement de l'accord actuel avec les États-Unis. Pour ce faire, la Commission a besoin d'un mandat du Conseil. Certains États membres renâclent car ils sont soumis à de fortes pressions des milieux économiques qui ne voient pas d'un bon œil un renforcement des contrôles. Il ne faut donc s'attendre à rien de nouveau dans un proche avenir. Cependent, les autorités compétentes en matière de concurrence verraient ainsi se renforcer leur arsenal de lutte contre les cartels. La mondialisation s'intensifiant, il est indispensable de pouvoir s'attaquer aux cartels sur le plan mondial, ce qui n'est guère possible actuellement. Les cartels de l'exportation ou encore les accords mondiaux sur les prix ou le partage des marchés glissent entre les mailles du filet s'ils concernent plusieurs continents. Je ne prône pas pour autant l'adoption en Europe du système américain qui place les dirigeants d'entreprises derrière les barreaux s'ils ont commis une infraction aux lois antitrust. Outre un meilleur échange d'informations, il doit être possible de relever le montant des amendes. Celles-ci doivent atteindre un niveau suffisamment élevé pour dissuader les entreprises de se lancer dans l'aventure du cartel. Telle est la tendance qui se fait jour aux États-Unis comme en Europe.

Dans un monde qui se rétrécit, il faut lutter avec une efficacité redoublée contre les comportements qui vont à l'encontre du marché et portent préjudice tant aux autres entreprises qu'aux consommateurs. Voilà une question qu'il serait bon d'aborder dans les futures négociations qui se tiendront dans le cadre de l'Organisation mondiale du commerce.

Chapitre X
APPRENDRE À VIVRE ENSEMBLE

Une photo émouvante de Willy Brandt à la porte de Brandebourg, quelques jours après la Chute du mur de Berlin, est bien en vue dans mon bureau. Hans-Jochen Vogel, son successeur à la présidence du SPD, me l'a offerte. C'est l'image quasi biblique du vieux social-démocrate allemand, prise lors d'une courte pause pendant un discours adressé à une foule qui l'écoutait avec une attention presque religieuse. Son visage, marqué par les stigmates de l'âge et une vie intense, reflète le caractère dramatique du moment.

Qu'il assisterait un jour à la Chute du mur, Brandt l'avait longtemps tenu pour impossible. Que tout irait si vite lui eût semblé encore plus impensable. Toutefois le 9 novembre 89, ce moment était arrivé. Une petite phrase prononcée par quelques caciques de la RDA à la fin d'une conférence de presse a suffi pour que le mur tombe pour les Allemands de l'Est qui souhaitaient se rendre à l'Ouest. Personne ne niera que le 9 novembre 89 est une des dates clefs de l'histoire de l'Europe de l'après-guerre.

Le lendemain, le 10 novembre 89, la Commission était en réunion. Le président Delors avait coutume d'organiser à intervalles réguliers des séminaires au sein de la Commission, sur un ou plusieurs thèmes. Quant à nous, les commissaires, nous éprouvions des difficultés à nous concentrer sur les sujets que nous nous étions proposé de débattre. Nos pensées étaient à Berlin. Nous savions que des choses cruciales se passaient là-bas sans pour autant pouvoir en mesurer les conséquences. Beaucoup de questions restaient sans réponse. L'Union soviétique resterait-elle muette devant ces événements? L'armée ne réagirait-elle pas? Je ne cacherai pas qu'en voyant certaines images à la télévision, j'en avais les larmes aux yeux. J'avais appelé au téléphone quelques amis en Allemagne pour vivre ce moment capital avec eux.

Nos confrères allemands à la Commission, Martin Bangemann et Peter Schmidthuber, ne participèrent pour ainsi dire pas à la réunion. Ils suivaient les événements devant leur écran de télévision dans leur bureau. De temps à autre, ils apparaissaient un instant à la réunion. Ils étaient, eux aussi, au bord des larmes. Nos débats ne pouvaient évidemment pas passer sous silence cette actualité. Nous étions pleinement conscients que le moment était historique. Quelques-uns, dont moi-même, se hasardaient prudemment à faire quelques suppositions quant aux conséquences possibles de cette révolution pacifique. Nous étions d'avis qu'à présent la réunification allemande pourrait être inscrite à l'ordre du jour plus vite que prévu.

Que se passerait-il si non seulement le mur de Berlin, mais également le Rideau de fer devaient disparaître définitivement? Il était encore trop tôt pour tirer des conclusions. Toutefois Delors estimait que la Commission devait suivre l'évolution de près. Qui plus est, il affirmait que la Commission devait en quelque sorte prendre part aux événements et exercer une influence positive. Ce n'était pas la première fois que – avant la plupart de ses compatriotes (y compris Mitterrand) – Delors avait compris les signes du temps. En ce moment historique, la Commission ne pouvait pas rester à l'écart.

Les prémonitions de Willy Brandt

Delors était en quelque sorte préparé aux événements. Avant la lame de fond du 9 novembre 89, l'avis de tous les observateurs, y compris celui de Delors, était que la réunification allemande ne se réaliserait que dans un avenir très lointain, peut-être au cours du vingt-et-unième siècle. Delors avait commencé à revoir son opinion après une intéressante conférence au sommet des dirigeants sociaux-démocrates, les 2 et 3 novembre 89 à Milan, quelques jours avant la Chute du mur de Berlin. À cette conférence prenaient part les chefs de gouvernements sociaux-démocrates et les dirigeants de parti; Delors et moi-même y étions également invités. Au cours de cette réunion furent échangés des propos concernant, entre autres, les événements en Europe centrale, plus particulièrement en Pologne et en Hongrie. Willy Brandt y affirma au cours d'une intervention brève mais très dense qu'il fallait dans un avenir proche s'attendre à des évolutions historiques en Allemagne et en Europe.

La situation géopolitique de l'après-guerre, caractérisée par la Guerre froide, le mur de Berlin et le Rideau de fer, était en train de changer fondamentalement. En rappelant que de nombreux citoyens de la RDA tentaient de se rendre à l'Ouest par la Hongrie, Brandt fit remarquer que le Rideau de fer était de moins en moins étanche. D'après lui, il y aurait des suites en RDA. Le mur de Berlin vacillait et les autorités de la RDA étaient acculées à faire preuve de plus de souplesse, d'autant plus qu'à cette époque l'appui de Moscou n'était plus inconditionnel. Il était impensable qu'on transforme la RDA en un immense camp de concentration, au cas où un nouveau vent de liberté et de démocratie soufflerait dans les autres pays d'Europe centrale et orientale.

D'après Brandt, en ce 2 novembre 89, la question de la réunification allemande serait d'actualité plus vite que l'on n'aurait jamais osé le supposer. «Il y a peu de temps encore je m'étais résigné à ne plus être témoin de la réunification allemande. Aujourd'hui, j'ai le sentiment que ce n'est plus exclu.»

J'étais assis aux côtés de Delors et j'ai observé que ce discours l'avait marqué. Les autres participants étaient également impressionnés. L'opinion communément admise que l'unification allemande était une éventualité lointaine apparut sous un jour totalement nouveau à Milan.

Il était manifeste que les sentiments de Delors face à cette nouvelle donne étaient mitigés. Une éventuelle réunification allemande ne risquerait-elle pas de mettre en péril les fondements mêmes de l'unification européenne? L'engagement sincère de l'Allemagne dans une solide édification européenne avait été un des principaux moteurs de l'unification de l'Europe de l'Ouest. Une Allemagne réunifiée, comptant plus de quatre-vingts millions d'habitants, ne risquerait-elle pas de faire renaître chez ses voisins la crainte d'une domination allemande? Toutes ces questions préoccupaient Delors. Or, à nouveau allait apparaître sa capacité d'adaptation rapide à une situation fondamentalement nouvelle. Contrairement à certains, parmi lesquels il faut compter – au début – le président Mitterrand, son intention n'était pas de remonter le courant de l'histoire. En effet, en peu de temps, il eut l'intuition des possibilités que cette nouvelle situation géopolitique pouvait offrir à la réunification européenne. Après la réunion de Milan et surtout après la Chute du mur, Delors conclut rapidement que la position de la Commission face à une possible réunification devait être très positive. Il est fort probable que ses contacts étroits avec le chancelier Kohl et Felipe González ont conforté son opinion.

Toutefois, Delors partait du principe que la condition du soutien et de la solidarité envers la réunification allemande était que l'Allemagne s'engage concrètement et indissolublement vis-à-vis de la Communauté européenne. Cette idée devint un slogan: «Une Allemagne européenne, mais pas une Europe allemande.»

Les 14 et 15 novembre, quelques jours après la chute du mur de Berlin, Willy Brandt se rendit à Bruxelles à mon invitation. Il s'agissait d'une visite prévue de longue date; les événements de la semaine précédant cette visite en modifièrent évidemment le caractère. Le roi Baudouin souhaitait recevoir Willy Brandt en audience. Il eut également un long entretien avec Delors. Peu après, Brandt me fit cette confidence: «Glücklich ist Jacques da (Heureusement Jacques est là). Il est pleinement conscient de l'importance fondamentale des événements en cours pour l'Allemagne et pour l'Europe.» Initialement, une réception avait été prévue par le comité local du SPD à Bruxelles. La réunion prit beaucoup plus d'ampleur. Dans une salle bondée, le public était à l'écoute d'un Brandt sublime. Au pied levé, avec son style calme habituel, en toute simplicité, il tenait à nous faire part de sa joie après la disparition du mur.

C'était ce même Brandt qui en tant que maire de Berlin avait dû subir la rage au cœur l'édification du mur.

«Longtemps nous avons dû subir l'inacceptable. Longtemps ma génération a cru devoir s'éteindre avant que cette situation dramatique n'ait changé. Des plaies historiques peuvent enfin être guéries. À présent, ce qui appartient à un même ensemble peut à nouveau s'unir peu à peu. Les villes de Varsovie, Prague, Budapest, Sofia et Bucarest ne sont pas moins européennes que Berlin, Rome, Paris, Madrid ou Londres. Les événements présents n'offrent pas seulement des perspectives pour la réunification de l'Allemagne, ils doivent également mener à la fin de la partition artificielle de l'Europe.»

Avec insistance, il demandait à ses compatriotes de rester fidèles aux idéaux et buts européens. «Deutschland soll identisch sein mit europäischer Treue.»

D'après Brandt, faire cohabiter les démocraties, États et peuples de l'Ouest et de l'Est sous un toit commun, était et demeurait la seule véritable politique de paix.

Peu après la Chute du mur berlinois, le président Delors, au cours d'une allocution, fit preuve de façon frappante de beaucoup de compréhension envers la problématique allemande.

Cette attitude n'était pas approuvée par tous. À Paris, d'aucuns sourcillaient. À Londres, on secouait la tête en signe de désapprobation. En revanche, le chancelier Kohl se montrait très reconnaissant envers Delors. Lors de la grande cérémonie de réunification, en novembre 90, Delors était un des principaux invités d'honneur.

La Commission et les nouveaux Länder

Après la Chute du mur de Berlin, il y eut un enchaînement rapide d'événements. Les régimes communistes disparaissaient les uns après les autres. Le pacte de Varsovie implosa et l'Union soviétique se disloqua.

À Bruxelles, très vite, on se rendit compte qu'il fallait faire un effort pour accueillir l'Allemagne de l'Est dans la Communauté européenne. Au début, il y avait encore des contacts avec le gouvernement de la RDA. Je me souviens de discussions à Berlin, au début de l'année 1990, avec le ministre des Transports de la RDA dans un de ces bâtiments de l'État, grisâtres et déprimants. À ce moment-là, je compris que la RDA se dissipait en fumée. L'unification se réaliserait par la création et l'intégration dans la République fédérale de cinq nouveaux Länder. À la Commission, il y avait une large ouverture d'esprit face aux événements. Delors voulait que la Communauté exprime clairement sa solidarité envers les nouveaux Länder. De jour en jour, leur volonté de s'adapter à l'Ouest était de plus en plus évidente. Pour le président de la Commission, il allait de soi que l'Allemagne puisse également à ce stade compter sur la solidarité des autres États membres. Le chancelier Kohl, pour sa part, n'était pas gagné à cette idée. Sa conviction était que l'effort soutenu des Allemands eux-mêmes, pendant quelques années, suffirait pour transformer les nouveaux Länder en «paysages florissants». On pouvait par ailleurs employer les moyens existants des fonds structurels européens, prévus pour d'autres régions structurellement faibles ou «en restructuration».

L'opinion généralement répandue était qu'il suffirait de quelques années pour faire de la réunification un succès éclatant. Le président du SPD Hans-Jochen Vogel me dit un jour: «Tout se passera très bien très vite. Somme toute, les Allemands de l'Est sont également des Allemands.» Au début, j'avais tendance à partager cet optimisme. Toutefois, au fur et à mesure que je me plongeais dans les dossiers et que je me familiarisais avec la réalité est-allemande (production non compétitive, basse productivité, manque d'esprit d'entreprise, différences de mentalité), il me semblait souhaitable de prévoir une période de transition pour les nouveaux Länder. Dans le domaine du transport, qui à l'époque ressortait de ma compétence, je conseillais avec insistance à mes interlocuteurs allemands de demander eux-mêmes des mesures de transition. D'autres collègues étaient prêts à adopter une attitude similaire. La confiance en une modernisation rapide et en une adaptation complète de l'Est à l'Ouest demeurait cependant intacte. À notre grande surprise, le gouvernement allemand ne demandait des exceptions que dans un nombre restreint de domaines, par exemple les chantiers navals.

À Bonn, on faisait l'éloge de la Commission pour sa collaboration rapide et efficace. Du point de vue administratif, la Commission fit en effet un beau travail. Sous la direction compétente du secrétaire général adjoint de la Commission à l'époque, le Néerlandais Carlo Trojan, une équipe spécialement chargée de la question allemande est venue à bout de toutes les difficultés d'ordre bureaucratique en un temps record.

Après l'euphorie: la réalité

Lorsque Delors me confia, au début de l'année '93, le portefeuille envié de la Concurrence, la réalité est-allemande devint une préoccupation presque journalière. L'enthousiasme initial s'était refroidi. Malgré un apport financier massif, les «paysages florissants» semblaient des chimères. Les «Ossis» (Allemands de l'Est) et les «Wessis» (Allemands de l'Ouest) se querellaient de plus en plus. Le mur avait disparu, mais force était de constater que les différences de mentalité étaient énormes. La transformation d'une économie planifiée en une économie de marché s'avérait très difficile. Peu de gens avaient prévu un tel degré de difficulté. Les grands combinats disparaissaient rapidement. Par des aides publiques massives, on tentait de sauver certaines activités économiques. Mais malgré ces aides énormes, dans des combinats où auparavant il y avait vingt mille postes de travail, on avait du mal à en sauvegarder quelques milliers. Et comme le coût des facteurs de production à l'Est se rapprochait de près de celui de l'Ouest, la destruction de l'emploi prenait des proportions hallucinantes. De plus, les courants commerciaux entre l'ex-RDA et l'ancien bloc soviétique s'étaient effondrés.

Le principal instrument que le gouvernement allemand créa pour mener à bien cette tâche exceptionnelle était la Treuhandanstalt. Cette nouvelle institution publique, créée par la loi du 1er juillet 1990, avait pour mission de privatiser les 8 500 Volkseigene Betriebe (VEB). À l'époque de la RDA, ces combinats étaient des ensembles d'entreprises d'un secteur industriel particulier, qui en plus de leur tâche de produire des biens avaient également des tâches sociales, par exemple l'accueil d'enfants. Ces combinats représentaient à peu près 45 000 entreprises avec 4 millions de travailleurs. La grande majorité de la population est-allemande était au service de ces combinats. Ces mastodontes furent divisés en de plus petites entités. De la sorte, 11 500 entreprises furent, si l'on peut dire, taillées sur mesure, afin de pouvoir être vendues au secteur privé. Quatre mille autres entreprises étaient condamnées à la fermeture, parce qu'elles ne pourraient pas survivre dans une économie de marché.

Cette situation confrontait la politique européenne de concurrence à un défi sans pareil. La Treuhandanstalt, qui en '95 fut remplacée successivement par la BVS (Bundesanstalt für vereinigungsbedingte Sonderaufgaben) et la BMGB (Beteiligungs-Management-Gesellschaft Berlin mbH), eut accès à des fonds énormes pour couvrir les frais de la restructuration des entreprises est-allemandes, avant de les proposer à la vente. Le contrôle de cette aide d'État constituait une tâche considérable pour la Commission européenne, non seulement en raison du grand nombre d'entreprises qui attendaient la privatisation, mais également parce que le gouvernement allemand voulait que l'affaire soit réglée le plus rapidement possible. Il fallait vendre ces entreprises au plus vite, pour les adapter au jeu du marché. Pour la Commission, l'exercice n'était pas sans risques. D'une part, elle devait apporter son aide pour que la transition d'une économie d'État centralisée vers un système de marché libre se passe dans les meilleures conditions. D'autre part, elle devait veiller à ce que les aides publiques qui en étaient le corollaire ne mènent pas à trop de distorsions de concurrence en Allemagne et ailleurs dans l'Union européenne.

Un contrôle

Les limites dans lesquelles l'aide d'État en faveur de l'opération de privatisation de la Treuhandanstalt était autorisée, avaient déjà été tracées du temps de mon prédécesseur Leon Brittan. Cet accord-cadre contenait entre autres des dispositions concernant l'annulation d'anciennes dettes des entreprises privatisables, ainsi que des emprunts et des garanties fournies par la Treuhand aux entreprises. Par ailleurs, les règles européennes en matière d'aides d'État ne seraient dans un premier temps applicables que dans les cas les plus importants.

Peu avant que je ne reprenne la tâche de Brittan, en novembre 92, les règles furent renforcées. On partait du principe que les privatisations qui n'avaient pas eu lieu lors de la «première vague» seraient plus difficiles à réaliser et qu'elles exigeraient davantage d'aides publiques. Dès lors, la Commission se devait de suivre ce genre de cas de plus près. Nous devions également être informés au cas où des entreprises ne seraient pas vendues au plus offrant.

Ces règles sont restées en vigueur jusqu'à la fin de l'année 94. Nombre de grands dossiers furent menés à bien par la Commission en vertu de ces dispositions. Il restait environ 150 cas problématiques à résoudre. J'ai pu obtenir de mes collègues que l'on prolonge d'un an ce régime souple et pragmatique. On exigea, toutefois, que les conditions pour l'octroi d'aides publiques dans les nouveaux Länder soient encore renforcées. Cependant c'est seulement à partir du premier janvier 96 que les dossiers des nouveaux Länder furent soumis aux mêmes règles que le reste de l'UE en matière de notification.

Rapidement, il apparut que nombre d'entreprises privatisées n'étaient pas en mesure de survivre dans un régime d'économie de marché. Ces entreprises s'adressaient une nouvelle fois à la BvS, le successeur de la Treuhand, pour recevoir des aides. Souvent, elles demandaient une renégociation de leur contrat de vente. Pas mal de privatisations échouèrent complètement; ces entreprises furent réintroduites dans le portefeuille de la BvS, afin d'être éventuellement remises en vente plus tard.

Ce n'était pas étonnant, si l'on tient compte de la vente massive d'entreprises d'État en peu de temps. Le danger de distorsions de concurrence n'était pas absent, étant donné que des subsides continuels accordés à des entreprises chroniquement non rentables risquaient de mettre en difficultés des concurrents «sains». Au début de l'année 96, vu le nombre de dossiers difficiles et sensibles toujours en examen, il a fallu créer une équipe de travail particulière. Ces cas furent examinés à la lumière des directives en matière d'aides publiques pour le «sauvetage» et la restructuration d'entreprises en difficulté. On fit preuve de créativité. Des privatisations manquées qui étaient de nouveau mises en vente, n'étaient pas considérées comme de nouvelles entreprises, mais comme des entreprises en restructuration.

Le rapport annuel de la Commission en matière d'aides publiques faisait apparaître que l'aide de la Treuhand avait atteint un sommet en 94. À ce moment, cette aide s'élevait à 26 pour cent (presque 11 milliards d'euros) de toute l'aide à des entreprises en difficulté dans l'UE. En 96, lorsque le régime particulier avait pris fin, ce chiffre s'élevait encore à 13 pour cent.

Après 1995, de nouveaux problèmes surgirent encore sans relâche. Malgré notre attitude accommodante, il était de plus en plus évident qu'un nombre non négligeable d'entreprises étaient maintenues en vie de façon totalement artificielle sans la moindre chance de rentabilité à court, moyen ou long terme. Un nombre élevé d'entreprises firent faillite. Devant un taux de chômage élevé, c'étaient surtout les gouvernements des nouveaux Länder qui tendaient chaque fois à accorder de nouvelles aides. La situation devenait conflictuelle en raison des plaintes de plus en plus fréquentes, émanant surtout de la partie occidentale de l'Allemagne, face à une concurrence ressentie comme malhonnête, issue de cet appui généreux de l'autorité publique.

Nous fûmes par conséquent obligés à partir de 1996 d'ouvrir une enquête formelle dans un nombre croissant de cas, lorsque nous avions des doutes fondés concernant l'utilité ou l'admissibilité d'une aide d'État prévue ou déjà octroyée. Cela eut notamment pour conséquence les décisions dites négatives rendant l'aide en question illégale. Trop souvent aussi, il apparut qu'on tentait de nous tromper. Une des façons de nous abuser était de ne pas nous notifier l'aide en question ou en partie seulement, bien qu'une notification complète et conforme à la vérité soit une obligation du traité CEE.

Dans la plupart des cas, les subsides gouvernementaux étaient alloués sans attendre l'aval obligatoire de la Commission. De plus, il fallait souvent attendre longtemps avant que l'on nous procure l'information nécessaire ou encore que des plans de restructuration dépassés arrivent enfin à Bruxelles.

Les raisons invoquées pour ces retards étaient habituellement les suivantes: organisation encore insuffisante des administrations, manque de connaissance et d'expérience concernant la législation européenne, voire diminution du personnel de la BvS. Ces raisons étaient parfois fondées. Parfois, il s'agissait de prétextes. Sans compter le fait que l'information nous parvenait avec retard, le traitement des dossiers prenait beaucoup de temps. Bonn et le Land concerné demandaient un laps de temps supplémentaire. C'était accordé en général. Notons toutefois qu'en plus du temps nécessaire pour que la Commission prenne une décision, ces retards étaient ensuite reprochés à Bruxelles par ceux-là mêmes qui les avaient provoqués. Une certaine mauvaise foi n'était parfois pas loin.

S'en suivaient une irritation croissante et des conflits de plus en plus nombreux. Pourtant, nous ne nous sommes jamais départis d'une position fondamentalement souple et accommodante envers les problèmes qui se posaient dans les nouveaux Länder. Il arrivait de temps à autre que des collègues ou des ministres m'en fassent le reproche. Il convient de remarquer que cette situation était unique et totalement exceptionnelle. Il fallait user de compréhension, de sympathie et d'un certain flair politique. Il arrivait cependant un moment où «vendre» cette politique ailleurs dans l'UE et même au sein de la Commission devenait de plus en plus difficile. Après les affaires Bremer-Vulkan, VW-Saxe et quelques autres cas de tentative de supercherie envers la Commission, nous avons dû adopter une position plus sévère. Quoi qu'il en soit, personne ne pourra jamais prétendre réellement que la Commission n'aurait pas fait preuve de suffisamment de compréhension et de créativité envers les nouveaux Länder.

Des pierres de touche

Un bon exemple de l'attitude accommodante de la Commission dans la restructuration industrielle des nouveaux Länder est l'usine sidérurgique Ekostahl à Eisenhüttenstadt. Cette enterprise, fleuron du régime RDA, pourrait-elle survivre dans une économie de marché? Au départ, l'usine comptait quelque 20 000 salariés. Quelques années après la Chute du mur, ce chiffre avait été réduit à quelques milliers. Mais malgré cette réduction dramatique, l'entreprise présentait une faiblesse structurelle; elle ne disposait pas de laminoir à chaud à larges bandes. Il y eut plusieurs tentatives de privatisation, mais les amateurs se désistèrent rapidement. Sans l'avouer publiquement, les entreprises sidérurgiques ouest-allemandes concurrentes espéraient la disparition d'Eisenhüttenstadt. À Bruxelles aussi, cette éventualité était discrètement avancée. Rappelons qu'à l'époque, l'Europe était à nouveau plongée dans une crise sidérurgique inquiétante due à une surcapacité dans le secteur. Les plans rédigés à la demande de Martin Bangemann, chargé de la politique industrielle, préconisaient une importante diminution de la production en différents endroits d'Europe.

Après la réunification, on s'était mis d'accord de réduire la capacité totale de production sur le territoire de l'ex-RDA de 462 000 tonnes par an. En échange, il était possible d'allouer de l'aide à l'investissement en faveur des entreprises du secteur du fer et de l'acier. Nous avons pris cet accord comme point de départ pour plaider une solution spécifique pour Ekostahl, comprenant l'installation d'un laminoir à chaud à larges bandes. Dans un premier temps, en échange de subventions publiques considérables (406 millions d'euros), l'entreprise sidérurgique italienne Riva était prête à relever le défi, mais rapidement elle renonça au projet. En fin de compte, ce fut l'entreprise sidérurgique belge Cockerill Sambre qui reprit Ekostahl.

La direction de Cockerill ne manquait pas de faire pression sur les autorités allemandes et sur la Commission pour obtenir une augmentation appréciable des subsides. Pour l'entreprise Ekostahl, la reprise belge représentait probablement la dernière chance de sauvetage. Ceci mettait le gouvernement allemand dans une position de faiblesse qui l'inclinait à se montrer plus généreux. Au grand dam du patron de Cockerill Sambre, Jean Gandois, la Commission, quant à elle, réduisit le montant à 474 millions d'euros.

Le fait que la Commission, sans céder au chantage, contribuait de façon décidée à une solution pour Ekostahl, ne fit toutefois pas l'unanimité. Certains gouvernements se montraient en effet réticents à l'installation d'un laminoir à chaud à larges bandes avec l'aide publique.

Dans le secteur de l'acier comme dans celui des chantiers navals, la Commission n'est pas seule à décider. Le Conseil des ministres a également voix au chapitre. Par conséquent, il nous incombait de convaincre les pays membres réticents que la simple conversion des infrastructures existantes n'était pas suffisante, mais qu'une modernisation de l'outil était bien nécessaire pour transformer Ekostahl en une entreprise viable.

Les pourparlers du Conseil étaient souvent laborieux. Certains gouvernements, notamment le gouvernement français, profitaient de l'occasion pour «vendre» leur approbation de l'octroi de subsides à Ekostahl contre des concessions concernant des dossiers totalement différents, comme la construction navale. La délégation danoise revenait sans cesse à la charge avec de nouvelles exigences qui rendaient impossible ou très douteuse la future rentabilité de l'entreprise. J'admirais beaucoup le ministre allemand des Affaires économiques, Günther Rexrodt, qui tentait avec toute sa diplomatie de ramener les autres délégations à la raison. Ses efforts ne furent cependant pas couronnés de succès. Nous avons alors décidé de «dramatiser» l'affaire, d'autant plus que toutes les exigences raisonnables (notamment une réduction de la production s'échelonnant sur plusieurs années) avaient déjà été acceptées. Rexrodt, se départissant de son style habituel, fit comprendre de façon caustique qu'il en avait ras le bol. Quant à moi, je fis savoir que je ne me prêterais pas aux marchandages. Ainsi put-on finalement boucler le dossier.

Dès lors, Ekostahl a pu se développer avec un certain succès. L'entreprise fut sauvée grâce à d'importantes subventions publiques et aux efforts soutenus des autorités allemandes. Il faut reconnaître que dans cette affaire l'action de Günther Rexrodt et de ses collaborateurs, ainsi que celle du gouvernement du Land de Brandebourg, furent particulièrement méritoires. Le Premier ministre du Land Manfred Stolpe parvint toujours à trouver le ton exact, ainsi que les arguments adéquats pour défendre le dossier. Il n'est donc pas étonnant qu'il rencontra une réelle bienveillance et sympathie.

Mais, il est tout aussi indéniable que l'action déterminée de la Commission européenne a contribué sérieusement à mener le dossier d'Ekostahl à bon port.

Les difficultés de la construction navale est-allemande

Le secteur de la construction navale, tout comme celui de la sidérurgie, était en crise pratiquement dans toute l'Europe. Dans les nouveaux Länder, où une restructuration «radicale» de l'industrie était de toute façon nécessaire, ces secteurs vivaient des moments particulièrement difficiles. Afin de pouvoir sauver une partie de ces chantiers, un traitement de faveur par rapport à la concurrence s'imposait. En 92, mon collègue Brittan était parvenu à faire approuver par le Conseil des ministres une somme de 4 milliards de DM au bénéfice des chantiers navals est-allemands. Mais comme il a déjà été dit plus haut, les aides publiques en faveur de la construction navale nécessitaient une discussion avec les ministres européens de l'industrie. Il y avait en effet une directive européenne particulière du Conseil des ministres en matière de construction navale. Cette procédure diffère du traitement des cas habituels d'aides publiques, dans lesquels la Commission décide de manière autonome.

Faire approuver cette somme considérable de 4 milliards de DM avait été une rude épreuve. Des subsides aussi importants n'étaient pas autorisés pour les autres chantiers navals. Les chantiers navals et le gouvernement danois eurent notamment du mal à se résigner à cette mesure qu'ils estimaient par trop laxiste. Le gouvernement danois ne manquerait d'ailleurs pas de traduire la Commission devant les juges à Luxembourg, mais sans succès.

Il va de soi que l'attribution de ces 4 milliards de DM d'aide d'État était soumise à de sévères conditions. La production de l'ensemble du secteur de la construction navale dans l'ancienne Allemagne de l'Est devait être réduite de 40 pour cent, c'est-à-dire à un maximum de 327 000 CGT. Le gouvernement allemand se chargeait de répartir ce montant entre les différents chantiers. À leur demande, la production maximale autorisée pour chacun d'eux fut inscrite dans la législation européenne. En outre, le Conseil s'était mis d'accord de contrôler drastiquement le respect de ces conditions, notamment au moyen d'inspections sur place. Il fallait en particulier veiller à ce que la réduction de production soit respectée et que le paiement par l'autorité s'opère «par tranches», au fur et à mesure de la restructuration. Il était évident que les subventions ne pouvaient être utilisées à d'autres fins que la restructuration des chantiers navals.

Grâce à cette aide, la plupart des chantiers navals est-allemands remplissaient rapidement les conditions pour une privatisation. On estimait qu'on était donc sur la bonne voie et on s'attendait à ce que le Land de Mecklembourg-Poméranie occidentale, qui connaissait un taux de chômage très élevé et où il n'y avait pratiquement pas d'autres industries, puisse ainsi conserver un secteur de construction navale compétitif.

Deux chantiers navals est-allemands parmi les plus importants – la MTW-Schiffswerft à Wismar et la Volkswerft à Stralsund – furent repris en 92-93 par Bremer Vulkan Verbund AG (BVV). MTW obtint une subvention d'État de 686 millions de DM, ainsi qu'un crédit à l'investissement de 112 millions de DM. Volkswerft dut se contenter de 585 millions de DM. Bien évidemment, seul le chantier en question pouvait bénéficier de ce crédit.

À l'époque, Bremer-Vulkan était de loin la plus grande entreprise de construction navale allemande. L'entreprise possédait huit chantiers situés à Brême, en Mecklembourg-Poméranie occidentale, dans le Schleswig-Holstein et en Basse-Saxe. Bremer-Vulkan produisait également des machines lourdes et des composants électroniques navals. Le groupe comptait 23 000 salariés. Friedrich Hennemann présidait à ses destinées. Mon collègue Martin Bangemann, chargé de la politique industrielle, était féru de toute matière ayant trait à la construction navale et à la navigation. Il était le fondateur du «Forum Maritime Européen» dans lequel on se préoccupait de l'avenir de la construction navale et de l'industrie maritime européennes. Je fus mêlé à cette initiative en tant que commissaire des Transports et ensuite comme responsable de la Concurrence. Bremer-Vulkan y était considérée comme une entreprise modèle; pour sa part, Friedrich Henneman y était tenu en haute estime et considéré comme un patron exemplaire.

Au début, on avait l'impression que la privatisation de MTV et de Volkswerft se passait bien. Dans les premiers mois de l'année 94, des rumeurs commencèrent toutefois à circuler dans la presse allemande comme quoi des subventions accordées à MTV auraient pu être utilisées à d'autres fins. Si ces informations s'avéraient exactes, il s'agirait d'une violation flagrante des engagements pris. Je fis faire à ce sujet une enquête auprès des autorités allemandes. La réaction de la Treuhandanstalt fut immédiate. Elle fit savoir que les subsides destinés aux chantiers navals allemands se trouvaient sur un compte bloqué et soumis à un contrôle régulier. D'après la Treuhandanstalt – je cite mot à mot – «la Commission n'a(vait) aucune raison de s'inquiéter».

Quelques mois plus tard, les auditeurs nous firent parvenir leur rapport. Celui-ci démontrait que les deux chantiers étaient gérés comme des entreprises indépendantes et qu'en aucun cas de l'argent n'était détourné vers la société mère Bremer-Vulkan. Les transactions financières entre les chantiers et la société mère étaient, d'après ce que l'on fit savoir, des transactions purement commerciales. Or, vers la fin de l'année 94, il apparut qu'il y avait anguille sous roche. D'importantes sommes destinées à MTW et à Volkswerft se retrouvaient sur le compte de Bremer-Vulkan. Nous interrogeons une nouvelle fois les autorités allemandes. Le premier janvier 95 nous parvint l'information que les moyens financiers des deux chantiers avaient été versés sur un compte de Bremer-Vulkan en vue d'un rendement financier plus élevé. D'après les explications, il s'agissait d'un procédé de gestion centralisé des liquidités, qui ne devait nullement nous inquiéter. MTW et Volkswerft auraient toujours accès aux montants qui leur étaient destinés.

Le rapport annuel de Bremer-Vulkan datant du début de l'année 95 n'indiquait pas seulement les bénéfices de l'exercice 94, il faisait également état d'une «situation très positive en ce qui concerne les liquidités». La société Bremer-Vulkan affichait donc une belle santé financière.

Curieusement, en juillet 95, l'autorité allemande demande de manière insistante et même pressante à la Commission de donner son aval pour le paiement d'une tranche d'aide publique qui restait à verser. Quelle était la raison d'une telle hâte, si Bremer-Vulkan disposait de tant de liquidités?

En septembre 95, des articles de presse font état à leur tour d'un manque de liquidités chez Bremer-Vulkan. Suite à une perte de 23 millions de DM au cours des six premiers mois de l'année, la Commerzbank renâclait à accorder un emprunt à court terme de 300 millions de DM. Hennemann déclara en présence de journalistes que les problèmes de liquidités avaient été créés par la Commission, qui attendait un laps de temps avant de libérer les dernières tranches de subsides. Quelle insolence! Bremer-Vulkan avait en réalité dépensé à d'autres fins plusieurs centaines de millions de DM qui initialement ne pouvaient être utilisés que pour les deux chantiers navals de l'Est et s'en prenait à la Commission – l'institution qui avait tant fait pour sauver les chantiers navals est-allemands – afin de masquer les lacunes de sa propre gestion. Décidément, l'honnêteté n'était pas le trait dominant de Hennemann. Il ne faut pas avoir peur des mots. Cet usage abusif, conscient et caractérisé en faveur d'un chantier de l'Ouest, de subsides exclusivement destinés aux chantiers navals de l'Est, demeure un des plus grands scandales de l'histoire industrielle allemande de l'après-guerre. D'un point de vue éthique, on ne peut tomber plus bas.

Sur ces entrefaites, on s'était néanmoins rendu compte à Brême de la profondeur du mal. Au mois d'octobre 95, Hennemann fut licencié et la direction fut réorganisée. Quant à la crise des liquidités, elle ne faisait qu'empirer. La vente d'actifs tels ceux de DSR-Senator Line ne suffisait pas. En réponse aux questions insistantes de la Commission, le gouvernement allemand affirma le 19 décembre 95 qu'en attendant l'arrivée d'une nouvelle direction à Bremer-Vulkan, il était dans l'impossibilité de fournir davantage d'informations. Néanmoins, j'appris plus tard que déjà le 14 décembre des ministres allemands s'étaient rassemblés en réunion de crise pour débattre de la chute imminente de l'ancien empire Hennemann.

Donc aussi à Bonn on cachait son jeu. La Commission fut informée tardivement sans beaucoup de détails. Ce n'est qu'après le mois de janvier 1996 que l'on nous informa qu'environ 800 millions de DM destinés aux chantiers navals de l'Est avaient été utilisés pour d'autres activités de l'entreprise Bremer-Vulkan et qu'il était impossible de récupérer ces fonds pour le moment. C'est tout ce que nous pûmes apprendre. Des questions plus précises sur la destination des subsides octroyés demeurèrent sans réponse.

Le 6 février, la nouvelle équipe dirigeante de Bremer-Vulkan, à savoir messieurs Brahms, Wagner et Schmidt, sont venus nous rendre visite. L'entretien n'apporta pas grand chose. Ces messieurs voulaient nous faire croire que de petites erreurs s'étaient glissées dans la gestion centralisée des liquidités et qu'il n'y avait pas eu d'usage abusif concernant les fonds destinés aux chantiers est-allemands.

C'était décevant et exaspérant. Les explications fournies étaient tout à fait indigentes. Dans une lettre à Günther Rexrodt, datée du 9 février 1996, je ne dissimulais pas mon mécontentement. Ce qui me préoccupait avant tout, c'était que les autorités allemandes ne contrôlaient pas suffisamment l'usage réel fait des subventions publiques. Mon agacement était d'autant plus fondé qu'en réponse à mes questions on affirmait toujours de façon catégorique qu'il n'y avait aucun souci à se faire. Sur la foi des réponses rassurantes de Bonn, j'avais dans un premier temps sans le vouloir mal informé d'autres instances. Cela m'est arrivé, par exemple, à l'occasion des questions-réponses au Parlement européen ou encore lorsque je répondais aux interrogations de certains ministres. Nous demandâmes avec insistance à Rexrodt de recouvrer au plus vite les fonds détournés. Lors d'une conversation téléphonique avec le ministre allemand des Affaires économiques, je ne mâchais pas mes mots. Je disais notamment que mes fonctionnaires autant que moi-même étions profondément déçus de l'attitude allemande et que nous nous sentions véritablement trompés. Visiblement Günther Rexrodt était lui-même dépassé par les événements et courait derrière les faits. Je m'imaginais un ministre allemand de l'Économie tout autrement.

Le 19 février, je reçus une délégation composée d'un représentant du gouvernement allemand et de la direction de Bremer-Vulkan. Johannes Ludewig était le chef de cette délégation. Avec ce dernier, j'avais déjà traité de nombreux dossiers délicats avec succès. J'avais appris à l'apprécier pour son attitude pragmatique et son style direct.

Son engagement assidu pour les nouveaux Länder était impressionnant et suscitait de la sympathie.

Il n'ignorait pas que j'avais beaucoup de compréhension pour la situation exceptionnelle de l'Allemagne de l'Est et que j'étais prêt à l'aider sans pour autant me départir des règles. À présent, il se trouvait dans une situation bien embarrassante. À cause des chantiers navals est-allemands, il devait maintenant tenter de sauver Bremer-Vulkan, même si celle-ci avait fait un usage scandaleux de leur argent. Ce n'était plus le Johannes Ludewig que je connaissais. Il essayait, sans beaucoup de conviction, de faire passer une résolution dans laquelle était stipulé qu'en échange de vagues promesses (850 millions de DM seraient remboursés à long terme), Bremer-Vulkan serait autorisée par la Commission à continuer de disposer de garanties de financement pour la construction navale. En réalité la «requête» était la suivante: montrez de l'indulgence envers Bremer-Vulkan, fermez les yeux sur ce qui s'est passé; ainsi il ne serait peut-être pas impossible de recouvrer à la longue les fonds indûment détournés. La délégation défendait l'idée qu'il était encore possible de sauver la société Bremer-Vulkan et qu'il serait opportun que la Commission montre publiquement sa confiance en un tel «sauvetage». Je ne cache pas que j'étais ulcéré d'entendre une telle proposition après tout ce qui s'était passé. Je restai toutefois de marbre et levai poliment la séance. Deux jours plus tard, Bremer-Vulkan fit la demande de pouvoir bénéficier d'un concordat. Depuis quelques temps déjà, il était clair que la société ne pouvait plus être sauvée. Malgré cela, on avait tenté de mouiller Commission. Une comédie inqualifiable.

En raison de l'affaire Bremer-Vulkan, la confiance envers les autorités allemandes fut considérablement ternie. Quelques collègues de la Commission avaient du mal à cacher leur malin plaisir. Mon collègue français Yves de Silguy me dit ironiquement: «Je suppose, Karel, qu'il va falloir revoir le dogme qu'il faut avoir confiance dans le sérieux et la crédibilité de Bonn?» En effet. D'autres dossiers ont démontré que Bremer-Vulkan n'était pas un cas isolé.

Les chantiers MTW et Volkswerft furent à nouveau séparés du groupe Bremer-Vulkan. En août 97, c'en était définitivement fini du vieux constructeur naval de Brême plus que centenaire. Une enquête fut ouverte contre Hennemann. Après son arrestation, il fut libéré sous caution.

Pendant ce temps, les deux chantiers navals est-allemands victimes de la tromperie luttaient pour leur survie. Il semblait presque exclu que l'argent, dont Hennemann et les siens avaient fait un usage frauduleux, puisse être récupéré. Sans de nouveaux subsides publics, les deux chantiers de l'Est étaient condamnés à la fermeture. En principe, on avait offert à ces deux entreprises toute possibilité de se restructurer; on avait eu recours à leur endroit à un traitement de faveur. Néanmoins, ce qui s'était passé nous semblait tellement injuste que sans tarder j'ai proposé à mes collègues de donner – tout en imposant des conditions très strictes – une deuxième chance de survie aux entreprises lésées. Mes collègues acceptèrent la proposition. En revanche, le Conseil, qui devait également marquer son accord, devait à nouveau faire face à différents marchandages. Toutefois, l'engagement ferme de l'Allemagne de soumettre la nouvelle aide publique à un contrôle très sévère de la Commission, plus précisément par des inspections régulières sur place et par des rapports trimestriels obligatoires relatifs à la mise en œuvre des plans de restructuration, fléchit le Conseil des ministres. Lorsqu'il apparut que MTW avait en 1996 légèrement dépassé le plafond de production maximale fixé à 100 000 Cgt, la Commission prit immédiatement des mesures pour faire respecter scrupuleusement les accords signés par les chantiers navals. Une amende de 720 000 DM fut réclamée, somme qui fut retirée de l'aide accordée. Quoi qu'il en soit, c'est bien à la Commission que MTW et Volkswerft durent leur deuxième chance.

Ferdinand, Kurt et les autres

«J'espère que nous aurons encore l'occasion de nous rencontrer dans des circonstances plus favorables» fut la remarque de Ferdinand Piëch, lorsqu'il quitta mon bureau. Je fis à mon tour observer: «Je l'espère aussi, mais la teneur de notre discussion ne favorise pas la probabilité d'une telle rencontre.» C'était mon deuxième entretien avec le grand patron de Volkswagen au sujet de l'affaire Volkswagen-Saxe. Ce deuxième entretien fut beaucoup plus froid et moins courtois que le premier. Ce n'était pas une véritable conversation. Autant dire que c'était proche du chantage. Si la Commission n'était pas disposée à approuver sans autre forme de procès toute l'aide que les autorités allemandes avaient promise à Volkswagen, l'entreprise renoncerait aux investissements qu'elle avait l'intention de faire en Saxe.

Lors de mon entretien antérieur avec Piëch, je lui avais déjà fait comprendre que nous ne pourrions ni ne voulions violer les règles en sa faveur. De toute façon, une aide très importante avait déjà été concédée à Volkswagen-Saxe. Mais Piëch voulait davantage. Une telle exigence était indéfendable. Je n'avais nullement l'intention – ni pour Volkswagen, ni pour le Premier ministre du Land de Saxe, Kurt Biedenkopf – de baisser pavillon. La réponse de Piëch fut glaciale: «Dans ce cas, nous devrons déplacer nos investissements de Saxe vers l'Europe centrale.»

Ce n'était pas la première fois que j'étais confronté à de telles pratiques. Lorsqu'il s'agit de subventions d'État, il arrive que les entreprises soient particulièrement grossières. Dans un premier temps, elles font pression sur les gouvernements nationaux ou régionaux pour obtenir le maximum. Ensuite, elles tentent de faire du chantage envers la Commission: «Avalez tout, sinon nous ferons des investissements hors de l'UE.» Le secteur de la construction automobile s'était notamment déjà fait remarquer par ces pratiques. En Grande-Bretagne et en Espagne, j'avais déjà été confronté à des méthodes similaires, quoique plus dissimulées.

En Espagne également, Volkswagen était mêlé à la question. La filiale hispanique Seat vivait des moments difficiles et Volkswagen avait fait comprendre que toutes les options – y compris la fermeture – pouvaient être envisagées. Le gouvernement s'évertua par tous les moyens de cajoler Piëch, d'autant plus qu'on était à la veille d'élections. La question était donc de savoir quelles avaient été exactement les promesses du gouvernement espagnol à Piëch.

Un porte-parole du ministre espagnol de l'industrie avait annoncé que Seat était sauvé grâce aux engagements de ce dernier d'accorder des aides publiques. À Bruxelles l'écho était fort différent. Le ministre y avait déclaré sur l'honneur qu'on avait fait un emprunt selon les conditions normales du marché et que, par conséquent il ne s'agissait pas d'une aide d'État. Ma réaction fut la suivante: pouvions-nous avoir, à des fins de vérification, une copie de l'accord entre Volkswagen et les autorités espagnoles? On me répondit que c'était impossible, attendu que cet accord contenait également des secrets d'affaires. Cette réponse fit naître encore davantage de soupçons: nous fîmes donc savoir qu'une enquête approfondie devenait indispensable. Vers cette époque, Gerhard Schröder demanda à me voir en compagnie de Piëch. Le patron de Volkswagen avait en effect émis le souhait de venir apporter des précisions au sujet du dossier Seat. Schröder proposa que ce rendez-vous eût lieu dans le restaurant bien connu à Bruxelles, la Maison du Cygne. Il n'était pas dans mes habitudes de céder à de telles propositions gastronomiques, mais dans le cas présent, il me sembla que ce serait une excellente occasion de faire un large tour d'horizon avec Schröder – à ce moment ministre-président de Basse-Saxe – sur la situation au SPD, son attitude sceptique envers l'euro, les Landesbanken etc.

Dans une atmophère détendue, nous devisâmes d'un nombre important de questions. Je confiai à Schröder ma conviction qu'il aurait certainement gagné les élections, si lui et non pas Rudolf Scharping avait été en 94 le candidat à la chancellerie du SPD. Cette idée ne lui semblait pas saugrenue. Comme il fallait s'y attendre, le dossier Seat fut le mets le plus dur à avaler au menu. Après avoir fait le récit de ses misères chez Seat, Piëch nous fit part de sa volonté d'assainir rapidement la situation de l'entreprise. Sans cet assainissement, ce serait la fermeture. Le gouvernement l'avait assuré que son appui financier n'était pas en infraction avec les règles de la concurrence européenne. Une enquête approfondie était-elle bien nécessaire? Une telle enquête se prolongerait pendant des mois et créerait de l'incertitude. Ne pouvions-nous pas rapidement y mettre un terme?

Ma réponse fut affirmative à condition que le ministre espagnol Eguiagaray nous montre le contrat et prouve qu'il s'agissait d'un prêt habituel. Je demandai à mon tour si Piëch ne pouvait pas convaincre le ministre de nous montrer le document. Si le contrat contenait réellement des secrets d'affaires, il suffisait que nous ayons accès uniquement aux clauses relatives au prêt. J'étais disposé à déléguer deux fonctionnaires à Madrid pour contrôler les textes sur place. J'avais eu le sentiment que c'était le ministre espagnol qui avait conseillé à Piëch de venir me voir. Maintenant la balle était à nouveau dans son camp. Quelque temps plus tard, deux fonctionnaires de la DG IV furent autorisés à prendre connaissance du contrat en question: il était question d'un emprunt qui ne devait pas être remboursé! Un cas d'école de subvention d'État! Par la suite, le ministre s'excusa en disant que Piëch l'avait placé au pied du mur: des subventions d'État ou la fermeture de Seat.

J'avais hérité du dossier Volkswagen-Saxe de mon prédécesseur

Si la Trabant était devenue un symbole de l'Allemagne de l'Est, personne n'a jamais sérieusement songé à introduire la petite voiture à l'Ouest. Par contre, Volkswagen et d'autres constructeurs automobiles ouest-allemands entamèrent des pourparlers avec la Treuhandanstalt pour acquérir les sites. On décida de vendre en sous-main (c'est-à-dire sans adjudication publique) les usines de construction automobile est-allemandes encore utilisables. Déjà en octobre 90, il y eut un accord de principe entre Volkswagen et la Treuhand. Concrètement cela voulait dire que Volkswagen avait l'intention de construire en Saxe une usine ultra-moderne pour la production du nouveau modèle Golf. Or, la construction d'une nouvelle usine de montage automobile demande du temps. Aussi s'accorda-t-on pour faire des transformations dans les usines Trabant les plus récentes, pour que Volkswagen pût y assembler et peindre des voitures, dans l'attente de l'achèvement de la nouvelle usine. Celle-ci, d'après les plans originels, aurait dû être opérationnelle en 1994. En agissant de la sorte, une bonne partie de l'emploi aurait été sauvegardé dans cette région qui était dans sa majorité tributaire de la construction automobile. Volkswagen ne cachait pas son intention d'obtenir un maximum d'aides publiques pour la construction de la nouvelle usine et pour l'aménagement des anciennes.

Volkswagen reprit trois sites de Trabant en Saxe: une à Mosel près de Zwickau, où on assemblait et peignait au pistolet des Trabis; une à Chemnitz, où on construisait les moteurs; une à Eisenach, où on fabriquait des culasses. On en vint à conclure que les vieilles usines dans la ville de Zwickau étaient hors d'usage. Elles étaient à la fois trop vétustes et très polluantes. La nouvelle usine de Mosel était encore en construction. Seul le département de peinture était terminé.

La Saxe possède une longue tradition en construction automobile. Dans les années vingt, le Land avait une des industries de construction automobile les plus florissantes de toute l'Europe. Beaucoup d'usines de construction automobile y étaient établies, entre autres Auto Union, qui prit le nom d'Audi par la suite. C'était la situation jusqu'aux années trente. La guerre mit fin à l'industrie automobile. À l'époque de la RDA, après la guerre, les vieilles usines furent transformées pour y construire la Trabant. Presque tout le monde dans la région vivait de la Trabi. Lorsque Volkswagen fit son apparition dans le Land immédiatement après la réunification, les attentes y étaient considérables. Le gouvernement de Saxe, sous la houlette de Kurt Biedenkopf, se démenait beaucoup pour faire renaître l'industrie automobile, synonyme de prospérité. J'avoue que j'avais de la sympathie pour Kurt Biedenkopf. Malheureusement, l'industrie automobile connaissait à l'époque de grandes difficultés. Des restructurations pénibles s'imposaient. Non seulement il fallait tenir compte de la montée de la concurrence japonaise, mais la productivité européenne était aussi à la traîne. Nombre de responsables politiques considéraient que si l'on ouvrait encore plus largement le marché aux importations japonaises, ce serait la mort de l'industrie automobile européenne. En outre, le problème de la surcapacité était réel et la lutte intestine entre les États membres en vue d'attirer des investissements par des subventions publiques était devenue malsaine. De nombreux milliards financés par le contribuable affluaient ainsi vers l'industrie automobile.

En vue de maintenir ces opérations d'aides publiques dans les limites du raisonnable, la Commission avait mis au point un encadrement concernant ces aides en faveur du secteur automobile. D'après ce texte, il était, par exemple, licite d'attribuer une aide en cas de restructuration, à condition que celle-ci fût accompagnée d'une diminution de la capacité de production. Nous pouvions également autoriser des aides nationales ou régionales, à condition que celles-ci se limitent à compenser le handicap réel d'un site d'établissement par rapport à une autre implantation possible et économiquement plus attrayante. S'il s'agissait d'un investissement dans un endroit vierge, une région inexploitée où il n'y avait pas d'industrie, il était possible de recevoir davantage d'aide que lorsqu'il s'agissait de la modernisation d'un site existant. Chaque cas devait être examiné séparément à partir de ses caractéristiques propres.

Étant donné que les nouveaux Länder étaient autorisés à recevoir des aides régionales et qu'il y avait dans ceux-ci des handicaps régionaux sévères, il allait de soi que Volkswagen pouvait compter sur une aide considérable. Nous ne l'avons jamais contesté, bien au contraire. En revanche, nous devions veiller à ce que les aides promises par les autorités fédérales ou saxonnes ne dépassent pas le plafond autorisable. Force est de constater que, malgré la bienveillance de la Commission envers les nouveaux Länder, la coopération s'avéra difficile. Les deux gouvernements (le fédéral et celui du Land de Saxe) se mettaient à contester la compétence de la Commission. Ils voulaient évidemment avoir les mains entièrement libres. Au début de 91, on nous annonça l'intention de prévoir pour les deux nouvelles usines de Mosel et de Chemnitz une aide à l'investissement de 900 millions de DM. Or, le problème crucial était qu'en octroyant des subventions royales à l'industrie automobile en Saxe, la production sur le marché européen de l'automobile augmenterait considérablement alors que de sérieux problèmes de surcapacité se posaient déjà. Dans le même temps, on avait constaté que les autorités allemandes n'attachaient que peu d'importance à l'obligation, pourtant stipulée dans le traité, de ne pas octroyer d'aide tant que la Commission n'a pas donné son aval. C'est ainsi que Volkswagen reçut déjà 370 millions de DM en avances pour les investissements encore à faire dans les nouvelles usines. Ce procédé est très inhabituel en Allemagne: normalement il faut pouvoir prouver à l'aide de factures que les investissements ont réellement eu lieu.

Entre-temps, la crise de l'industrie automobile avait encore empiré. C'est la raison pour laquelle Volkswagen décida en janvier 93 de suspendre la construction prévue des nouvelles usines en Saxe. Ces usines, au lieu d'êtres opérationnelles vers la fin de l'année 94, ne le seraient que des années plus tard. Toutefois, on continua à adapter les anciennes usines de Trabant: on avait déjà fait de gros investissements et la production de voitures battait son plein. En vue de vérifier si l'aide régionale promise était licite, des fonctionnaires de la Commission se rendirent sur place en Saxe en avril 94. Cette inspection fit effectivement ressortir que la construction des nouvelles usines était remise à un avenir lointain et que les projets concernant ces usines étaient loin d'être établis. Par voie de conséquence, la Commission décida en juillet 94 de se prononcer uniquement au sujet de l'aide promise pour la transformation des anciennes usines et de reporter son jugement concernant les investissements prévus pour les nouvelles usines. Fin 93, la restructuration des anciennes usines de Trabant était terminée. Les hangars destinés à la peinture et au montage étaient transformés et modernisés conformément aux accords initiaux avec la Treuhandanstalt: on pouvait y assembler des Golfs et des Polos avec des pièces détachées venues d'ailleurs. À cette époque, ces usines étaient encore déficitaires. On pouvait le comprendre, étant donné le retard avec l'Ouest dans la livraison et la distribution des biens en ex-RDA. La couverture de ces déficits, ainsi que l'appui octroyé pour les investissements de modernisation de ces usines, pouvaient donc être acceptés par la Commission. Le montant total en faveur des usines de Mosel et de Chemnitz s'élevait à un peu plus de 550 millions de DM.

La construction des nouvelles usines était une autre paire de manches. Vers la fin de l'année, nous demandions à pouvoir examiner les nouveaux projets. En cas de refus, les subsides déjà accordés sans autorisation de la Commission pour la construction des nouvelles usines devraient être remboursés. Les projets concernant ces nouvelles usines étaient sans cesse revus à la baisse. Les subventions qui avaient été octroyées étaient de toute façon beaucoup trop importantes en regard de ce qui serait réalisé en fin de compte. L'usine prévue à l'origine devait créer 7 000 postes de travail alors qu'en réalité 3 000 personnes furent embauchées. Dans les plans initiaux, qui relevaient de la mégalomanie, on avait placé la barre très haut pour obtenir le maximum d'aide publique. Dans cet esprit, Volkswagen voulait aussi faire croire que les deux nouvelles usines à Mosel et à Chemnitz étaient des investissements en «terrain vierge». Des entreprises qui s'établissent dans une telle zone vierge ont en même temps un effet d'entraînement positif pour l'emploi dans la région en question. Elles peuvent dès lors bénéficier d'une aide publique supplémentaire. L'effet d'entraînement s'exerce aussi par la création d'infrastructures et le développement de la sous-traitance à proximité, etc. En l'occurrence, dans le cas des usines saxonnes, il ne s'agissait pas d'investissements en terrain vierge, puisqu'elles étaient situées près des anciennes usines, où de nombreux fournisseurs de sous-traitance étaient déjà établis, où un potentiel de main d'œuvre était présent et où un réseau de distribution – aussi imparfait fût-il – commençait à se développer. Contrairement aux autorités allemandes et à la direction de VW, nous estimions donc qu'on ne pouvait pas «grossir» l'aide publique en y incluant un «terrain vierge» aussi important.

La gabegie

En février 1996, le Land de Saxe adapta à nouveau son régime d'aides en faveur des nouvelles usines VW, sans tenir compte des objections de la Commission. On allouerait à VW, en échelonnant les paiements sur plusieurs années, une somme totale de 780 millions de DM. Nous cherchâmes par tous les moyens à convaincre nos partenaires allemands que le montant maximal de la deuxième tranche d'aide, qui s'ajouterait au montant accordé quelques années auparavant de 550 millions de DM, pouvait tout au plus s'élever à 540 millions. Il s'en suivit des tensions, d'innombrables appels téléphoniques, une pression douce et moins douce, et les visites précitées de Piëch. Comme ce dossier traînait depuis trop longtemps, il fallait prendre le taureau par les cornes. En juin 96, une large majorité au sein de la Commission suivait ma proposition d'approuver 540 millions de DM, mais de ne pas permettre le reste (240 millions de DM). Volkswagen et le Land de Saxe s'insurgèrent vivement contre cette décision. Volkswagen menaça de mettre un terme à tous les investissements prévus dans les nouvelles usines. Des hommes politiques de Saxe prétendaient que, par mauvaise volonté, nous essayions d'entraver le redressement économique des nouveaux Länder. C'était évidemment absurde et grotesque, mais certains se laissèrent facilement abuser. Ce qui m'étonnait le plus, c'est qu'on ne s'en prenait pas à Piëch. Quoi qu'il en soit, il perçut une très grosse somme d'argent provenant des contribuables (presque 1,1 milliard de DM). Malgré cela, il menaçait quand même de déplacer les activités de Volkswagen de Saxe vers l'Europe centrale. Apparemment, personne n'eut le courage de l'interpeller sur ce chantage scandaleux. Il est évidemment plus facile, mais également plus lâche, d'attaquer la Commission.

On ne se limita pas à des accès de colère. Le gouvernement de Saxe décida tout bonnement de ne pas tenir compte de notre décision. À peine deux semaines après la décision de juin 96, il libéra une nouvelle tranche de 140 millions de DM pour Volkswagen. De ces 140 millions, 90 millions furent illégalement payés: l'octroi de ce montant constituait donc une violation flagrante de l'encadrement en matière des aides d'État au secteur automobile. C'était quasiment de la provocation. Biedenkopf (König Kurt comme on l'appelait dans les médias allemands), attaqua la Commission dans l'hebdomadaire *Der Spiegel* sur un ton démagogique, indigne de lui. Il affirmait que la Saxe n'avait cure d'exiger de Volkswagen le remboursement des 90 millions de DM. J'écrivis immédiatement une lettre aux autorités allemandes pour leur faire savoir que nous allions agir par tous les moyens judiciaires disponibles, afin d'obtenir le remboursement de cette aide attribuée illégalement. Nous avions déjà été suffisamment accommodants: l'autorisation de l'octroi de 1,095 milliards de DM d'aides était la limite à ne pas franchir.

L'attitude de Biedenkopf m'étonnait. Au début, j'avais eu de très bons contacts avec lui. J'avais l'impression que c'était un homme raisonnable. Or, voilà que le Premier ministre du Land de Saxe se lançait dans des invectives de style populiste contre la Commission, probablement pour avoir les mains libres dans d'autres cas de subsides. Son attitude ne pouvait que déstabiliser l'autorité de la Commission, obligée de contrôler les aides publiques, y compris dans les nouveaux Länder. À cet effet, on lança une véritable offensive en faisant appel à la «Deutschland-Klausel». Même l'ancien ministre ouest-allemand des Affaires étrangères, Hans-Dietrich Genscher, se lança dans la bataille. Cette «clause allemande» est une disposition historique figurant déjà dans le traité de Rome de 1958, et qui fut reprise dans le traité de Maastricht. Elle stipule (Titre VI, article 92) que «les aides octroyées à l'économie de certaines régions de la République fédérale d'Allemagne affectées par la division de l'Allemagne sont compatibles avec le marché commun dans la mesure où elles sont nécessaires pour compenser les désavantages économiques causés par cette division». Bien que ce texte date clairement de l'époque de la division de l'Allemagne, on l'invoquait pour pouvoir continuer à allouer, sans entrave, des subsides à Volkswagen Saxe. Cela nous semblait pour le moins un argument spécieux.

Au demeurant, si l'on est en désaccord avec une décision de la Commission, on peut toujours s'adresser à la Cour européenne de Luxembourg. C'est ce qu'on fit dans cette affaire. L'enjeu de ce cas était exemplaire. En effet, lorsqu'un Premier ministre d'un Land peut se permettre de se moquer ainsi du droit, cela remet en question les fondements mêmes de la nécessaire discipline en matière d'aides publiques. Car, si Biedenkopf peut agir de la sorte, quelles raisons encore invoquer pour empêcher les autorités en Flandre, en Catalogne, en Écosse ou ailleurs de faire de même? L'attitude de Biedenkopf était en plus très dangereuse. En effet, s'il n'y a plus de discipline concernant l'attribution d'aides publiques, ce sont les régions pauvres qui risquent d'en pâtir le plus, donc aussi les nouveaux Länder. Le contrôle de la Commission empêche en effet les régions les plus riches d'utiliser comme bon leur semble leurs amples moyens budgétaires au détriment des régions moins bien loties.

Les nombreuses et parfois violentes réactions politiques ne nous faisaient pas fléchir. Cela renforçait plutôt notre détermination à exiger le recouvrement de l'aide publique illégalement octroyée. Je ne manquais pas de mettre aussi l'accent sur la responsabilité du gouvernement fédéral. En effet, ce dernier se doit de faire respecter les règles communautaires partout sur le territoire national. Le gouvernement central était très embarrassé par toute cette affaire. En privé, des ministres reconnaissaient que le droit était du côté de la Commission, mais avouaient en même temps que leur situation était politiquement très malaisée. Bonn n'osait pas s'opposer frontalement à Biedenkopf. Les rapports entre Kohl et Biedenkopf étaient tendus depuis longtemps. On tenta, par conséquent, de se dérober au maximum. Une nouvelle fois, le pauvre Rexrodt devait tenter de limiter les dégâts.

À la suite d'entretiens laborieux entre Bonn, le gouvernement de Saxe, Volkswagen et nous-mêmes, une solution fut trouvée. Volkswagen a finalement remboursé en 97 les 90 millions de DM d'aides trop perçus. Cet argent fut bloqué sur un compte, accessible au seul gouvernement allemand. Après cela seulement, je fus prêt à donner le feu vert pour un autre dossier, dans lequel Volkswagen avait conformément aux règles, droit à une aide de 100 millions de DM. Il s'agissait d'un investissement dans une autre usine Volkswagen, à Kassel, où on fabriquait des transmissions automatiques. Nous avions bloqué ce dossier, tant que Volkswagen n'avait pas reversé l'argent illégalement perçu dans l'affaire de VW-Saxe.

La Cour européenne à Luxembourg donna entièrement raison à la Commission. Cette fois, la presse allemande ne manqua pas de tirer l'oreille à «König» Kurt Biedenkopf. On lui fit remarquer qu'il n'avait pas reçu pour mission de diriger son Land en tant que monarque absolu. La *Stuttgarter Zeitung* écrivait que «le droit et la loi priment sur les intérêts régionaux». (...) «Celui qui fait la sourde oreille et néglige consciemment les décisions des instances européennes compétentes se met dans l'illégalité». Et la presse de conseiller au chancelier fédéral Schröder de ne pas commettre les mêmes fautes, car plusieurs autres cas litigieux en matière d'aides d'État étaient à l'examen à Bruxelles. Parmi ceux-ci, le très délicat dossier «Holzmann», un des plus grands entrepreneurs de la construction, qui avait été in extremis sauvé de la faillite grâce notamment à l'engagement du chancelier Schröder d'accorder une aide publique.

Que dire encore au sujet de Volkswagen? Que l'entreprise de M. Piëch demeure un «client» fidèle des autorités de concurrence. Vers la fin de l'année 99, la Commission a en effet entrepris une nouvelle enquête concernant l'attribution d'une aide régionale en vue de la construction d'une nouvelle usine Volkswagen... en Saxe!

Kohl

Avant l'affaire Bremer-Vulkan, Johannes Ludewig m'avait déjà signalé à plusieurs reprises que Helmut Kohl souhaitait me rencontrer.

Le chancelier exprimait ainsi son estime pour la manière décidée dont nous traitions les dossiers délicats des nouveaux Länder fédéraux. J'avais de ce fait la réputation d'être germanophile. En réalité, toute la Commission faisait preuve de compréhension et d'ouverture d'esprit pour la situation exceptionnelle de l'ex-Allemagne de l'Est. Le hasard voulut que la rencontre eût lieu deux semaines après la catastrophe Bremer-Vulkan. J'avais fait des déclarations fortes à ce sujet en exprimant mon dégoût et mon mépris devant le détournement de l'aide destinée à des chantiers est-allemands par une entreprise ouest-allemande. Kohl déclara d'emblée qu'il comprenait ma réaction, ayant été très choqué lui-même. Il voulait savoir si les chantiers «abusés» pouvaient néanmoins obtenir une nouvelle aide. Je lui répondis qu'il ne fallait à priori pas pénaliser les victimes et que je ferais de mon mieux, mais que cela serait lié à des conditions d'octroi strictes. Ensuite, Kohl se mit à me raconter sa vie: sa jeunesse, la guerre, ses études, sa famille. Il m'expliqua aussi que son engagement européen avait des racines très profondes. Son ton paternel, son langage simple, son récit sans détours m'impressionnaient vivement. Beaucoup de ses motivations étaient également les miennes. Je me dis à plusieurs reprises: heureusement que nous avons Kohl. Il a des idées claires et courageuses pour l'avenir de l'Europe. Ensuite, il me raconta ses expériences avec ses collègues. Il fit l'éloge de Felipe González et de Jacques Delors. Il me parla de ses liens privilégiés avec Mitterrand. Kohl et Mitterrand étaient des personnalités très différentes, issus de cultures très différentes. Ils étaient, néanmoins, liés par une ambition historique commune: plus de guerre en Europe... Une Europe pacifique, prospère et unie. Son discours était quelquefois réellement émouvant.

La conversation se prolongea au-delà des vingt minutes initialement prévues. Elle atteignit plus d'une heure. Il avait aussi été prévu qu'un collaborateur participerait à une partie de l'entretien, mais Kohl trouva cela inutile. Il jeta rapidement un coup d'œil sur un feuillet avec la liste de quelques dossiers allemands à débattre, notamment ceux des Sparkassen et des Landesbanken. Il me recommanda la prudence et m'avertit que, d'après lui, je risquais de porter atteinte non seulement au noyau du système bancaire allemand, mais également à la structure fédérale de l'État allemand. Je le rassurai quant aux Sparkassen, mais lui fis remarquer qu'il fallait réellement que les Allemands trouvent à brève échéance une solution pour les Landesbanken. Dans le cas contraire, la Commission se verrait obligée de s'en occuper.

Vers la fin de l'entretien, Kohl s'enquit de ma famille. Lui ayant appris entre autres que mon fils était pilote et qu'il parlait couramment l'allemand, il se dirigea vers son secrétariat pour me remettre un petit souvenir. C'était comme si des liens d'amitié nous unissaient déjà de longue date et que je jouissais de toute sa confiance.

Cette amitié fut de courte durée! Lorsque nous eûmes à traiter l'affaire Kirch-Bertelsmann, touchant à la coopération en matière de télévision digitale, il fit comprendre qu'il entendait que nous approuverions le dossier d'office. Il avait du mal à accepter que dans ce cas comme dans n'importe quel autre, nous prendrions nos responsabilités et examinerions le dossier avec tout le sérieux qui s'imposait. Conséquence: conformément au «système Kohl», je me vis illico rejeté comme Biedenkopf et bien d'autres, dans le camp de ses ennemis.

Le système Kohl a volé en éclats: il était très critiquable et malsain. Cependant, personne ne peut nier les mérites «historiques» de Kohl aussi bien vis-à-vis de l'Allemagne que de l'Europe. L'euro a beaucoup de pères, mais sans la détermination et la conviction solide de Kohl, nous serions encore dans l'attente de la création de cette monnaie unique.

Même si Kohl et Mitterrand ont de temps en temps commis dans leur action politique des actes répréhensibles, ils peuvent sans conteste s'arroger le mérite d'avoir, en collaboration avec Delors, Felipe Gonzales et d'autres, conduit l'Europe sur la voie du 21e siècle.

Leuna 2000: une affaire rondement menée

Leuna près de Leipzig. De longue date, un endroit où il y avait de nombreuses industries chimiques. Comme les autres combinats de l'ancienne RDA, la raffinerie de Leuna se trouvait sur la liste des offres de la Treuhandanstalt (THA).

En juillet 91, on mobilisa la banque d'affaires Goldmann Sachs pour aider la THA dans la recherche d'acquéreurs possibles. Des 31 entreprises pressenties dans le monde entier, treize montraient de l'intérêt.

Le 5 décembre 91, la banque américaine d'investissements fit au nom de la THA l'offre aux intéressés d'un ensemble de cinq entreprises: Leuna-Werke AG, Minol AG, Hydrierwerke, Addinol Mineralöl et Paraffinwerke Webau.

Trois consortiums se disputaient l'affaire. Le groupe conduit par BP, auquel appartenaient également AGIP, Staloil et Total, ainsi que le groupe Hauslage-Monnai ont dû s'incliner au profit du consortium TED, dirigé par la compagnie française ELF, associée, entre autres, à l'entreprise allemande Thyssen. La THA considérait que le groupe TED était le meilleur acquéreur. L'acheteur français s'engageait à transformer cette raffinerie pour en faire la plus moderne d'Europe dans le cadre du projet Leuna 2000. Curieusement TED et la THA se mirent d'accord par la suite pour établir une nouvelle liste d'actifs, assez différente de la comptabilité des entreprises en question, ce qui eut pour conséquence de modifier l'offre du groupe TED. Ce n'est que le 23 juillet 92 qu'on mit la dernière main à l'accord de privatisation.

Quelques concurrents se plaignirent auprès de la Commission de la curieuse manière d'agir de la THA. Ils étaient d'avis que l'offre Elf & Co n'était en fin de compte pas la plus avantageuse. Pour pouvoir se prononcer sur l'opération du point de vue des aides publiques y afférentes, la Commission devait obliger le gouvernement allemand de notifier officiellement l'affaire. Bonn pensait toutefois pouvoir se dérober à cette obligation.

Pour la construction d'une nouvelle raffinerie, 1465,5 millions de DM d'aides furent promis à ELF. De ce montant, 360 millions seraient accordés au titre de l'«Investitionszulagegesetz» (loi en matière d'aide à l'investissement), c'est-à-dire par une diminution de l'impôt. En faisant le décompte de toutes les mesures d'aide, nous arrivions à un montant représentant 32 pour cent du coût subsidiable du projet. Le maximum autorisable en ex-Allemagne de l'Est était de 35 pour cent.

La petite équipe de mes collaborateurs chargés des dossiers de l'Allemagne de l'Est était débordée en raison de l'examen de gros dossiers comme ceux d'Ekostahl, de Volkswagen-Saxe et des chantiers navals auxquels s'ajoutait encore celui de Leuna.

Malgré ces circonstances, ils ont examiné ce dernier dossier avec une attention toute particulière. Le postulat de départ était que la recherche d'acquéreurs pouvait être considérée comme correcte, puisque Goldmann Sachs en avait organisé le processus selon les normes et les exigences requises. Mes services arrivaient à la conclusion suivante:

«Après étude, il apparaît que l'offre du consortium TED a, à juste titre, été considérée comme la meilleure. C'est d'autant plus vrai si l'on tient compte du fait qu'une analyse approfondie des comptabilités (notamment celle de Minol) démontre que la valeur effective de l'actif est moins importante que ce que l'on avait pensé au départ.

Quoique les plans d'avenir du consortium TED et ceux du consortium conduit par BP diffèrent – dans un cas on propose la construction d'une nouvelle raffinerie, dans l'autre une modernisation progressive – les deux projets sont crédibles du point de vue financier et technologique. En revanche, la crédibilité du projet Hauslage-Mannai est douteuse, étant donné les ambitions minimales d'investissement. L'offre de TED se caractérise par un prix d'achat plus élevé, par des promesses d'investissement plus élevé, par le renoncement à un financement supplémentaire par la THA et par le fait que le réseau de Minol subsistera. Le fait qu'Elf reprenne seulement la direction des raffineries existantes à Leuna et Zeitz, tandis que la THA doit se porter garante des pertes, ne change pas notre appréciation de la situation, d'autant plus que l'offre faite par le consortium BP entraîne également un apport financier considérable de la THA, dès que la situation deviendrait déficitaire.»

Par la suite, je me suis dit que nous aurions dû examiner le dossier avec un œil plus critique déjà à ce moment-là. Nous fiant aux informations fournies par Bonn, il nous semblait alors inutile de tirer cette affaire en longueur. Par ses décisions du 24 juillet 93 et du 5 novembre 94, la Commission donna le feu vert pour l'opération. La construction de la nouvelle raffinerie fut confiée à TLT, un projet commun de Thyssen, Lurgi et Technip.

Grondement au loin

Fin 94, déjà, le ciel de Leuna s'obscurcit. Elf menaçait d'abandonner le projet si le gouvernement allemand refusait de reprendre avant 1997, 33 pour cent des parts de Leuna. Il faut savoir que Elf avait pu obtenir par contrat une option de vente sur un tiers des parts de la raffinerie Leuna 2000 lorsque celle-ci serait achevée. À l'origine, il était prévu que Buna achèterait ces 33 pour cent. Or, Dow Chemical, l'actionnaire privé américain de Buna, s'y opposa. La balle retombait donc dans le camp du gouvernement. Avant de mettre en œuvre l'opération, la *Bundesanstalt für vereinigungsbedingte Sonderaufgaben* (le successeur de la Treuhand) voulait connaître la valeur exacte de Mider (Mitteldeutsche Erdöl-Raffinerie GmbH), la filiale d'Elf-Aquitaine qui avait construit la raffinerie à Leuna. Pour cette évaluation, on fit appel aux Solomon Brothers de Londres. Cette étude menée au cours de l'année 1995 démontra que le coût de la construction (3,3 milliards de DM) indiqué par Elf était fortement surévalué. Le calcul de Solomon Brothers indiquait un chiffre de 2,4 milliards de DM au maximum. L'hebdomadaire *Der Spiegel* ayant eu vent de cette étude ne manqua pas de la monter en épingle. Sans tarder, Günther Rexrodt, le ministre des Affaires économiques, fit savoir qu'il exigeait la clarté de la part de Elf. On ne pouvait se départir de l'idée que le coût de l'investissement avait été artificiellement «gonflé» en vue d'obtenir de l'État un montant de subventions plus élevé. Le montant maximal d'aide d'État autorisable était de 35 pour cent. Officiellement, on avait obtenu 32 pour cent du coût d'investissement. Trente-deux pour cent de 3,3 milliards de DM, c'est bien autre chose que 32 pour cent de 2,4 milliards de DM... Si le coût réel était beaucoup plus bas que celui officiellement communiqué à la Commission, les subsides d'État attribués étaient trop élevés et une partie devait être remboursée.

Mes services se mobilisèrent immédiatement et demandèrent dès la fin du mois d'avril 96, une explication en bonne et due forme au gouvernement allemand. Nous ne disposions pas à ce moment du rapport Solomon. Nous l'avons obtenu seulement le 11 juillet 97, après avoir menacé de rouvrir l'ensemble du dossier, même sans avoir en mains ce document. Pendant plus d'un an, nous avons essayé laborieusement d'obtenir de Bonn la collaboration et les informations nécessaires. Force était de constater de la mauvaise volonté; quelque part on actionnait constamment les freins. Entre-temps, nous avions appris que Elf n'avait même pas fait jouer la concurrence pour la construction de la nouvelle raffinerie; cela avait été confié automatiquement à Thyssen, un des partenaires d'origine dans le consortium TED, dirigé par Elf. Pour la réalisation de la construction, Thyssen avait, en outre, fait appel à Lurgi et Technip, en constituant TLT.

En juillet 97 mes collègues me donnèrent le feu vert pour réexaminer l'ensemble du dossier. Cette fois-ci nous souhaitions nous adjoindre une expertise indépendante. Contrairement à l'habitude, nous avons eu toutes les peines du monde pour trouver un expert acceptant de se charger de cette tâche. L'un après l'autre, les bureaux contactés se désistaient. Apparemment des choses bizarres se tramaient en coulisses. Finalement, fin janvier 98, le bureau d'experts Parpinelli Tecnon accepta de s'occuper du dossier. Fait significatif, le gouvernement allemand réagit négativement au choix de ce bureau. En septembre 98, je fis appel par courrier à Günther Rexrodt pour qu'il incite ELF à davantage de collaboration. J'attirais son attention sur les faits suivants: «Nos conseillers ne disposent pas de l'information nécessaire pour leur examen. Elf a mis à leur disposition une étude servant de base pour l'évaluation de l'offre de TLT. Cette étude analyse seulement 10 pour cent des coûts de la raffinerie et en tire des conclusions pour le projet total. Parpinelli Tecnon estime invraisemblable qu'Elf ait pris une décision au sujet d'un projet d'investissement aussi important uniquement sur cette base.»

Parpinelli fut chargé d'examiner la véracité de l'ensemble des chiffres et en particulier du montant total des dépenses pour la construction de la raffinerie. De façon approximative, on estimait que 4,9 milliards de DM avaient été dépensés pour l'ensemble du projet; dans ce montant étaient compris les 3,385 milliards de DM qui avaient été payés au consortium Thyssen Lurgi Technip pour la construction de la raffinerie. TLT refusait toutefois d'autoriser la vérification des factures et des pièces justificatives nécessaires à l'examen. Les autorités allemandes firent par ailleurs savoir qu'elles n'avaient pas le droit d'obliger des entreprises privées à fournir les pièces demandées. On ne peut pas enfreindre le secret des affaires, disait Bonn. Même son de cloche au gouvernement du Land de Sachsen-Anhalt à Leipzig.

J'avais donné ordre à mes fonctionnaires de continuer à creuser le dossier. Ils assaillirent Bonn de questions pertinentes. Un programme de réunions avait été fixé pour discuter du dossier. Mes collaborateurs étaient surpris de l'attitude embarrassée de leurs collègues allemands dans toute cette affaire.

À l'issue de l'une de ces réunions, j'appris que quelques fonctionnaires allemands avaient discrètement fait savoir à mes collaborateurs qu'ils ne pouvaient plus fournir de documents ou d'informations, car ceux-ci avaient disparu. Sur le moment, on avait l'impression qu'il s'agissait plutôt d'un prétexte. Plus tard leur aveu s'est révélé dramatiquement exact.

Entre-temps, une enquête judiciaire avait été ouverte en France à l'encontre de Elf: la présomption portait sur le fait que l'entreprise aurait distribué des pots-de-vin. Des questions concernant la probité de l'ancienne direction étaient posées avec acuité. L'entreprise étatique française avait une très mauvaise réputation en la matière. Son enchevêtrement avec une partie du monde politique était un secret de Polichinelle. Elf avait, c'est bien connu, des liens étroits avec l'Élysée. L'entreprise avait été impliquée par l'Élysée dans la politique africaine française, y compris dans ses aspects les plus obscurs. L'enquête judiciaire française, qui provoqua la chute de l'ancien ministre des Affaires étrangères et ami intime de Mitterrand, Roland Dumas, mit également en lumière que Elf avait payé d'importants montants de commissions injustifiées à l'occasion de l'opération Leuna. Le brouillard autour de Leuna s'épaississait de plus en plus.

L'amitié franco-allemande à l'épreuve

Entre-temps, les rapports entre Elf et le gouvernement allemand s'étaient fortement détériorés. Les Français estimaient qu'ils étaient doublement trompés. D'une part, ils tenaient rigueur aux Allemands de ne pas respecter l'obligation de racheter les 33 pour cent de parts de la raffinerie. D'autre part, ils étaient furieux parce que du côté allemand, on remettait en cause une partie importante de l'aide d'État. Il s'agissait des 360 millions de DM promis en vertu de la «Investitionszulagegesetz» précitée. Cette loi n'était toutefois d'application que jusqu'à la fin de l'année 96. Une prolongation de la loi, en raison du retard dans la construction de la raffinerie, n'était pas justifiable pour la Commission. Les 360 millions de DM pouvaient éventuellement encore être accordés si le gouvernement allemand pouvait prouver que le retard était dû à des problèmes techniques. Cependant au fil des années, la générosité en matière d'aides d'État s'était quelque peu atténuée. La plupart des hommes politiques auteurs de ces promesses avaient disparu de la scène. En outre, à présent, on pouvait se cacher derrière la Commission pour refuser les 360 millions de DM. Il est évident que ce n'était pas la tâche de la Commission d'encourager un gouvernement à octroyer une aide d'État, même si celle-ci avait été promise.

Chez Elf, le mécontentement était donc à son paroxysme. En plus de ce qui précède, il apparut qu'il y avait encore d'autres points litigieux. Malgré les fortes dissensions, les parties parvinrent néanmoins à trouver un terrain d'entente. Elf abandonnait toutes ses exigences, en échange – précisément – d'une compensation de 360 millions de DM. De ce montant, le Land de Saxe-Anhalt payerait 120 millions en signe de bonne volonté envers Elf. C'était très surprenant!

Nous trouvions également étrange que le montant de compensation résultant du compromis soit justement le même que le montant de l'aide publique. Un examen spécifique et approfondi s'avérait nécessaire en même temps qu'on réexaminait l'ensemble du dossier Leuna. Il était donc de notre devoir d'interdire jusqu'à nouvel ordre le paiement des 360 millions de DM de «compensation».

Suite à cette décision, les plus hautes instances d'Elf se rendirent à Bruxelles. Philippe Jaffré conduisait la délégation. Rarement, nous avons entendu autant de reproches; les Allemands avaient manqué à leur promesse; des accords étaient remis en question; et quelle ingratitude et manque de loyauté ... Jaffré contestait la validité du rapport Solomon et se fit insistant pour que la Commission approuve rapidement le montant de compensation de 360 millions de DM.

Notre réponse fut brève. Les difficultés entre Elf, l'agence de privatisation et les autorités allemandes nous intéressaient seulement dans la mesure où elles avaient trait à l'examen de la régularité de l'aide d'État. Or, cet examen était encore en cours. J'informai Jaffré que nous étions très mécontents de deux choses: le manque de collaboration de l'autorité allemande et des entreprises concernées. Tant que la situation resterait inchangée, il n'était nullement dans nos intentions de clore le dossier.

«Oskar, l'affaire Leuna sent le soufre»

Peu après le changement de gouvernement à Bonn en septembre 98, Oskar Lafontaine, le nouveau ministre des finances, vint me trouver. Le nombre de dossiers allemands problématiques était impressionnant et à vrai dire irritant.

Après avoir abordé une dizaine de sujets «brûlants», je m'aperçus que Leuna ne se trouvait pas sur sa liste. D'avance, nous avions convenu qu'après les conversations officielles, nous nous reverrions en tête-à-tête. «Oskar, cela m'étonne que tu n'aies rien dit au sujet de Leuna.» Lafontaine, surpris, me répond qu'il n'en a pas été informé. Je lui expose sommairement le dossier et termine en disant: «Oskar, l'affaire Leuna sent le soufre.» Je lui fis remarquer que les conséquences seraient désastreuses si la Commission, par manque d'informations, se voyait dans l'obligation de prendre une décision négative et donc de déclarer les aides publiques illégales. Ensuite, nous avons encore un peu bavardé sur la situation interne du gouvernement et du SPD, sur notre ami commun Strauss-Kahn et sur les perspectives de la prochaine présidence de la Commission. En Allemagne, il y avait des spéculations sur le fait qu' Oskar Lafontaine pourrait s'intéresser à la succession de Jacques Santer. Malgré les démentis officiels les spéculations continuaient. «Cela se décidera le moment venu entre Gerhardt et moi», fut sa réponse. «Tu ne dis pas non», constatai-je.

Nous avons fait une dernière tentative pour obtenir plus d'informations. Nous fîmes parvenir au gouvernement allemand le 17 février 99 une véritable injonction de nous fournir les données manquantes dans les 30 jours. Ces données avaient trait entre autres aux offres de TLT, aux montants payés aux sous-traitants, à un aperçu détaillé des coûts etc. Par l'entremise de Bonn, nous voulions enfin obtenir la possibilité de vérifier la comptabilité de TLT.

Ce n'est qu'à la fin du mois d'avril que nous avons appris que TLT était disposé à se montrer plus accommodant. À la fin du mois de mai 99, mes collaborateurs furent autorisés à examiner une partie seulement des documents demandés. L'accès aux rapports financiers finaux leur était toujours refusé.

Nous n'étions donc toujours pas en possession de l'indispensable information. Il apparaissait toutefois que Elf avait effectivement payé la facture totale, dont 3 385 millions de DM à TLT. Mais une question restait encore sans réponse: Elf n'avait-elle pas trop payé? Et dans l'affirmative, on ignorait à qui et de quelle manière. En janvier 99 nos experts confirmaient à nouveau l'exactitude du rapport Solomon. Après vérification des documents TLT, ils étaient d'avis qu'une partie des 700 millions était probablement à imputer à des coûts supplémentaires. Il était toutefois difficile d'avoir une vue d'ensemble précise à ce sujet, faute d'informations concernant les engagements précis relatifs à la construction de la nouvelle raffinerie à Leuna, convenus à l'époque avec les sous-traitants, les fournisseurs ou encore avec les autorités locales, régionales ou nationales. Seule une étude beaucoup plus détaillée pourrait déterminer si les ordres de paiements avaient été véritablement exécutés et si les montants n'avaient pas été artificiellement gonflés.

D'autre part, malgré tous les doutes subsistants, il était difficile de prouver réellement que les coûts avaient été «arrangés». Prouver une telle chose nécessitait une enquête approfondie et détaillée qui relevait de la compétence du pouvoir judiciaire. Ce n'était pas du ressort de la Commission; elle n'a pour ce faire ni les pouvoirs, ni les instruments, ni les hommes. Dans mon département, certains pensaient que dans ces circonstances, il était préférable de clore le dossier. Bonn et Paris s'agitèrent beaucoup pour qu'il en soit ainsi.

Ma réponse était qu'il valait mieux encore attendre quelque temps. L'enquête judiciaire n'était pas terminée; peut-être révélerait-elle des faits utiles pour la Commission. Bien évidemment, j'en parlai à mon successeur. Je lui conseillai d'attendre encore au moins six mois avant de clore l'affaire.

Quelques mois après, éclatait l'affaire du financement occulte du parti CDU. On apprit que d'énormes «commissions» avaient été versées en rapport avec Leuna. Mais à qui et dans quel but? Quelle chance que nous n'ayions pas encore clos le dossier!

Quoi qu'il en soit, il est à craindre que beaucoup d'éléments incommodants restent cachés dans les ténèbres du passé. Un passé décidément malodorant!

Chapitre XI

COMBAT AÉRIEN EURO-AMÉRICAIN

«Votre fils pilote un excellent appareil», me lança Phil Condit, le patron de Boeing, lorsqu'en mars 97 je le raccompagnai après une visite jusqu'à la sortie du bâtiment appelé Breydel, le quartier général de la Commission européenne. Condit avait été bien tuyauté. En effet, mon fils pilotait à cette époque un Boeing 737 de la Sabena. Il va de soi que Condit n'était pas venu me voir pour me parler de la carrière aéronautique de mon fils.

Le 15 décembre 96, la société Boeing avait fait savoir qu'elle avait l'intention de reprendre McDonnell Douglas. En tant que constructeur d'avions civils, McDonnell Douglas (MDC) battait de l'aile depuis quelque temps. Dans les années 70, MDC dominait le marché, mais son carnet de commandes était à présent bien maigre. L'entreprise survivait avant tout grâce à la production de pièces détachées pour la gigantesque flotte MDC, toujours en activité. En revanche, la société Boeing se portait fort bien et avait obtenu des contrats à long terme exclusifs auprès de grandes compagnies aériennes américaines. Ces contrats constitueraient par ailleurs un point chaud lors des discussions à venir.

Depuis les années cinquante, l'industrie aéronautique américaine était en forte progression. Le seul concurrent des Américains dans le monde était Airbus, un consortium de partenaires français, allemands, anglais et espagnols. Dans ce secteur, il importe non seulement de contrôler une part substantielle du marché, mais également de maîtriser la production sous tous ses aspects. Grâce à leur activité dans le domaine de la navigation spatiale et à leur industrie militaire, les Américains introduisent sans cesse des nouveautés techniques dans l'industrie aéronautique civile.

Le 18 février 97 nous parvint la notification formelle de la fusion de Boeing et de MDC. Nous pouvions donc commencer notre enquête. D'emblée se posa un premier problème. À divers endroits, on se demandait de quel droit la Commission européenne pouvait bien s'occuper de la fusion de deux géants américains tels que Boeing et MDC. Cette question ne relevait-elle pas uniquement de la compétence américaine? Ou n'était-ce dû qu'à l'excès de zèle d'un commissaire européen par trop ambitieux, chargé de la politique de la Concurrence?

Juridiquement, d'après le règlement de fusion entré en vigueur en 1990, il ne faisait pas l'ombre d'un doute que l'affaire devait être soumise à la Commission. Ce règlement prescrit en effet que dans le cas de grandes concentrations où le chiffre d'affaires cumulé dépasse les 5 milliards d'euros, l'affaire doit obligatoirement être notifiée à la Commission en vue d'un examen lorsque les entreprises concernées ont aussi des activités significatives au sein du marché européen (un chiffre d'affaires minimal de 250 millions d'euros par entreprise).

Avec un chiffre d'affaires respectivement de 17 et 11 milliards d'euros et une présence importante en Europe, Boeing et MDC tombaient donc largement dans le champ d'application du règlement de fusion.

Celui-ci avait doté la Commission d'une responsabilité délicate, mais cruciale. Le but est d'empêcher que des entreprises ne deviennent trop puissantes sur le marché européen ou des parties essentielles de celui-ci, risquant ainsi de perturber gravement le fonctionnement normal du marché, voire de créer des situations de monopole ou de quasi-monopole. Voilà la simple raison pour laquelle il n'est pas permis que des entreprises acquièrent ou renforcent une position dominante dans un marché donné par des opérations de concentrations. Il s'agit donc de la sauvegarde du bon fonctionnement de l'économie de marché et de la préservation de la concurrence en faveur des entreprises clientes et des consommateurs privés. Afin de mener à bien cette tâche, la Commission dispose de pouvoirs étendus: de telles opérations de concentration ne peuvent avoir lieu qu'avec l'aval de la Commission.

La nationalité des entreprises concernées par ces fusions ne joue ici aucun rôle. Ce qui importe, ce sont les conséquences qu'entraîne la concentration sur le marché européen. Par conséquent, si deux grandes entreprises américaines fusionnent et que cette fusion risque de provoquer dans l'Union européenne des problèmes de concurrence, il n'y a pas de doute que l'affaire doit être examinée, tout comme s'il s'agissait de deux entreprises européennes ou d'une entreprise européenne et d'une entreprise non européenne. Les Américains pratiquent d'ailleurs depuis des décennies une politique analogue. Lorsque les États-Unis ont naguère passé au crible des fusions entre entreprises européennes, comme celle entre Grandmet et Guinness, ou une opération comme Novartis, personne n'y a trouvé à redire. Quand la Commission fit la même chose, cela provoqua de l'étonnement, voire de la dérision en Europe même. C'est probablement dû à un complexe d'infériorité.

Boeing et MDC ne mettaient pas un seul instant en doute l'obligation juridique de notification de leur opération. Ils s'attendaient toutefois à ce que la Commission traite le dossier de manière «diplomatique» et donne rapidement son approbation; d'autant plus que les géants pouvaient compter sur la bienveillance des autorités américaines de la concurrence. Il était évident qu'aux États-Unis, cette opération avait une dimension nettement politique, car liée à la défense nationale. L'administration Clinton était très favorable à la fusion. On voulait absolument éviter que des parties de MDC qui connaissaient des difficultés, tel le département de l'aviation, tombent entre des mains non américaines et tout particulièrement asiatiques. Les autorités américaines étaient donc d'avis qu'elles n'avaient pas d'autre choix que d'approuver l'opération.

Après la notification formelle et complète d'une affaire, la Commission dispose d'un délai d'un mois pour faire vérifier si d'éventuels problèmes se posent et pour faire savoir si un examen plus approfondi est nécessaire. Si tel est le cas, la Commission dispose de quatre mois supplémentaires pour boucler le dossier. C'est la fameuse «deuxième phase» de l'examen, redoutée par les entreprises.

Dans l'affaire Boeing-MDC, cette deuxième phase s'avérait d'emblée absolument nécessaire. Avant la fusion prévue, Boeing avec ses 64 pour cent de parts du marché avait une position dominante sur le marché mondial des avions à réaction de plus de 100 sièges. Boeing dominait également le marché en Europe. De plus, Boeing était le seul constructeur qui pouvait offrir une gamme complète d'avions. Le seul concurrent encore en lice, Airbus, ne pouvait offrir des appareils comparables aux avions gros porteurs de Boeing (la série 747). En reprenant MDC, Boeing consolidait encore sa part de marché qui passait de 64 pour cent à 70 pour cent. En outre, MDC avait programmé la construction d'un nouvel avion de type «narrow body» de cent sièges (le MD-95) qui viendrait encore élargir la gamme de Boeing. Que la division «aviation commerciale» de MDC éprouvât des difficultés économiques, ne signifiait pas pour autant que cette activité était devenue négligeable. Outre sa part de marché encore réelle et son intention de lancer un nouvel avion, MDC avait par sa flotte en opération une présence sur le marché qui à l'époque était comparable à celle d'Airbus. Plusieurs compagnies aériennes européennes comptaient même à ce moment un plus grand nombre d'avions MDC que d'Airbus! (SAS, Alitalia et Swissair notamment). Ces compagnies et beaucoup d'autres seraient obligées pendant de nombreuses années encore de faire appel à MDC pour différents services, les pièces détachées, etc. En reprenant MDC, Boeing augmenterait ainsi sur le plan mondial sa part de clientèle jusqu'à 84 pour cent. Il était évidemment à craindre qu'à l'avenir Boeing mette les clients de MDC sous pression pour acheter dorénavant Boeing.

Mais ce n'était pas tout. Entre-temps, Boeing avait conclu des contrats de livraison exclusifs de longue durée avec trois des plus grandes compagnies aériennes américaines (American Airlines, Delta et Continental Airlines). En échange de conditions spéciales à l'achat, ces compagnies avaient pris l'engagement de n'acheter que des appareils Boeing pendant vingt ans. Cette politique commerciale permettait à Boeing, producteur dominant, de bloquer pour vingt ans l'accès à une grande partie du marché américain à son concurrent direct, Airbus. Boeing avait manifestement l'intention de conclure encore de tels contrats exclusifs avec d'autres compagnies aériennes, pas seulement aux États-Unis, mais partout dans le monde.

Enfin, on ne pouvait fermer les yeux sur le fait qu'en absorbant MDC, Boeing deviendrait une entreprise hyper-puissante, dont la production d'avions civils ne représenterait à l'avenir qu'une partie des activités. Avant la fusion, la construction d'avions représentait 70 à 80 pour cent des activités de Boeing. Les autres activités relevaient du domaine de la Défense et de la navigation spatiale. Chez MDC c'était l'inverse. Leurs activités dans le domaine de la Défense (notamment la construction d'avions militaires) et de la navigation spatiale représentaient 70 pour cent du total de leurs activités. Grâce à la fusion, Boeing triplait ses activités dans le domaine de la défense et de la navigation spatiale. On se demandait quelles en seraient les retombées au niveau de la construction et de la commercialisation d'avions civils. Des subsides d'État massifs sont octroyés dans les domaines de la Défense et de la navigation spatiale, entre autres par le canal de

Recherche et Développement. Il est évident que les résultats des activités R&D pour l'aviation militaire ou la navigation spatiale peuvent le cas échéant être utiles aussi pour l'aviation civile. Par ailleurs, la combinaison de toutes ces activités permet de renforcer la position vis-à-vis des fournisseurs et peut mener à une vente combinée d'appareils militaires et civils.

La Commission avait donc des raisons très pertinentes pour examiner l'affaire Boeing en profondeur. Mais çà et là des hésitations subsistaient en Europe: la Commission devait-elle attacher autant d'importance à toute cette affaire? Aux États-Unis, on pensait même qu'il s'agissait d'un poisson d'avril. J'ai donc profité de la première occasion pour aller m'en expliquer outre-Atlantique. Le 18 avril 97, j'eus à Washington un entretien avec Bob Pitofsky, le président de la Federal Trade Commission, qui examinait aux États-Unis l'affaire Boeing du point de vue de la concurrence. Aux États-Unis, il y a sur le plan fédéral deux autorités de concurrence: le ministère de la Justice et la Federal Trade Commission.

Nous nous étions déjà rencontrés à plusieurs reprises et nos rapports étaient excellents, tant du point de vue personnel que professionnel. J'avais établi le même type de rapports avec Joël Klein, le patron de la politique de concurrence au ministère de la Justice. Ce fut un entretien fort instructif. Bob Pitofski me fit comprendre, conformément à ce que les avocats de Boeing nous avaient assuré, qu'aux États-Unis il n'y aurait pas de véritables objections. J'avais néanmoins l'impression qu'il avait à titre personnel une attitude plus critique face à la fusion que la Federal Trade Commission qu'il présidait.

Lorsque j'abordai le sujet des contrats exclusifs à long terme, Bob sembla très embarrassé. J'avais l'impression qu'il comprenait très bien nos objections. Je ne laissai planer aucun doute: sans conditions très strictes, l'opération était inacceptable pour nous. Depuis plusieurs années déjà, les autorités de concurrence américaines et européennes collaboraient étroitement. Il n'y avait pas eu de divergences de vues insurmontables. Mais maintenant il était clair que nous nous dirigions vers un sérieux différend.

Occupez-vous de vos affaires

Le lendemain 19 avril 97, je devais donner une conférence à Washington. Au lieu de prononcer le discours que mes collaborateurs avaient préparé, j'expliquai franchement nos objections contre la fusion prévue entre Boeing et MDC. Mes propos furent sans équivoque: si notre enquête confirmait nos objections, nous n'approuverions pas cette opération.

Évidemment, un langage aussi clair de la part d'un commissaire européen quasi inconnu suscita une levée de boucliers. En quoi une fusion, même une fusion de grande envergure entre deux entreprises américaines concernait-elle les Européens? Qu'avaient-ils à s'immiscer dans cette affaire? Plusieurs journaux économiques publièrent des articles débordants d'indignation. Une partie de la presse européenne reprit les arguments américains. Même le *Financial Times*, que j'estime par ailleurs beaucoup, s'en fit l'écho. On me reprochait notamment de ne pas posséder l'art de la diplomatie. Et certains de faire remarquer que les Américains sont nos alliés. Pourquoi, en l'espèce, déclencher un contentieux, que la Commission ne pouvait que perdre? Cette première vague d'agitation n'était qu'un léger avant-goût de ce qui allait suivre.

Les lobbyistes américains en action

Après l'ouverture de l'enquête approfondie le 19 mars 97, il nous restait donc quatre mois pour prendre une décision définitive. Ce qui signifiait qu'au 30 juillet, une majorité des membres de la Commission, soit au moins onze commissaires européens sur vingt, devraient, au moment du vote, lever la main pour approuver ou désapprouver la fusion. Avant cette date, on pouvait encore chercher des remèdes. En effet, au cours des trois premiers mois de la deuxième phase, les partenaires de la fusion peuvent toujours adapter leurs projets, afin de rencontrer ou d'éliminer les problèmes de concurrence constatés. Toutefois, dans un premier temps, nous étions tenus de faire connaître et de justifier nos objections au moyen d'un exposé de griefs très détaillé. Ce document devait être rédigé au plus vite. Une partie de mon équipe a sacrifié de nombreuses soirées et week-ends pour venir à bout de cet énorme travail. À la fin du mois de mai, nous avons pu envoyer à Seattle un dossier complet contenant toutes les objections et remarques, avec copie aux quinze États membres de l'Union européenne. Dans les dossiers de fusions, les autorités nationales de concurrence ont en effet leur mot à dire. La Commission décide, mais les États membres ont un droit de regard. En fin de parcours, ils peuvent toujours émettre un avis.

Boeing ayant maintenant reçu le dossier exposant en détail nos objections, nous attendions des contre-propositions. Or, apparemment, à Seattle, QG de Boeing, on n'avait nullement l'intention de modifier quoi que ce soit à l'accord de fusion. En revanche, les autorités américaines et les groupes de pression avaient été appelés à la rescousse et commençaient à s'agiter bruyamment.

Sans avoir approfondi le dossier, de nombreux sénateurs américains prétendaient que je voulais bloquer la fusion uniquement pour de basses raisons politiques. Outre-Atlantique, on affirmait que mon seul but était d'instaurer une forme de protectionnisme en faveur d'Airbus, qui en plus percevait déjà d'énormes subsides publics au détriment de la concurrence américaine. On a généralement tendance à oublier, de l'autre côté de l'Atlantique, que les autorités américaines injectent également d'énormes quantités d'argent public dans l'industrie aéronautique au moyen de fonds de recherche. L'agitation aux États-Unis prenait de telles proportions que je me sentais obligé de répéter inlassablement dans des interviews et des débats, qu'en tant qu'autorité de concurrence, nous ne faisions que notre devoir en examinant la fusion Boeing-MDC à l'aune de la législation européenne. Cet argument eut peu de poids aux États-Unis. Leur devise était: *excusatio non petita, accusatio manifesta.*

Je ne fus pas toujours aidé du côté européen. Édith Cresson ne ratait aucune occasion pour déclarer à qui voulait l'entendre que la fusion Boeing-MDC devait être interdite en tout état de cause pour protéger Airbus. Ce genre de déclarations d'inspiration politique et protectionniste apportaient évidemment de l'eau au moulin américain.

En Europe, Boeing lança une opération de charme auprès des compagnies aériennes clientes de Boeing ou de MDC. Boeing les incitait à envoyer des lettres à la Commission disant en substance qu'elles ne voyaient aucun inconvénient au projet de fusion et que Boeing était une compagnie sérieuse qui ne leur causait aucun souci. La plupart de ces compagnies étaient très embarrassées par ces procédés. Elles nous signalaient les pressions exercées par les lobbies américains, mais ne souhaitaient pas réagir davantage. Certaines nous firent au contraire savoir qu'elles étaient justement préoccupées du fait que la fusion ne leur laissait plus le choix qu'entre deux constructeurs d'avions au lieu de trois. La seule compagnie aérienne à avoir écrit une lettre de soutien inconditionnel en faveur de Boeing fut la compagnie scandinave SAS. C'était aussi étonnant que désolant.

Boeing entreprit également toute une campagne pour faire remarquer qu'elle procurait nombre d'emplois en Europe par l'intermédiaire de sous-traitants. C'est exact; mais ce n'était pas le sujet de l'enquête. Par ailleurs, Airbus crée également beaucoup d'emplois aux États-Unis.

Le président Clinton se fait menaçant

À mesure que le temps passait et que Boeing ne manifestait aucune disposition à proposer des remèdes, le lobby politique redoublait d'efforts. Le vice-président Al Gore faisait des déclarations désobligeantes vis-à-vis de la Commission européenne. Peu à peu, on brandissait également la menace de représailles économiques. On prétendait que c'était un conflit commercial, alors qu'il s'agissait purement d'un cas relevant du respect des règles de la concurrence. Toute cette agitation prouvait une fois de plus qu'aux États-Unis les affaires privées et les intérêts de l'État sont étroitement liés. On avance souvent comme un postulat qu'il n'y a pas de connivence entre l'État et le monde des affaires. Rien n'est moins vrai, lorsqu'il s'agit des intérêts des grandes entreprises américaines. Dans ce dossier, le président Clinton s'est pleinement engagé aux côtés de MDC-Boeing. Peu avant la décision définitive, il a effectivement ménacé d'utiliser l'arme de sanctions commerciales. «Nous avons en réserve quelques mesures, si l'Europe se met en travers dans cette affaire», laissait clairement entendre Clinton.

Le président américain ne se limita pas à des menaces lointaines. Il interpella directement ou fit interpeller des chefs de gouvernements européens. Clinton appela personnellement au téléphone le Premier ministre italien, maintenant président de la Commission, Romano Prodi. De son côté, Madeleine Albright téléphonait à ses homologues des Affaires étrangères pour faire comprendre qu'une décision négative pourrait entraîner des conséquences fâcheuses.

On colportait que le contentieux avait été monté de toutes pièces par un commissaire européen qui pour des raisons d'ego personnel, voulait s'en prendre aux Américains. On pouvait lire des articles dans la presse italienne affirmant que Prodi était favorable à la fusion et qu'il était d'avis que l'action de la Commission était déplacée.

Je n'ai jamais pu savoir si de tels articles avaient pour origine le travail d'intoxication des lobbies de Boeing ou si effectivement c'était l'avis de Prodi lui-même. Je reçus un coup de fil de ce dernier pour me dire que Clinton lui avait fait part de sa préoccupation. Je mis l'occasion à profit pour diffuser un signal clair dans l'autre sens: si à Washington on voulait éviter une décision négative de la Commission, il suffisait de faire comprendre à Boeing que seules des concessions substantielles pouvaient empêcher l'interdiction de l'opération. Tant que Washington confortait Boeing dans son refus, une décision d'interdiction était inévitable.

Dans les médias américains, la pression ne cessait de monter. Beaucoup se laissaient facilement abuser et ajoutaient foi à la légende que des bureaucrates européens se mêlaient d'affaires purement américaines. Le vieux continent vivait sous un joug bureaucratique, qui à présent menaçait également le nouveau monde! Nombre de titres de journaux et de commentaires journalistiques en disent long quant à l'atmosphère qui régnait à l'époque.

«Orage sur l'Atlantique», titrait le *Financial Times.* L'influent quotidien néerlandais *NRC Handelsblad* annonçait: «La guerre des nerfs entre Bruxelles et les États-Unis approche de son point culminant»; «Croisière vertigineuse», s'exclamait encore le *Financial Times.* Je ne veux pas priver le lecteur de ce bref passage d'un commentaire paru dans le *Chicago Tribune*:

«Le fait qu'une organisation étrangère – une organisation qui, par ailleurs, s'intéresse uniquement à protéger sa propre industrie – menace des entreprises américaines de sanctions, constitue une déclaration de guerre économique. Il s'agit de pur chantage de la part de l'UE envers une grande entreprise qui – avec le plein accord du gouvernement américain – s'occupe d'activités strictement légales. C'est du protectionnisme d'un autre âge. Cela revient à dire qu'on tente de sanctionner une entreprise et un pays pour défendre les seuls intérêts industriels européens. J'espère que les hommes politiques à Washington relèveront le défi. On verra bien qui pèse le plus lourd dans la balance économique et qui baissera pavillon.»

À grand renfort de tambours à Bruxelles

Le mutisme à Seattle restait total. Après une période consacrée à l'étude du dossier, nous invitions toutes les parties pour un échange de vues à Bruxelles. Une telle démarche fait partie de la procédure normale dans les affaires de cartels et de fusions. À l'occasion de cette rencontre à

Bruxelles, les Américains ont déployé les grands moyens. Il est d'ailleurs frappant que les Américains attachent beaucoup plus d'importance à ces séances d'auditions dans des dossiers de concurrence que les entreprises européennes et en profitent pour se livrer à un show médiatique. Qu'il s'agisse de Coca-Cola, American Airlines, Worldcom, AT&T ou des grands studios d'Hollywood, imperturbablement ils «débarquent» à Bruxelles, entourés d'une délégation impressionnante comptant de célèbres professeurs d'économie, des PDG, des stratèges en tous genres ou même des prix Nobel. Cela donne toujours l'impression que nous avons encore beaucoup à apprendre.

Le scénario de Boeing était de la même veine: aidés d'une petite armée d'avocats et de conseillers, ils ont monté le spectacle audiovisuel le plus retentissant auquel il me fut donné d'assister durant mon mandat de commissaire.

Je n'assistai pas personnellement à ces séances d'auditions, mais je me fis évidemment informer dans tous les détails. Un soir de juin, je me trouvais dans mon bureau avec quelques-uns de mes plus proches collaborateurs pour examiner à la loupe les arguments avancés par les Américains. Un point sautait aux yeux. Boeing ne cessait d'arguer que McDonnell Douglas, dans sa composante aéronautique civile, serait irrémédiablement perdu sans leur plan de reprise. D'après eux, seul un ignare pourrait croire que les 6 pour cent de part de marché dans le domaine des avions civils que MDC possédait encore, suffiraient pour la survie de la société. En dehors de Boeing, personne ne s'intéressait à MDC, qui se dirigeait indéniablement vers sa perte. Cet argument «entreprise défaillante» était donc largement et efficacement mis à contribution.

Je n'ignorais pas que les États-Unis voulaient à tout prix éviter le risque de voir surgir un acquéreur asiatique pour la reprise de la production des appareils civils de MDC. Or, quelle aurait été la réaction si Airbus avait montré de l'intérêt? La question valait la peine d'être posée. Comme on pouvait s'y attendre, Airbus joua un rôle actif dans l'enquête soulignant continuellement la menace potentielle que constituait le puissant empire Boeing. À juste titre Airbus attaquait les contrats exclusifs à long terme. L'énormité de la part de marché de Boeing après la fusion faisait craindre à Airbus de perdre toute position concurrentielle. «Pourquoi», leur avons-nous demandé, «ne vous êtes-vous pas porté acquéreur des activités civiles de MDC?» Toute une explication suivit: les Américains seraient en principe hostiles à une initiative de cette nature; il s'avérerait nécessaire de prendre des mesures d'assainissement sévères et impopulaires chez MDC; il y avait trop peu de complémentarité entre les deux entreprises. La conclusion était claire: Airbus n'avait aucunement l'intention de reprendre MDC.

Ce constat avait des conséquences. L'attitude d'Airbus rendait manifestement plus difficile une décision négative. D'autre part, il était exclu que l'opération puisse être approuvée par la Commission sans de sérieuses concessions de Boeing. À ce stade du contentieux, la question était: «Boeing fera-t-il des concessions suffisantes? » Rien ne l'indiquait. À la suite des auditions à Bruxelles, des représentants de Boeing allèrent rendre visite aux autorités de concurrence des États membres de l'UE dans le but manifeste de les monter contre la Commission. «S'il est impossible de faire plier la Commission, on peut peut-être la faire revenir à la raison en faisant appel aux États membres», raisonnait-on du côté américain. Tous les dossiers de cartels et de fusions importants doivent d'abord être soumis à un organisme consultatif constitué des représentants des autorités de concurrence des États membres avant que la Commission ne puisse décider. Même si la Commission détient le droit exclusif de décider, elle ne le fait pratiquement jamais contre l'avis des États membres. Boeing s'avisa que quelques États membres étaient susceptibles de céder à la pression américaine. Les intérêts vitaux des États-Unis étaient en cause; les États membres de l'UE devaient le comprendre.

On ne négligeait aucun moyen de pression: Boeing n'hésita pas à menacer de mettre progressivement un terme à l'emploi et à la soustraitance en Europe.

Forcing avant la fin du parcours

Le 30 juin 97 était en principe la date limite avant laquelle il fallait proposer des remèdes, la décision finale devant être prise dans les trente jours suivants. La tactique de Boeing était claire: ne faire aucune concession notoire, laisser passer le délai et augmenter la pression sur la Commission et les gouvernements, espérant ainsi que nous manquerions de temps et soyons par conséquent obligés d'approuver la fusion sans modification pour éviter un conflit majeur avec les États-Unis.

La date-butoir approchait à grands pas, ce qui ne laissait rien présager de bon. De jour en jour, je sentais croître la nervosité dans la Commission. Sur maints visages se lisait la question: «Vont-ils cette fois pouvoir s'en sortir?» Çà et là on était convaincu que Van Miert et la DG Concurrence s'apprêtaient à «se casser la figure». En particulier dans quelques bureaux d'avocats bruxellois, les frustrations ne demandaient qu'à se libérer.

C'est confronté à l'épreuve que l'on apprend vraiment à connaître et apprécier ses collaborateurs. Le patron de la direction Concentrations (Merger Taskforce: MTF), Götz Drauz, et les membres de son équipe prouvaient une fois de plus leurs immenses capacités de travail – connues de moi depuis longtemps –, mais aussi de résistance face aux pressions les plus fortes et aux manœuvres les plus rusées.

Lorsque le précédent dirigeant de la MTF, l'Anglais Philip Low, fut appelé par Neil Kinnock pour diriger son cabinet, je n'hésitai pas un seul instant à lui désigner Götz Drauz pour successeur. Tout comme le directeur général Alex Schaub, Drauz était allemand. Or, les habitudes de la maison veulent que la fonction importante de dirigeant de la MTF soit de préférence exercée par quelqu'un d'une autre nationalité que celle du directeur-général. Malgré toute ma compréhension pour les équilibres entre les diverses nationalités, je pensais que dans ce cas-ci l'intérêt du service devait primer. Götz Drauz fut donc nommé. Il était l'homme qu'aussi bien Schaub que moi-même estimions le plus qualifié pour remplir cette fonction. À d'autres occasions, j'ai agi de la même manière, sans aucune discrimination de nationalité. Il apparut très rapidement que Drauz était un excellent choix. Il a réussi à traiter efficacement avec son équipe pourtant trop réduite un nombre toujours croissant de dossiers toujours plus complexes, sans commettre d'erreur et dans les délais requis. En 93, le nombre de dossiers à traiter oscillait entre cinquante à soixante par an; en 1999, il est passé à presque 300. Dans l'affaire Boeing, Drauz et son équipe, constituée spécialement pour examiner ce dossier, se sont montrés inébranlables. Alex Schaub, fort de son expérience internationale, surveillait étroitement la ramification internationale de l'affaire.

Au sein de mon cabinet, Chêne coordonnait brillamment ce dossier extrêmement complexe. Il fut assisté d'une façon formidable par un jeune collaborateur français, Olivier Guersent, qui avait auparavant fait ses preuves à la MTF. Mon porte-parole Willy Helin participait également activement à nos travaux. La presse internationale à Bruxelles le reconnaissait comme un des tout meilleurs porte-parole. Il était particulièrement estimé pour sa façon non conventionnelle mais néanmoins très professionnelle de travailler. Dans le cas d'espèce, il fallait résister à l'hostilité d'une partie de la presse anglo-saxonne et dénoncer les «intoxications» quotidiennes. Un mot de trop ou trop peu pouvait causer des catastrophes. Subtilité et doigté dans l'information étaient de première importance. Je considère que c'était un vrai privilège de pouvoir compter sur une telle équipe.

Lorsque le degré de difficulté fut à son comble, j'appelai ce petit groupe dans mon bureau pour nous concerter sur la façon d'agir face à la tactique de Boeing. D'emblée, je déclarai que nous ne céderions pas. Si Boeing reste intransigeante, la décision serait négative. J'étais certain que dans la Commission on pouvait trouver une majorité solide en ce sens. J'avais systématiquement informé mes collègues, de semaine en semaine, et pouvais compter sur leur appui. Très vite, nous tombions d'accord sur deux choses assez inhabituelles à faire pour neutraliser la tactique de Boeing.

Tout d'abord, nous devions nous-mêmes définir l'ensemble des concessions que Boeing devait faire pour éviter une décision négative et les faire connaître publiquement. Il n'est pas dans les habitudes de la Commission de faire elle-même des propositions de modification d'un accord de fusion conclu par des entreprises. Normalement, cette tâche incombe aux parties concernées elles-mêmes. Le rôle de la Commission est de vérifier si ces modifications répondent suffisamment aux exigences. Si ces «remèdes» sont présentés à temps, la Commission se charge de finaliser correctement la procédure.

Puisque Boeing ne le faisait pas, nous tentions de les mettre au pied du mur. De cette manière, la balle était remise dans leur camp. En agissant ainsi, nous soulignions également que nous n'étions pas à tout prix partisans d'une décision négative, mais que nous exigions des adaptations substantielles en réponse à nos objections sur le plan concurrentiel. D'après nous, cinq concessions étaient absolument nécessaires.

En premier lieu, nous exigions que la partie de la construction aérienne civile de MDC reste juridiquement séparée de Boeing. De cette façon on pouvait éviter que la clientèle de MDC soit tout simplement accaparée par Boeing. Deuxièmement, que tous les brevets issus de la recherche militaire largement subsidiée chez MDC et dont Boeing reprendrait les applications pour la construction aéronautique civile, soient aussi disponibles pour des concurrents, moyennant une rémunération adéquate. Troisièmement, les contrats de longue durée conclus avec des compagnies aériennes devaient être rendus caducs. De nouveaux «deals» de ce genre ne pouvaient être conclus. Quatrièmement, Boeing ne pouvait pas mettre abusivement à profit – au détriment de la concurrence – sa position dominante sur le marché, en particulier vis-à-vis des fournisseurs de la sous-traitance. Cinquièmement, la Commission aurait un droit de contrôle pour veiller au respect des engagements et ce pour une durée de dix ans.

Le second élément inhabituel résidait dans le fait que je me mis très confidentiellement d'accord avec les services pour qu'outre le projet de décision négative, un projet de décision positive soit rédigé à l'avance, comme si Boeing avait accepté toutes nos conditions. Cela nous permettrait si nécessaire de prendre à la dernière minute et avant la date limite fatale une décision d'autorisation juridiquement correcte, si Boeing cédait au dernier moment. En réalité, nous essayions de «vaincre» Boeing en utilisant sa propre tactique: gagner du temps. En dehors de nos propres murs, notre discours restait invariable: si Boeing ne faisait pas rapidement les concessions nécessaires, la Commission serait juridiquement tenue de prendre une décision négative. Nous nous mîmes immédiatement au travail: un projet de décision négative fut transmis au comité consultatif. Boeing en fut très vite informé: nous avions nous-même orchestré les fuites de presse nécessaires.

Notre tactique fit quelque peu «bouger» l'affaire. Toutefois, Boeing restait peu coopérant. L'entreprise essayait par tous les moyens d'échapper à l'ensemble des cinq conditions, en faisant çà et là de petites concessions. Apparemment à Seattle on s'imaginait que la Commission s'en contenterait. Au sujet des contrats d'exclusivité à long terme, Boeing disait: nous n'en ferons plus, mais les trois accords conclus restent valables. Cette proposition étant rejetée par la Commission, la société voulut alors négocier la durée de l'exclusivité. D'abord elle proposa quinze années au lieu de vingt; puis dix et en fin de compte sept. Cela ressemblait de plus en plus à du marchandage. Il en allait de même pour les autres points. Boeing ne voulait en aucun cas accepter la dernière exigence qui donnerait à la Commission le droit de vérifier scrupuleusement le respect des engagements.

Malgré la pression qui ne cessait d'augmenter et les menaces qui émanaient de Washington, y compris des menaces de représailles économiques, on tenta néanmoins en coulisses d'éviter la confrontation. Le secrétaire d'État adjoint au State Department, Stuart Eizenstat, s'y employait avec talent. Il eut un rôle crucial et positif dans cette affaire. Nous avions des contacts téléphoniques réguliers et nous nous connaissions très bien depuis qu'il avait occupé le poste d'ambassadeur des États-Unis auprès de l'UE. J'avais beaucoup d'estime pour lui. Eisenstat appartient – tout comme notre ambassadeur-UE aux États-Unis à l'époque, Hugo Paemen – au petit cercle de diplomates du plus haut niveau qui peuvent combiner connaissance approfondie des dossiers, crédibilité et contact humain agréable. Par sa parfaite connaissance du fonctionnement de la Commission européenne et entre autres de la politique de concurrence de l'UE, Eisenstat pouvait quelque peu «objectiver» le débat à Washington. Il essayait notamment de faire comprendre aux Américains qu'il ne s'agissait pas d'une action hostile envers les États-Unis, mais d'une application normale de la législation européenne sur les concentrations. Lors d'une de nos communications téléphoniques, il m'avoua qu'il devait constamment rappeler à certains de ses concitoyens emportés que Van Miert n'avait jamais discriminé une entreprise américaine. Lors des réunions organisées à la Maison Blanche au sujet de l'affaire Boeing, il se prononçait en faveur de concessions et plaidait pour éviter un conflit ouvert.

Bien sûr, Eisenstat essayait lui aussi d'atténuer nos cinq conditions. Sans cesse, il proposait de nouveaux éléments de compromis. Chaque fois, j'essayais de lui faire comprendre que notre paquet de remèdes était le minimum nécessaire pour éviter une décision négative.

Boeing baisse le ton

Nous recevions des signaux positifs de la part des États membres. La France notamment, qui avait le plus insisté pour qu'il y ait une interdiction, fit savoir qu'elle pouvait accepter la fusion si les cinq conditions que j'avais proposées étaient acceptées telles quelles. D'autres pays membres se ralliaient à cette position.

Aux États-Unis, d'autres prenaient fait et cause pour Boeing, notamment Bob Crandall, le Président-Directeur Général d'American Airlines. Il déclarait avec force que personne n'avait le droit de lui imposer son fournisseur d'avions. Ce n'était certainement pas un petit groupe de bureaucrates européens qui devaient lui dicter sa conduite. Avec ou sans contrat exclusif, il continuerait à acheter uniquement des avions Boeing. J'ai demandé à mon porte-parole de faire remarquer que Crandall ne serait probablement pas président d'American Airlines pendant vingt ans et que ses successeurs seraient libres d'acheter leurs avions là où ils le voudraient. En outre, était-il souhaitable qu'une firme soit à ce point liée pendant vingt ans à un seul fournisseur? Étrange conception de l'économie de marché!

Vernon Weaver, alors ambassadeur auprès de l'Union européenne, me faisait souvent comprendre également qu'il n'approuvait pas vraiment l'attitude inflexible de Washington. Il me confiait qu'il n'était pas très partisan de concentrations gigantesques telles que Boeing-MDC et qu'il comprenait la position de la Commission.

Quelques jours avant la décision finale, Phil Condit me téléphona, alors que j'étais à Strasbourg, pour s'assurer que nous ne voulions pas atténuer nos exigences. Je lui répondis par la négative. Je pouvais, au contraire, le certifier que les autres membres de la Commission me soutenaient avec une ferme détermination. Ils avaient, à l'initiative de Leon Brittan, rédigé pendant cette session à Strasbourg une déclaration dans laquelle il était précisé que les cinq conditions étaient à prendre ou à laisser. Cette déclaration fut évidemment rendue publique. Il était encourageant de constater que la Commission pouvait faire bloc et qu'en des circonstances difficiles des collègues avec lesquels on a pu avoir des divergences d'opinion vous soutiennent sans réserve. J'appréciais beaucoup cet appui. Cette unité de la Commission a incontestablement facilité le dénouement de l'affaire. Si le monde extérieur avait détecté une dissension au sein de la Commission, cela eût considérablement affaibli sa position et, bien entendu, celle du commissaire à la concurrence.

Entre-temps, Boeing ne bougeait toujours pas beaucoup. Je demandai à mon porte-parole d'annoncer que la décision tomberait à la réunion de la Commission du 23 juillet. Nous ne pouvions pas prendre le risque juridique que le dossier ne soit pas clôturé à la date limite, une semaine plus tard. Ce n'est que si Boeing acceptait – au plus tard le 22 juillet – les cinq conditions, qu'une décision négative pouvait être évitée de toute justesse. Tout semblait indiquer que Boeing ne changerait plus d'avis. Mes collaborateurs avaient entendu dire que les négociateurs de Boeing étaient repartis à Seattle. C'était une indication que nous ne devions plus nous attendre à d'autres concessions. Drauz et son équipe, aidés par Olivier Guersent, étaient par conséquent obligés de mettre la dernière main à la décision négative, dans la nuit du 21 au 22 juillet.

Le hasard voulut que précisément le lendemain, le 22 juillet, se tienne une réunion du Conseil des ministres des Affaires étrangères. La pression américaine avait fortement sensibilisé les ministres et quelques-uns étaient devenus franchement inquiets. Le président de la

Commission Jacques Santer, qui assiste aux réunions du Conseil des ministres des Affaires étrangères, fut interrogé sur le comment et le pourquoi. Les ministres lui demandaient en outre si une action si rigoureuse était bien nécessaire. Santer répondit que Van Miert était la personne qui pouvait le mieux expliquer la situation. Sur le champ, je fus convoqué pour commenter l'affaire Boeing pendant le déjeuner des ministres des Affaires étrangères. Je m'attendais à une confrontation plutôt tendue, d'autant plus que certains n'ayant qu'une connaissance imparfaite du dossier y voyaient peut-être avant tout une pierre d'achoppement entre Américains et Européens, surtout après les interventions au plus haut niveau de Clinton, Gore et Albright.

Tandis que je m'apprêtais à me rendre à la réunion des ministres, Chêne et Guersent accoururent tout radieux en possession d'un fax où l'on pouvait lire noir sur blanc que Boeing acceptait toutes nos exigences. Je n'en croyais pas mes yeux. Prenant connaissance du contenu du fax avec toutes les concessions, je leur demandai s'il ne s'agissait pas d'une farce. Ce n'était pas le cas. Les avocats de Boeing avaient tout confirmé par téléphone. De leur côté, les négociateurs de Boeing étaient revenus à Bruxelles. Je demandai s'ils n'étaient pas rentrés à Seattle. On me répondit qu'ils étaient simplement restés à Londres, pensant nous faire céder.

Il s'ensuivit une rencontre des plus cordiales avec les ministres des Affaires étrangères. Ce fut probablement pour eux aussi un grand soulagement d'apprendre que le problème était en voie de résolution. La réunion se termina avec félicitations et tapes dans le dos. On revenait de loin.

En réalité, il fallut encore travailler tard dans la nuit afin d'achever le projet de décision, désormais positive, pour la réunion de la Commission du 23 juillet. L'approbation de principe n'était qu'une formalité. Un commissaire eut un comportement déplacé: Édith Cresson, qui n'avait pas eu le courage de voter contre l'autorisation moyennant les cinq conditions, convoqua, après la réunion, la presse française pour critiquer ma soi-disant reddition aux Américains. Sa version des faits où l'accent était mis non sur l'application des règles de concurrence mais sur la bataille commerciale et sur la lutte de prestige entre l'Europe et les États-Unis, fut reprise par une partie de la presse française. C'était précisément cette présentation erronée et politisée des choses qui nous avait créé tant de problèmes. Plusieurs ministres français m'ont téléphoné par la suite pour m'exprimer leur satisfaction quant à l'issue de l'affaire et pour me faire savoir qu'ils étaient pas d'accord avec ceux qui avaient tenté d'en faire un conflit commercial. *Le Monde* publia un article d'un «expert» qui estimait que notre décision était néfaste pour Airbus car elle empêcherait Airbus à l'avenir de conclure des contrats exclusifs à long terme. En effet, comme Boeing, Airbus n'a pas le droit de geler le marché par de telles pratiques. La concurrence est la concurrence…

La décision dans l'affaire Boeing ne laissait personne indifférent des deux côtés de l'Atlantique. La première conséquence fut qu'aux États-Unis – au-delà des initiés –, on se rendait tout à coup compte du fait que l'UE avait développé une véritable politique de concurrence qui pouvait facilement supporter la comparaison avec la politique de concurrence des États-Unis. Certains émettaient même l'opinion que la politique européenne était plus déterminée que la politique américaine. Il était dorénavant clair également pour les entreprises américaines les plus puissantes que la Commission européenne en tant qu'autorité de concurrence était une institution avec laquelle il fallait compter. Les effets s'en firent vite sentir. Des entreprises se mirent à consulter mes services avec plus de respect et à se montrer plus disposées au dialogue. Même si en 1999, Coca-Cola tenta encore une fois d'échapper à la juridiction de la Commission. Mais sans résultat!

À l'intérieur de l'UE, l'effet était non moins perceptible. La Commission était donc capable de traiter une fusion cruciale et politiquement très sensible entre deux grandes entreprises américaines de façon efficace et sans faiblesse: cela étonnait et faisait aussi comprendre qu'une telle action n'était possible qu'à l'échelle de l'Europe. Aucun État membre seul n'en était capable, même l'Allemagne. Seule une autorité indépendante européenne telle que la Commission pouvait mener à bien un tel travail. L'opinion publique l'avait maintenant compris. De cette manière, notre politique de concurrence acquérait une légitimité plus large. L'affaire Boeing n'était qu'une étape, mais elle était aussi l'illustration d'une politique de concurrence européenne devenue adulte. Cette politique s'était progressivement développée, d'année en année, depuis le premier Commissaire à la concurrence Von der Groeben dans les années soixante; elle avait été très largement renforcée – avec succès – par mes deux prédécesseurs immédiats, Peter Sutherland et Leon Brittan. Nous avons ainsi pu récolter ce que d'autres avaient semé.

Collaboration transatlantique

Il serait inexact de déduire de l'affaire Boeing que les autorités de concurrence européennes et américaines avaient des rapports tendus en permanence. De tous les cas de concurrence qui par leur caractère transatlantique devaient être traités des deux côtés de l'Océan, Boeing fut le seul où apparut une réelle divergence de vues. Dans tous les autres dossiers – des dizaines et des dizaines –, les actions et les décisions furent, grâce à une étroite collaboration, concordantes, voire identiques. Lorsque des entreprises, comme dans l'affaire Worldcom-MCI, tentaient de monter une autorité contre l'autre, elles en étaient pour leurs frais. Non seulement il y avait une entente excellente au plus haut niveau entre Bob Pitofski de la FTC et Joël Klein du Department of Justice d'un côté et Alex Schaub et moi-même de l'autre, mais nos collaborateurs apprenaient également de jour en jour à se côtoyer dans une atmosphère de confiance et de professionnalisme.

Cette étroite collaboration était le fruit d'un accord de collaboration que Leon Brittan avait conclu en 1991. Cette collaboration fut élargie en 1998 par un accord supplémentaire signé par le ministre américain de la Justice Janet Reno et moi-même. Par la suite, un accord de collaboration similaire a encore été conclu avec le Canada. J'avais l'intention d'en faire de même avec le Japon. Le temps m'a manqué, la Commission Santer ayant entre-temps démissionné.

Lorsque j'avais déjà quitté la Commission, en septembre 1999, je fus invité à un dîner d'adieu par Alex Schaub, ses collaborateurs les plus proches et les autorités nationales de concurrence. C'était presque une réunion de famille. J'étais ému et honoré d'être à nouveau entouré de ceux et celles avec qui j'avais eu tant de plaisir à travailler. Mais la présence à ce dîner de mes deux collègues américains me fit tout particulièrement plaisir. L'excellente collaboration avait non seulement fait naître un respect mutuel, mais aussi de l'amitié.

Chapitre XII
LA FIN PRÉMATURÉE DE LA COMMISSION SANTER

Dès le début, les rapports avec le Parlement européen furent problématiques. Malgré les meilleures intentions et des efforts constants, le président Santer ne parvenait pas à susciter le respect parlementaire que Delors inspirait naturellement.

Le Parlement possédait déjà un réel pouvoir dans le domaine budgetaire. Le Traité de Maastricht lui a conféré également un large droit de codécision en matière législative. Il prenait ainsi de plus en plus conscience de son importance.

Klaus Hänsch, l'excellent ancien président du Parlement européen, rêvait depuis longtemps de pouvoir faire la preuve qu'une motion de censure contre la Commission n'était pas que de la théorie. Le Parlement en tant qu'organe de contrôle démocratique acquerrait ainsi dans son esprit enfin de la maturité. Entre-temps, beaucoup de membres du Parlement avaient découvert la valeur publicitaire des commissions d'enquêtes et des activités de contrôle, comme dans les Parlements nationaux.

On ne peut le leur reprocher. Il s'agit d'une partie importante de leur mission parlementaire même si, chez certains, l'envie de faire parler d'eux dépasse parfois l'accomplissement d'un travail sérieux.

Certains collègues de la Commission avaient du mal à s'adapter à l'évolution rapide du parlement européen. Le respect pour le travail parlementaire est en général moins développé dans le Sud de l'UE que dans les pays scandinaves, en Grande-Bretagne ou encore aux Pays-Bas. Ainsi s'expliquent des réactions parfois à fleur de peau ou quelquefois même hautaines chez certains membres de la Commission. Il y a dix ans, la situation était encore très différente. À l'époque, le Parlement et la Commission se comportaient encore largement comme des alliés.

Dans la commission de contrôle budgétaire du Parlement européen, en abrégé COCOBU, des conflits aigus se multiplièrent. Le contrôle budgétaire était un point faible de la Commission. De plus en plus fréquemment, des collègues furent mis sur la sellette. La présidente de la COCOBU, Diemut Theato, une députée CDU, très déterminée et inflexible, et Herbert Bösch, un social-démocrate autrichien très zélé et persévérant, prenaient l'initiative et harcelaient la Commission de questions.

Lorsqu'il apparaissait qu'au sein de la Commission des pratiques douteuses s'étaient développées ici et là – fautes de gestion, népotisme et même corruption –, ce fut le début de la fin. Le point culminant fut atteint lorsque le 17 décembre 98, le Parlement européen refusa de donner décharge à la Commission au sujet de l'exercice budgétaire 1996.

D'après le Parlement, la Commission avait mal géré le budget de 96. Les élections prévues en juin 99 rendaient le Parlement encore plus nerveux et intransigeant qu'à l'accoutumée. On avait également tiré à boulets rouges sur le Parlement lui-même, en raison du mauvais usage que certains membres avaient fait de frais de mission et autres indemnités. Il lança donc d'autant plus volontiers la contre-offensive. Pour couronner le tout, la presse révéla certains faits qualifiés de «scandales». Au départ, deux commissaires étaient mis en cause: Manuel Marín, le commissaire espagnol qui dans la Commission précédente, la Commission Delors, était, entre autres, chargé de l'aide humanitaire, et Emma Bonino, la fougueuse Italienne, qui en avait hérité. À tous les deux, on fit le reproche de détournements à partir de contrats d'aide humanitaire. Ils n'ont pas contesté certains faits et ont reconnu qu'il y avait eu des «dérives» au sein de leurs services. En revanche, ils affirmaient que les faits étaient beaucoup moins graves que ce que la presse et le Parlement européen prétendaient et qu'ils n'y étaient pour rien personnellement. À l'époque, Édith Cresson n'était pas encore visée.

Un climat de scandale autour de la Commission

Manuel Marín était sans doute un personnage assez particulier. Certains députés du Parlement européen le trouvaient passablement arrogant. Mais il était tout le contraire d'un corrompu, tout en étant maladroit et obstiné dans les rapports avec son administration. Il était distant et en même temps très sensible. Ce n'était pas un collègue facile à vivre. Il avait une capacité aiguë d'analyse et était courageux. Pas très diplomate, il affirmait avec force son idée; on lui en tenait quelquefois rigueur. Delors n'appréciait pas beaucoup l'opiniâtre Marín. Le fier Manolo en souffrait.

Quant à moi, je l'avais pris en sympathie. Dans la Commission Santer, nous étions toujours assis l'un à côté de l'autre à la grande table ronde autour de laquelle se réunissait la Commission. J'ai déjà signalé que lorsque j'étais encore au cabinet d'Henri Simonet, je l'avais introduit comme stagiaire à la Commission. Quelques années plus tard, il nous est donné de nous retrouver à Bruxelles. Il était à ce moment-là un des plus jeunes parlementaires espagnols du PSOE de Felipe Gonzáles.

Secrétaire d'État pour les Affaires européennes, il avait eu un rôle crucial dans les négociations pour l'adhésion de l'Espagne à la Communauté européenne.

Après l'adhésion de son pays, il fut nommé en 1986 membre à la Commission en même temps qu'Abel Matutes.

Quand les difficultés débutèrent à la Commission Santer, Marín était convaincu qu'il était victime d'un sombre règlement de comptes politique. Il soupçonnait en particulier le parti allemand CDU de vouloir sa peau. La CDU était désormais dans l'opposition en Allemagne et adoptait pour cette raison une attitude beaucoup plus dure envers la Commission au Parlement européen. La grande majorité des parlementaires SPD se laissait entraîner par la vague. À quelques exceptions près, on était donc en présence d'un bloc allemand hostile et jusqu'auboutiste.

Marín affirmait souvent qu'il y avait de sombres manipulations qui se tramaient. D'après lui, une partie de la presse et du Parlement voulait non seulement les évincer lui et Bonino, mais souhaitait la chute de l'ensemble de la Commission. Il est probable que Marín ressentit certaines choses d'une façon plus intense que d'autres. Il avait subi le régime Franco et avait de ce fait peut-être acquis une forme d'intuition pour déceler des manigances obscures. Personnellement, je n'y ai jamais cru. En revanche, je trouvais que l'on assistait à un malheureux concours de circonstances et j'avais un mauvais pressentiment.

Emma Bonino était une toute autre personne. Elle avait la langue bien pendue et savait se défendre. Elle aussi fut mise à rude épreuve. En plus de ses difficultés avec le Parlement, elle s'estimait traitée de façon désobligeante par l'UCLAF, le service anti-fraude de la Commission. Et parfois des faits étranges se produisirent. Le *Financial Times* a publié à un moment donné l'information qu'elle avait été très critiquée par ses collègues. Il n'en était rien. Au contraire, nous l'avions justement assurée de notre solidarité. Il est assez étonnant qu'un journal d'une telle réputation répande des informations parfaitement non-fondées. Apparemment ce journal avait cru sur parole un informateur de l'intérieur même du Collège. À un autre moment, c'est moi qui ai été mis en cause par une parlementaire SPD. Elle colportait haut et fort la rumeur que dans mon département travaillaient une centaine de «fonctionnaires fantômes» ou «sous-marins», à savoir des collaborateurs non recensés officiellement, mais néanmoins rémunérés. Parfait commérage, très facile à réfuter. Cependant, cela donne une idée du climat ambiant à l'époque. Et du peu de sérieux, voire de la parfaite mauvaise foi de tel ou tel parlementaire.

La Commission, du gibier blessé

Jacques Santer n'était pas l'homme à renverser la vapeur. Il ne possédait pas le don de communication d'un Delors. Le temps où il reçevait des applaudissements pour sa devise: «Nous faisons moins, mais mieux» était révolu. Quoi que Santer fît, il obtenait presque toujours le résultat inverse. Chaque conférence de presse ne faisait qu'aggraver la situation. La presse lui réservait rarement un écho positif et chacune de ses déclarations publiques semblait détériorer la situation. Il débordait de bonnes intentions pour opérer des changements à la Commission, mais il ne parvenait pas à les communiquer et à les mettre en place d'une façon crédible. Lui aussi fut personnellement attaqué dans la presse, tout à fait à tort, mais il s'en trouvait encore davantage déstabilisé.

Au sein de la Commission, nous eûmes de vives discussions au sujet de ce que nous devions faire ou de ce que nous ne pouvions faire: par exemple quels documents internes de la Commission pouvait-on transmettre au Parlement ou non. Le service juridique insistait par exemple pour que les noms mentionnés dans ces documents soient camouflés. Car des fonctionnaires pouvaient être injustement mis en cause devant l'opinion publique, sans pouvoir se défendre. En plus, ils pourraient assigner la Commission en Justice. Nous devions donc continuellement être sur nos gardes et louvoyer entre des demandes contradictoires.

Certains comme Erkki Liikanen étaient partisans d'une transparence à la scandinave. D'autres étaient plus réticents. Ainsi nous hésitions constamment entre le souhaitable du point de vue politique et l'impératif de prudence sous l'angle juridique. La Commission était constamment divisée entre les partisans d'une coopération avec le Parlement à visage découvert, et ceux qui estimaient que le Parlement outrepassait ses pouvoirs. Cependant, sur un point, la Commission avait adopté une attitude claire et nette: la transmission des dossiers à la Justice. Si une recherche au sein de la Commission ou une enquête émanant de l'UCLAF permettait de constater des faits éventuellement condamnables, le dossier était immédiatement transmis à la Justice. À l'intérieur de la Commission, la situation se dégradait; une méfiance mutuelle s'instaurait. Marín et Bonino soupçonnaient notre collègue suédoise Anita Gradin d'avoir remis en sous-main des documents confidentiels à Diemut Theato, la présidente de la commission du contrôle budgétaire, et la rendaient donc suspecte. À ce propos, il y eut à plusieurs reprises des heurts violents, ce qui n'améliorait évidemment pas l'ambiance de travail.

«Soutenez-nous ou renvoyez-nous»

«Santer l'a cherché lui-même» était une opinion très répandue lorsque le Parlement, en décembre 98, refusa de donner son approbation au sujet de l'exécution du budget 96. Dans une lettre adressée au Parlement, la veille du vote, Santer avait fait savoir qu'il souhaitait la clarté: il considérait le refus de donner la décharge budgétaire comme une rupture de confiance. Si la décharge n'était pas accordée, la Commission se verrait obligée d'en tirer les conclusions. Cela se passait précisément au moment où des projets importants devaient encore être mis en œuvre: l'introduction de l'euro, l'agenda 2000, comportant les réformes de la politique régionale et de la politique agricole. «Soutenez-nous ou renvoyez-nous», ainsi se résumait sa position. J'estimais que Santer avait raison d'exiger rapidement la clarté; il était capital de savoir si la Commission jouissait encore de la confiance du Parlement ou non. Continuer à patauger avait peu de sens. Mais la question était de savoir quelle était la meilleure méthode pour clarifier la situation.

Tous les commissaires n'approuvaient pas cette attitude offensive et donc atypique de Santer. Bangemann et Brittan le mettaient en garde: il pourrait, disaient-ils, obtenir l'effet inverse. C'est ce qui eut lieu. Toutefois, il était impossible de le faire changer d'avis; il en avait assez de l'ambiguïté ambiante du Parlement.

Après coup, on peut se demander si Santer ne s'est pas trompé sur le degré de solidarité de ses propres amis politiques. Il a sans doute espéré qu'en agissant ainsi, sa propre famille politique, le PPE, adopterait à nouveau une attitude un peu plus positive. En réalité, ce fut le contraire. La majorité du groupe PPE voulut dès lors – si j'ose dire – en découdre encore davantage.

L'affaire Cresson

À ce moment, l'attention s'était en partie déplacée de Marín et de Bonino vers Édith Cresson. Les péripéties autour de l'embauche de son dentiste, Georges Berthelot, en tant que spécialiste du Sida et autour d'autres irrégularités commises dans ses services, furent dévoilées par le fonctionnaire de la Commission Paul van Buitenen avant d'être détaillées dans la presse.

Il en résultait qu'un nombre croissant de membres du Parlement européen souhaitaient son départ. Cresson réagissait d'une façon maladroite et hautaine, ce qui aggravait encore son cas. J'avoue qu'elle était le seul membre de la Commission avec qui je ne m'entendais pas ou – plus exactement – avec qui je ne pouvais plus m'entendre.

Nous avions fait connaissance au Parlement européen après les première élections au suffrage universel direct de 1979. Nous étions alors tous les deux députés du groupe socialiste. Nous étions presque voisins dans l'hémicycle et avions de bons rapports comme il se doit entre collègues. Lorsqu'en 1981 les socialistes ont retrouvé le pouvoir en France, elle devint ministre de l'Agriculture. Qu'elle eut des connaissances dans ce domaine ne m'avait pas frappé. J'étais intrigué: comment allait-elle s'y prendre avec les agriculteurs français connus pour leurs méthodes musclées, elle qui n'était pas seulement toujours tirée à quatre épingles, mais qui avait surtout tendance à se montrer distante voire hautaine? Il faut reconnaître qu'elle a de l'entrain mais aussi l'art de faire des déclarations maladroites et irritantes. Il en fut d'ailleurs ainsi pendant son court mandat de Premier ministre français.

Avant de devenir Premier ministre, elle avait été ministre des Affaires européennes. Ceux qui, comme moi, avaient eu l'occasion de travailler avec elle à ce moment-là en gardent en général de bons souvenirs. Ce fut surtout à l'occasion de la présidence française de 89 qu'elle réussit à résoudre de nombreux dossiers difficiles, qui parfois «traînaient» depuis des années. Son action fut méritoire, notamment en ce qui concerne le règlement sur les concentrations d'entreprises qui conféra de nouvelles compétences considérables à la Commission.

Lorsque Cresson fut nommée membre de la Commission, je ne pouvais pas prévoir que nous serions si souvent en désaccord. Elle aurait préféré obtenir un portefeuille plus important. Elle obtint celui de la recherche scientifique, de l'enseignement et de la jeunesse. Les socialistes étaient alors dans l'opposition en France. Le portefeuille de l'économie et des questions monétaires fut dès lors attribué à Yves-Thibault de Silguy, qui appartient à la droite française. Il fut le «mister Euro» de la Commission et sans conteste un des meilleurs commissaires. Pour l'ancien Premier ministre français, ce fut une profonde déception. On ne lui attribua pas non plus un des deux postes de vice-président. Son début de carrière à la Commission fut donc tout sauf brillant. En outre, maire de Châtellerault, elle était assez souvent absente. Dans son domaine, elle prit parfois des initiatives intéressantes, mais ne brillait généralement pas par le suivi et l'exécution.

Dans son département, l'ambiance n'était pas des plus joyeuses. On rapportait que Cresson était autoritaire et imposait sans discussion ses vues à son administration. Elle se souciait d'ailleurs peu de savoir si ses décisions étaient conformes aux règles de procédure. C'est, il faut le reconnaître, un phénomène courant dans les pays connaissant une administration et une bureaucratie très politisées.

Lors des réunions de la Commission, Cresson se faisait avant tout l'interprète des intérêts français. «Interprète» est le terme exact: dans la plupart des cas, elle lisait un billet rédigé par son cabinet en étroite concertation avec Paris et ne s'en cachait pas.

Il est normal que des commissaires soient sensibles à des dossiers qui concernent leur pays, qu'ils essaient d'attirer l'attention de leurs collègues sur certaines circonstances particulières. Il m'est arrivé aussi d'agir dans ce sens. Toutefois, lors de son entrée en fonction, tout commissaire s'engage sous serment face à la plus haute instance judiciaire de l'Union européenne à ne pas accepter d'instructions de qui que ce soit et à exercer son mandat en toute indépendance.

C'est à l'occasion du dossier SGS-Thomson qu'éclata un de mes plus vifs conflits avec Cresson. Il s'agissait d'une entreprise franco-italienne fabriquant des composants électroniques, pour laquelle Cresson manifestait un grand intérêt. Cette firme avait introduit un dossier auprès des autorités italiennes, en vue d'obtenir une aide d'État pour un programme de R&D. Le lendemain – un jour après la demande d'aide –, le programme fut déjà lancé. Or, les autorités italiennes n'ont commencé l'examen de ce dossier que des mois plus tard. Ce n'est que près de deux ans et demi après le commencement de ce programme que le gouvernement déclara qu'il était prêt à le soutenir. Il fallut attendre encore un an pour que la Commission en reçoive la notification complète, alors que les résultats de la recherche étaient déjà commercialisés…

Il s'agissait en fait d'activités de recherche courante incombant normalement à l'entreprise et qui, par conséquent, d'après les règles européennes, ne nécessitent pas d'aide d'État. L'entreprise en question était d'ailleurs des plus prospères. C'était aussi l'analyse de mes collaborateurs. Je proposai donc à mes collègues de ne pas autoriser cette aide à SGS-Thomson. Mais Cresson se lança dans une véritable offensive. Au départ, personne ne la soutenait. Bangemann m'avait fait savoir qu'il partageait mon point de vue. Toutefois, Cresson est finalement parvenue à le mettre de son côté. Mais je ne voulais absolument pas céder à ce genre de manœuvre. À la réunion hebdomadaire de la Commission, il y eut des heurts violents.

Cresson se lança dans une longue tirade: les États-Unis étaient beaucoup plus généreux en matière de Recherche-Développement que l'Europe; notre rôle en tant que Commission était précisément d'accorder plus d'appui à la recherche et au développement; nous devions, par conséquent, soutenir SGS-Thomson. Entre-temps, les groupes de pression franco-italiens n'étaient pas restés inactifs. C'étaient avant tout les collègues italiens qui subissaient leur pression. Lorsqu'il fallut passer au vote, un nombre non négligeable de collègues étaient absents. Il manquait une voix pour faire passer ma proposition. Cela n'avait toutefois pas de conséquences fâcheuses, parce qu'en tout état de cause il n'y avait pas de majorité non plus pour approuver l'aide. Finalement, nous avons obtenu ce que nous voulions. Du reste, SGS-Thomson a retiré plus tard sa demande d'aide.

Depuis ce jour, Cresson entra pour ainsi dire en croisade contre mes services et moi-même. Aux réunions du Conseil consacrés à la R&D, elle s'en prenait vivement à nous. Elle me qualifiait de fossoyeur de la R&D, qualification bien sûr dénuée de tout fondement: nous avons toujours eu une attitude positive envers la R&D – je parle évidemment de la véritable R&D – convaincus qu'il était en effet capital d'être, sur ce plan, à la hauteur des États-Unis.

Il est fréquent que des entreprises – SGS-Thomson en est un exemple – essaient d'obtenir de l'aide des pouvoirs publics pour un projet de R&D, alors qu'elles devraient de toute façon le réaliser dans le cadre de leurs activités normales. Il ne s'agit donc nullement ici d'activités complémentaires. Des gouvernements nationaux ou régionaux accordaient trop facilement ce genre de faveurs. Et pour les entreprises bénéficiaires, c'est autant d'argent facilement gagné. Dans le passé, de nombreux subsides ainsi accordés échappaient à un contrôle un tant soit peu rigoureux. De fait, nous sommes devenus plus sévères dans le traitement de dossiers tels que, entre autres, Hoffmann, La Roche, Olivetti et plusieurs dossiers néerlandais. Grâce à cette politique, les fonds disponibles pouvaient être employés plus utilement pour de véritables actions de R&D complémentaires, qui méritent évidemment tous nos encouragements.

L'attitude de quelques collègues m'avait choqué dans cette affaire. Par contre, l'indépendance, l'objectivité et le courage de Mario Monti m'avaient une fois de plus frappé. Les fortes pressions ne l'avaient pas fait changer d'avis. Déjà à l'époque, je me faisais la réflexion: il serait un excellent commissaire à la Concurrence.

Un autre incident grave eut lieu dans un tout autre domaine. En automne 1997, Cresson engagea son énième chef de cabinet. Après la victoire électorale de Lionel Jospin, Dov Zerah avait été écarté de son poste de chef de cabinet d'un ministre gaulliste. Voilà qu'on le retrouvait à Bruxelles comme bras droit de Cresson. Dans les plus brefs délais, et sans aucun doute de connivence avec Cresson, il inaugura ses nouvelles fonctions en faisant clairement savoir aux fonctionnaires européens de nationalité française qu'ils étaient dorénavant tenus de rendre des comptes par priorité au Cabinet de Cresson. Les fonctionnaires en question étaient donc sommés de défendre les intérêts français avant les intérêts communautaires.

Nous avions à cette époque à traiter quelques affaires françaises épineuses. L'affaire Boeing était à peine terminée. L'examen de l'important dossier de Crédit Lyonnais était en cours. Nous devions examiner un très douteux plan textile français, et le gouvernement français voulait à nouveau accorder des aides publiques pour la construction navale... Bref, nous avions les bras chargés d'affaires françaises délicates.

Claude Chêne, mon chef de cabinet, était également Français. C'était un collaborateur de la première heure. Lorsque je me vis confier le portefeuille du Transport, il me fallait un conseiller expérimenté. Mes connaissances en matière de transport étaient alors limitées et j'avais donc besoin d'un bon tuteur. Il me fut recommandé par mon chef de cabinet à l'époque, Michel Vanden Abeele. Ce fut un choix particulièrement heureux. Chêne est un homme aussi loyal que dévoué, faisant preuve d'une connaissance extrêmement vaste et solide des dossiers. Il n'hésite pas à donner franchement son avis, au risque de heurter. Sa bonne humeur et son entrain étaient légendaires. En toutes circonstances, je pouvais sans réserve compter sur lui. De surcroît, je partageais avec Claude la passion du jardinage. Il me renseignait sur les nouvelles semences ou sur d'anciennes variétés. Quant à moi, je lui refilais des tuyaux relatifs aux arbres fruitiers.

Pour Chêne, seul comptait l'intérêt général de l'Union européenne. Les intérêts particuliers ou strictement nationaux passaient toujours au second plan. Même lorsqu'il s'agissait de dossiers français délicats, il ne cédait pas d'un pouce.

Cela provoqua l'ire de Dov Zerah, qui se mit à engueuler littéralement mon chef de cabinet. Si Claude ne mettait pas les intérêts français à l'avant-plan, il ferait le nécessaire à l'Élysée et à Matignon pour briser définitivement sa carrière. Mon chef de cabinet, qui en avait pourtant vu d'autres, en était, on le comprend, quelque peu déstabilisé.

Lorsqu'on m'informa de ces menaces proférées devant témoin, je me rendis immédiatement chez Santer. «Si cet homme n'est pas immédiatement rappelé à l'ordre, j'organise une conférence de presse pour faire un scandale public. Ce genre de procédés est la négation même de la fonction, de la dignité et du professionnalisme de nos fonctionnaires.» J'appris par ailleurs que Dov Zerah avait déjà contacté des fonctionnaires français de ma Direction générale pour exiger qu'ils l'informent de tout avant le commissaire en charge. J'ai dès lors donné l'ordre qu'au cas où ce personnage oserait encore importuner mes collaborateurs, on m'en informe immédiatement. J'écrivis séance tenante une lettre de mise en garde à ma collègue française. Je lui exprimais mon écœurement pour cette manière d'agir, en particulier à l'égard d'un collaborateur aussi intègre et professionnel que Claude Chêne.

Les menaces proférées contre lui étaient totalement inacceptables. Je lui rappelais en outre l'obligation des fonctionnaires européens de traiter leurs dossiers d'une façon indépendante et professionnelle et que les interventions de quiconque, ayant pour seul objet la défense d'intérêts nationaux, sont inadmissibles.

Plus d'un mois après, Cresson me répondit en contestant les faits: «Jamais mon cabinet n'a exercé de pression sur tes services.» Et d'ajouter: «Dans ces conditions, je crains que nous ne puissions continuer à collaborer.» Entre-temps, son chef de cabinet s'était quand même rendu compte qu'il avait dérapé et était venu de lui-même présenter ses excuses à Chêne.

«Mourir pour Édith»

En janvier 99 eut lieu la session mémorable du Parlement européen. Après le renvoi à une date ultérieure du vote sur la décharge budgétaire en décembre 98, Pauline Green, chef du groupe socialiste, releva le défi de Santer. Il fallait enfin en avoir le cœur net quant aux intentions du Parlement, estimait-elle, et elle déposa une motion de méfiance. Son idée était qu'il en résulterait un vote de confiance pour la Commission. Pour faire passer une motion de censure, il faut la majorité des deux tiers. Pauline Green défia le parti chrétien-démocrate, le PPE, le deuxième parti en nombre à l'époque, de soutenir cette motion. Approuver cette motion signifiait en effet voter contre la Commission. Pour comprendre le contexte, il faut préciser que le Parlement ne peut pas congédier individuellement des membres de la Commission. Dans le cas contraire, le sort de Cresson et peut-être également celui de Marín eurent déjà été réglés.

Le vote devait avoir lieu le jeudi 14 janvier. L'ambiance des jours précédents était électrique. Le PPE continuait à exiger la démission de Cresson et de Marín pour éviter que le vote porte sur la démission de toute la Commission. Le groupe socialiste exigeait que dans le cas de figure où Cresson et Marín partiraient, Santer démissionne également.

De toute façon, Marín commençait à en avoir assez et songeait à partir. Cette affaire empoisonnait même sa vie privée; ses enfants étaient importunés à l'école et il en souffrait énormément. Aussi bien Neil Kinnock que moi-même tentions de le détourner de cette idée: «Manolo, ne fais pas cela maintenant, tu donnerais ainsi l'impression que tu t'inclines devant la campagne menée contre toi. Tu as toujours dit que tu n'as rien à te reprocher; nous sommes convaincus que c'est la vérité. Il n'y a aucune raison pour que tu donnes ta démission.»

Le mercredi précédant le vote, presque tous mes collègues sont venus me trouver. Peu à peu, j'étais devenu un des anciens. Édith Cresson fut la seule à ne pas se déranger, ce qui était compréhensible. De ces entretiens, il ressortait clairement que pour la plupart des collègues il n'y avait qu'une seule solution: le président Santer devait, avec le consentement du collège, priver Édith Cresson de ses attributions et gérer provisoirement lui-même son portefeuille, jusqu'à ce qu'une enquête ait déterminé dans quelle mesure elle était «coupable» des faits qu'on lui reprochait. La forcer à démissionner était juridiquement impossible. Quant à Cresson, elle affirmait qu'il était hors de question qu'elle quitte de sa propre initiative. Sans cesse, elle se prévalait du soutien que lui accordaient Chirac et Lionel Jospin.

De nombreux collègues me demandaient de défendre cette idée auprès de Santer, étant donné qu'il était du ressort du président du collège de prendre l'initiative. Yves-Thibault de Silguy, l'air sombre, laissa échapper: «Ce serait quand même bête de mourir pour Édith.» Il voulait dire qu'il serait assez stupide de devoir tous démissionner à cause de Cresson.

Ce même mercredi, tôt dans l'après-midi, j'allai exposer l'idée à Santer. Je fis remarquer que Marín avait fait une bonne impression à l'occasion de sa déclaration au début de la semaine au Parlement. Tous les collègues lui restaient solidaires. En ce qui concerne Cresson, en revanche, cela allait de mal en pis. Il valait mieux trancher maintenant et mettre les bouchées doubles pour réaliser les réformes envisagées. Santer ne mordit pas à l'hameçon. Il fit remarquer que, d'après ses contacts avec le groupe PPE, il y avait probablement une autre issue possible par le biais de la création d'un Comité de Sages. Sa conviction était sans doute qu'un tel Comité ferait apparaître suffisamment d'éléments contre Cresson pour qu'elle ne puisse rester en place. Il pourrait ainsi échapper à la tâche ingrate de devoir proposer lui-même une décision très délicate dans l'«affaire Cresson». Quant à Cresson, elle restait imperturbable. D'après elle, c'était un complot de la presse contre la Commission et contre elle. Vu mes relations tendues avec elle, je me gardais bien alors de la critiquer en public.

Les Sages à l'œuvre

En définitive, une majorité significative approuva au Parlement un texte qui prévoyait entre autres la création d'un Comité de Sages, chargé d'examiner – d'une façon totalement indépendante – les accusations proférées contre certains collègues. Les dysfonctionnements et les failles dans le fonctionnement des services de la Commission devaient également être impitoyablement examinés. En soi, c'était une approche raisonnable pour enfin sortir du cercle vicieux des affirmations, insinuations et accusations. Le texte stipulait que dans le cas où le comité mettrait le doigt sur des erreurs de gestion, des abus, de la corruption ou du népotisme, il fallait redresser de toute urgence la situation. Néanmoins, la décision de créer un Comité de Sages laissait un arrière-goût amer. Presque tous les membres allemands du Parlement avaient voté contre. Avec beaucoup d'autres, ils ne se résignaient sans doute pas à la tournure prise par les événements et profitaient de la première occasion pour prendre leur revanche.

J'avais de bons rapports avec de nombreux de membres du Parlement toutes tendances confondues. J'allais aussi régulièrement expliquer notre politique dans les États membres, en particulier en Allemagne, y compris lors de réunions de partis politiques. Sans vouloir minimiser la gravité d'un certain nombre de «dérives» à la Commission, je ne pouvais pas m'empêcher de demander à certains parlementaires si on n'avait pas tendance à trop noircir la situation. À Gerd Pöttering, à présent dirigeant du groupe parlementaire PPE, je dis notamment: «Mon cher Gerd, que des choses inacceptables et blâmables se soient passées à la Commission, c'est hélas vrai. Cependant, je suis convaincu que tout ce qui s'est passé à Leuna est cent fois plus grave que toutes les 'dérives' à la Commission.» J'ai tenu les mêmes propos devant des amis sociaux-démocrates, notamment Erika Mann et Klaus Hänsch.

Selon l'accord, le Comité des Sages devait être formé en concertation avec la Commission. Or, en réalité, le Parlement décida seul. En revanche, la Commission devait payer la moitié des frais. À cette occasion, la Commission a été traitée de façon particulièrement désobligeante. Car s'il était indiscutable que certaines situations devaient être redressées rapidement, fallait-il pour autant accepter d'être traités comme des gamins?

Leon Brittan s'était érigé en interprète de la Commission vis-à-vis du Comité des Sages. Il faut savoir qu'entre-temps, Santer fut lui aussi quelque peu injustement mis en cause.

Les Sages avaient deux mois pour rédiger leur rapport. La moitié des collègues furent convoqués pour un entretien. L'autre moitié, dont je fis partie, ne reçut jamais signe de vie des Sages, pas plus que nos services d'ailleurs.

Le rapport serait rendu public le lundi 15 mars. La veille, un dimanche, les commissaires qui avaient été «examinés» furent invités chez les Sages. Il leur fut permis de prendre connaissance de la partie du rapport qui les concernait, avant qu'il ne soit rendu public. Ils furent soulagés. À première vue, c'était un rapport objectif, rédigé d'une façon réaliste, qui révélait la fausseté de nombreuses accusations et affirmations. Ce dimanche soir, je reçus encore quelques appels téléphoniques de collègues qui m'annonçaient qu'apparemment il ne fallait pas trop s'inquiéter. Nous pouvions donc attendre les événements du lundi 15 mars dans un esprit relativement serein.

Un rapport assassin

À cinq heures de l'après-midi, le 15 mars 1999, Santer était attendu au Parlement. Il dut subir l'humiliation de passer devant les caméras pour se rendre à la salle de réunion au sixième étage du «Caprice des Dieux», le nouveau bâtiment du Parlement à Bruxelles. Le Comité des Sages allait remettre le texte final de son rapport. Chez les Sages la consigne était: «Pas de commentaires». Nous étions tous dans nos bureaux du Breydel, le quartier général de la Commission, situé à une courte distance du bâtiment du Parlement. Là, nous reçûmes chacun un exemplaire du rapport.

À maints égards c'était un rapport très singulier. Ce qui normalement aurait dû le plus retenir l'attention ne semblait plus intéresser grand monde: à savoir que le Comité n'avait trouvé aucun indice prouvant que l'un des commissaires questionnés était mêlé directement et personnellement à des pratiques frauduleuses ou s'était personnellement enrichi. Même pas Madame Cresson. Les rumeurs malveillantes, les insinuations, voire les accusations qu'avaient dû subir certains collègues pendant des semaines étaient également démenties d'une façon pertinente par ce rapport.

Raisonnablement on aurait pu s'attendre à ce que cette constatation provoque l'effet d'une désescalade et d'un sérieux soulagement pour la Commission. Mais il n'en fut rien. Il se posait évidemment et à juste titre la question de la responsabilité politique relative aux «dérapages» indiscutables dans certains départements de la Commission. Certains collègues interrogés avaient affirmé qu'ils n'avaient pas connaissance d'irrégularités ou de fraudes dans leur département. Avec raison, le Comité avait demandé si dans ce cas ils contrôlaient correctement leur administration ou si peut-être ils n'avaient pas assez de prise sur celle-ci. Il eût été utile d'avoir un débat à ce sujet au Parlement. Car celui-ci est précisément de la responsabilité et du devoir de contrôle du Parlement européen. Il n'était pas normal que le Comité des Sages se prononce en lieu et place du Parlement. Et plus le Comité s'arrogeait le droit de prononcer la sentence suprême en ajoutant à la fin des conclusions cette phrase venimeuse: «Il semble difficile d'encore trouver à la Commission quelqu'un qui ait un soupçon de sens des responsabilités.» Phrase assassine qui allait sceller le destin de la Commission.

Comment osait-on affirmer une telle chose? La plupart des collègues n'avaient-ils pas pris leurs responsabilités de jour en jour aussi bien à l'intérieur de la Commission qu'envers le monde extérieur? Avaient-ils fui leurs responsabilités quand il avait fallu redessiner la politique agricole commune, réformer les fonds structurels, changer l'approche budgétaire, préparer l'élargissement, parfaire le Grand Marché, appliquer avec rigueur la politique de concurrence, etc.? La petite phrase précitée, ajoutée en dernière minute aux conclusions des Sages, semblait également sous-entendre de façon totalement injuste que la grande majorité des fonctionnaires ne travaillaient pas avec dévouement et professionnalisme. De plus, sur quoi était basée cette affirmation sans appel? Jamais ces Sages n'avaient eu le moindre contact avec la moitié des membres de la Commission, entre autres avec moi-même, et moins encore avec leurs services. J'aurais sans aucun doute pu les informer au sujet des faiblesses, imperfections et «dérives» de certains services de la Commission. J'aurais également pu leur expliquer qu'une partie des problèmes était due non seulement au manque de personnel, mais également aux pressions constantes et aux interventions malsaines de nombreuses autorités nationales, qui ont encore trop souvent du mal à respecter l'indépendance de la fonction publique européenne. J'aurais également pu leur démontrer en quoi ce manque de respect des autorités nationales vis-à-vis de la Commission était cause de nombreux dysfonctionnements. J'aurais été le dernier à ne pas reconnaître que certains collègues ont agi d'une façon trop complaisante et pu garder quelques mauvaises habitudes de leur pays d'origine. J'aurais néanmoins pu démontrer de façon convaincante que, malgré tout, avec l'aide de leur administration, la plupart des collègues ne reculaient vraiment pas devant leurs responsabilités et travaillaient plus que correctement, voire remarquablement.

Or, les Sages, à l'instar de n'importe quelle feuille à sensation, mettaient – si on me passe l'expression – tout le monde dans le même panier. J'étais furieux, pensant à mon propre département où la plupart de mes collaborateurs travaillent jusqu'au bord de l'épuisement par manque de personnel. Jour après jour, ils prenaient avec détermination leurs responsabilités pour traiter avec moi les dossiers les plus délicats de fusions d'entreprises, de comportements anti-concurrentiels ou d'aides d'État avec un très grand professionnalisme, malgré la pression grandissante des lobbies et la «danse des milliards». Il est presque miraculeux qu'avec si peu de personnes on ait pu abattre tant de travail, sans qu'un seul dossier parmi des milliers n'ait vraiment «dérapé». Cette réalité était connue bien au-delà des frontières européennes. Les Sages sont les seuls qui ont fait mine d'ignorer et de nier ces réalités pourtant bien visibles, dans mon cas comme dans celui de la plupart de mes collègues. J'ai lu et relu avec stupeur et indignation cette fameuse petite phrase, qui était d'une injustice flagrante envers la grande majorité des fonctionnaires et des collègues de la Commission.

Plus tard, un membre français du Comité des Sages a reconnu qu'ils avaient inséré cette petite phrase dans le document réservé à la presse. C'est à croire que, ce faisant, ils avaient tout bonnement l'intention d'assener un coup mortel à toute la Commission. À moins qu'ils n'avaient pas été conscients de la portée de leurs paroles? Il est en tous cas symptomatique que cette déclaration cynique ait été faite par le membre français. La stratégie de Paris était claire: éviter à tout prix que Cresson ne doive partir seule, quitte à noircir toute l'équipe.

Après lecture de la fameuse petite phrase, je compris immédiatement que c'en était fini de la Commission Santer. Ayant aussitôt convoqué mes collaborateurs les plus proches, je leur ai dit: «C'est la fin. Mon sentiment est que nous sommes victimes d'une grande méconnaissance de tout ce que nous avons fait pendant des années, mais il faudra faire face.»

À huit heures du soir, Santer m'appela au téléphone pour me demander d'aller le voir sur le champ. Une réunion extraordinaire de la Commission était prévue une heure plus tard pour faire évaluer le rapport des Sages et en tirer les conclusions. Cette réunion était déjà convoquée depuis quelques jours. À ce moment, peu de commissaires se doutaient que ce serait la réunion de la démission collective. En revanche, nous nous attendions à ce que Cresson et peut-être un ou deux autres collègues se verraient mis en difficulté. La question qui se posait au moment de la convocation était avant tout: comment obtenir que Cresson s'en aille. Manifestement, elle ne s'y préparait nullement.

Bien au contraire, elle continuait à déclarer haut et fort que Chirac et Jospin lui maintenaient leur soutien envers et contre tout. À toutes fins utiles, Santer avait déjà consulté certains commissaires dont moi-même au sujet de l'attitude à prendre au cas où Cresson serait mise en cause par le rapport. Dans cette hypothèse, Santer était cette fois bien d'accord de lui ôter son portefeuille, si elle refusait de partir d'elle-même. Dans la foulée, la Commission adopterait un programme ambitieux de réformes internes.

Mais ce lundi soir, je me trouvais en face d'un président visiblement accablé. Il avait déjà parlé à quelques collègues et voulait connaître aussi mon opinion avant d'ouvrir la réunion. Sans détours je lui dis: «Démission collective, monsieur le président. J'estime que ce qui se passe est très injuste pour la plupart d'entre nous. Mais il y a des moments où ce genre de considérations ne compte plus. En politique aussi, on doit savoir quand il faut se résigner à partir.» Le chef de cabinet de Santer, Jim Cloos, enchaîna: «Le président et moi-même sommes également d'avis que la seule façon de sortir de l'impasse la tête haute est la démission collective de la Commission.» Quelques autres collègues s'étaient exprimés dans le même sens. La Commission s'était du reste elle-même engagée lors de la création du Comité des Sages à accepter leurs conclusions, quelles qu'elles fussent.

En coulisses, une minorité cherchait encore d'autres issues. Santer était très monté contre les «manœuvres» de Leon Brittan, qui essayait de convaincre certains collègues que l'on pouvait encore sauver la Commission si non seulement Cresson mais également le président Santer démissionnaient. Sir Leon, vice-président, espérait ainsi clairement pouvoir succéder à Santer pour le reste du mandat de la Commission. Et dans l'esprit de Brittan, l'autre vice-président, Manuel Marín, ne pouvait prétendre à cette responsabilité parce qu'il avait été mis trop en cause. «Quel effronté, ce Brittan !» se lamentait Santer. «Non, décidément, la démission collective est la seule issue.»

Brittan était également venu me voir et je lui avais fait savoir sans détours que des sacrifices expiatoires étaient à présent inutiles. J'étais convaincu que la petite phrase assassine clôturant le rapport n'offrait d'autre issue que la démission collective. Entre-temps, Freddy Willockx, à l'époque parlementaire européen SP (le parti socialiste flamand), était venu m'informer que les deux grands groupes parlementaires – le parti populaire européen (PPE) et les sociaux-démocrates du PSE – rivalisaient pour exiger la démission collective de la Commission. Neil Kinnock, qui s'était aussi entretenu avec Pauline

Green, dirigeante du groupe socialiste, confirmait la même information.

L'abattement fut total. Je parlais encore un peu avec le président Santer. Nous nous étonnions que plus personne n'ait le courage de reconnaître les mérites de la Commission concernant l'euro, le marché intérieur, l'Agenda 2000, la libéralisation des télécommunications et du secteur de l'énergie, la politique de concurrence et tant d'autres choses. Plus personne non plus ne daignait exprimer son estime envers la grande majorité des fonctionnaires qui faisaient du bon travail.

La démission collective

Vers dix heures et quart ce lundi soir, la Commission se réunit donc avec un peu de retard en session extraordinaire. Il n'y eut pratiquement aucun débat au sujet de la démission: une grande majorité était d'avis qu'il n'y avait pas d'autre solution que de s'en aller ensemble. La plupart des collègues, dont moi-même, ne se sont pas abstenus de faire remarquer combien ils estimaient la mesure injuste en ce qui les concernait, mais qu'il n'y avait pas d'autre solution et qu'une démission volontaire était moins déshonorante qu'un licenciement. Il y eut encore une brève discussion: devions-nous attendre la réunion du Parlement? Cette option fut vite écartée. Dès le lendemain, la presse «descendrait» la Commission et exigerait la démission collective. De quelle manière cette démission collective devait-elle se dérouler? Ce n'était pas complètement évident. Il apparut que chacun devrait présenter sa propre démission et signer un document en ce sens. De son côté, Cresson faisait toujours semblant de rien. Derechef, elle revenait sur sa théorie du complot.

La réunion prit fin vers minuit et demi. Le premier qui sortit de la réunion et annonça à la presse son départ fut Franz Fischler.

Quant à moi, je commentai brièvement les événements du jour dans mon bureau du Breydel à une vingtaine de journalistes et je rentrai ensuite chez moi. Je n'eus aucune difficulté à m'endormir.

Le lendemain, mardi 16 mars, fut encore une journée agitée. J'étais apparemment le seul qui acceptais de s'entretenir franchement avec la presse. Je recevais sans cesse des demandes d'interview. Fondamentalement, je ne pensais pas que nous devions nous taire comme des écoliers punis. Je pensais, au contraire, que nous devions expliquer le pourquoi de notre démission collective. Cela nous permettrait de signaler par la même occasion un certain nombre d'illogismes dans le rapport des Sages. En effet, à l'exception de Cresson, tous les membres de la Commission interrogés par les Sages en sortaient bien. Pourquoi passer cela sous silence? Et même si la Commission se voyait taxer en bloc de toutes sortes de turpitudes par la presse, j'estimais que nous avions le droit de donner notre point de vue. C'est pour cette raison que ce jour-là, j'ai accordé une vingtaine d'interviews à la radio, à la télévision et à la presse écrite.

Ce même mardi, je reçus beaucoup d'appels téléphoniques de personnes désireuses de me témoigner leur «sympathie». Un des premiers à se manifester fut Jean-Luc Dehaene. «Si on traitait les gouvernements nationaux comme vous avez été traités, beaucoup de gouvernements devraient démissionner à tout bout de champ», me fit remarquer le Premier ministre belge. Dehaene me fit la promesse que, s'il y avait une Commission de transition, l'appui du gouvernement belge m'était acquis pour en faire partie, ce dont l'opinion publique fut vite informée. Je remerciai le Premier ministre avec émotion. Carlo Azelio Ciampi, à l'époque ministre italien des Finances et à présent président de la République italienne, m'exprima également son «grand regret» de me voir partir. Il me remercia pour les années d'étroite et fructueuse collaboration que nous avions derrière nous. C'est largement grâce à l'action de la Commission – plus précisément à l'application des règles de concurrence – que l'Italie était enfin sur la bonne voie, me déclara-t-il. Je lui répondis que la Commission y avait certes contribué, mais que les réels acteurs étaient, entre autres, Ciampi et Amato. Le Président portugais Jorge Sampaio m'appela également au téléphone pour me réconforter. Cela me fit chaud au cœur.

Reprise du travail

Le mercredi 17 mars, la Commission démissionnaire se retrouva pour la réunion habituelle du mercredi. La première question à l'ordre du jour était: que peut ou doit encore faire une Commission démissionnaire? Les opinions divergeaient. Le traité dit clairement que la Commission reste «en fonction» tant qu'elle n'est pas remplacée. Cela signifie qu'au-delà du traitement des affaires courantes, elle doit continuer à prendre ses responsabilités. Quelques collègues encore sous le coup préconisaient un régime d'activité réduit au «minimum minimorum». «Ils nous ont balancés, qu'ils en acceptent les conséquences», clamait notamment Emma Bonino.

Mon opinion était au contraire que nous devions reprendre le travail et exercer nos responsabilités aussi longtemps qu'il n'y aurait pas de nouvelle Commission. Nous ne devions en aucune manière donner l'impression de bouder dans un coin. Nous devions poursuivre notre tâche, tenant évidemment compte du fait que nous n'avions plus l'autorité pour prendre de véritables initiatives politiques.

Le hasard voulut que, précisément cette semaine-là, le livre blanc concernant la modernisation de la politique de concurrence se trouve à l'ordre du jour. Il ne fut pas approuvé à cette réunion, parce qu'il s'agissait d'une option à long terme de très grande importance. Quelques semaines plus tard pourtant, lorsque l'atmosphère s'était détendue, nous avons à nouveau abordé la question. Le livre blanc fut alors approuvé, car il s'agissait surtout de lancer le débat et non de prendre une décision liant l'avenir. D'ailleurs, dès la première réunion après notre démission, j'ai clairement fait comprendre à mes collègues que dans la politique de concurrence comme dans d'autres domaines, des décisions devaient être prises, quoi qu'il en soit. Des dates butoirs devaient être respectées. Des fusions d'entreprises, par exemple, ne pouvaient pas attendre la mise en place d'une nouvelle Commission.

En plus, je ne voulais pas encourir le reproche que la Commission fuyait ses responsabilités. Car il y avait pas mal de dossiers urgents en attente sur la table.

À cette époque, le sommet de Berlin devait, sur base des propositions de la Commission, résoudre les questions délicates de l'Agenda 2000 concernant la réforme des fonds structurels européens, l'adaptation de la politique agricole et le financement du budget. La plupart des collègues acceptèrent donc que la Commission, de concert avec les autres institutions, devait assurer la permanence du processus décisionnel européen.

Ce 17 mars était inscrite à l'ordre du jour – ironie de l'histoire! – la proposition modifiée de la Commission pour la création d'une nouvelle institution européenne antifraude, l'OLAF (Office de Lutte antifraude). Malgré l'atmosphère de crise qui régnait encore, cette proposition fut approuvée vu son caractère d'urgence. Ayant été associé à ce dossier, il m'incombait d'aller présenter le texte modifié en salle de presse. Comme j'étais le premier commissaire à apparaître devant la presse depuis les événements nocturnes du fameux lundi, des questions me furent également posées concernant la démission et ses conséquences. D'après moi, deux possibilités se présentaient: soit une nouvelle Commission de transition devait être rapidement nommée pour achever le mandat, soit une Commission «ravalée» continuerait jusqu'à la fin de l'année. J'entendais par là que les personnes qui avaient été le plus mises en cause n'y siégeraient plus. Le mandat de la Commission prendrait de toute façon fin environ neuf mois plus tard. Mettre en place une Commission entièrement nouvelle pourrait prendre une demi-année, disais-je, compte tenu de la lenteur et de la lourdeur de la procédure. Entre-temps, la Commission démissionnaire n'avait pas d'autre chois que de rester en place avec une autorité de plus en plus diminuée. Le journal flamand *De Standaard* publiait, le lendemain, en première page une grande photo de moi. «Van Miert s'est montré brillant» commentait le journal. «Il a paru si sûr de lui que spontanément, avant qu'il ne s'en rende compte, il s'est vu nommé président intérimaire de la Commission par la salle de presse.»

Dans plusieurs capitales européennes aussi, on spéculait déjà sur l'après-Santer. Le sommet européen eut lieu une semaine plus tard à Berlin et le chancelier Schröder se mit rapidement à consulter les capitales.

Dans les coulisses, Leon Brittan continuait à se remuer pour devenir président d'une éventuelle Commission de transition. Le chef de cabinet de Santer, Jim Cloos, me faisait savoir que Santer était disposé à démissionner sur-le-champ si je lui succédais, mais qu'il ne céderait en aucun cas la place à Brittan. S'il n'y avait pas de Commission de transition, le vœu de Santer était de rester président jusqu'aux élections européennes. Lors de ces élections, il serait candidat sur la liste luxembourgeoise des démocrates-chrétiens.

Le monde politique belge n'était pas resté insensible à ces spéculations et je commençais à recevoir des signaux bizarres. Si Van Miert était appelé, même pour un court laps de temps, à exercer la fonction de président de la Commission, cela troublerait un certain nombre de scénarios politiques belges. Les socialistes francophones étaient à l'affût de ma succession. Philippe Maystadt, ex-ministre des Finances, se sentait également appelé et même Dehaene n'avait pas abandonné toute ambition européenne. À supposer que le président transitoire fasse du bon boulot, pourrait-on encore l'écarter par la suite? Comme quoi un simple article à caractère spéculatif d'un journal peut provoquer la panique dans le landerneau.

Toujours est-il que le gouvernement belge avait brusquement changé de cap: il ne devait plus être question d'une Commission de transition; on devait d'emblée nommer une Commission entièrement renouvelée. C'est ce point de vue que le Premier ministre Dehaene défendrait au sommet de Berlin. De toute évidence, cette position était en contradiction flagrante avec sa déclaration précédente. Le ministre des Affaires étrangères, Éric Derycke, fut chargé de la mission ingrate de défendre ce changement de cap au Parlement. Personne n'a estimé utile de m'aviser de ce revirement du gouvernement.

Au sommet de Berlin du 25 mars 1999, les chefs d'État et de gouvernement ont effectivement opté pour une nouvelle Commission et nommé Romano Prodi comme nouveau président. Politiquement, le Conseil européen pouvait se targuer d'être un bon «manager» de crise et de savoir prendre des décisions rapides en cas de très grande nécessité. La nouvelle Commission Prodi n'entra toutefois en fonction que le 17 septembre.

Une mission surprenante de dernière minute

Une dernière mission me fut confiée dans le domaine à haut risque de la lutte européenne contre la fraude. Depuis de nombreuses années, l'UE était confrontée au fléau d'une fraude à grande échelle. Le système très complexe de la politique agricole commune se prêtait en particulier à toutes sortes de pratiques frauduleuses. Le contrôle sur le terrain que les États membres étaient tenus d'effectuer, était souvent imparfait ou quasi inexistant, voire «problématique» sur le plan politique comme en Corse ou en Sicile. Faites donc le test de compter les vaches en Corse! Pour ne pas parler de la fraude «huilée» de la production subsidiée d'olives.

Peu à peu, la lutte contre la fraude s'est donc organisée au niveau européen. C'est la raison pour laquelle avait été créé au sein de la Commission de l'époque un service spécialisé, nommé l'UCLAF. Il est vrai que la coordination avec les services antifraudes des États membres pouvait être améliorée. Néanmoins, ces contrôles coordonnés avaient déjà engrangé des résultats. L'UCLAF souffrait, comme d'autres services de la Commission, d'un manque chronique de personnel bien formé, tandis que les tâches devenaient de plus en plus étendues et diversifiées. Comme service interne de la Commission, l'UCLAF relevait de la compétence d'un commissaire. Sous Santer, le commissaire en question était la Suédoise Anita Gradin. L'UCLAF a opéré une série d'enquêtes dans les services mêmes de la Commission. Ces contrôles avaient également pour objet de vérifier discrètement si des collègues ou des membres de leur entourage étaient éventuellement impliqués. Cela occasionnait de très fortes tensions au sein de la Commission, d'autant plus que ces enquêtes se faisaient sans règlement précis et sans transparence suffisante par rapport aux droits de la défense.

Le Parlement européen s'intéressait vivement à cette lutte antifraude. Il était même disposé à donner davantage de moyens à l'UCLAF. Mais de nombreuses critiques et la méfiance subsistaient à l'égard de l'UCLAF. Pouvait-elle agir de façon suffisamment indépendante à l'intérieur des structures de la Commission, lorsqu'il y avait des «dérives» internes? Étant donné qu'un certain nombre d'irrégularités avaient été relevées – précisément en raison d'une attitude plus active de l'UCLAF – les questions devenaient plus «pressantes» et la méfiance s'amplifiait.

C'est ainsi que l'euro-député social-démocrate autrichien Bösch présenta au nom du Parlement un rapport dans lequel était proposée la création d'un nouveau service antifraude, nommé l'OLAF.

La Commission Santer releva le défi et fit rapidement une proposition formelle en la matière. Puisque tant de méfiance par rapport à la Commission avait vu le jour, une solution radicale fut proposée: la création d'un service totalement indépendant, qui ne devait en aucun cas dépendre de la Commission. Un tel service surveillerait non seulement la Commission, mais également les autres institutions européennes.

Mes autres collègues et moi-même fûmes surpris de voir cette proposition de la Commission accueillie plutôt froidement par le Parlement. La création d'un nouveau service en dehors de la Commission, entraînait, il est vrai, un travail législatif considérable, ce qui risquait d'être une tâche de longue haleine.

Or le Parlement souhaitait un résultat rapide, car les élections européennes approchaient. La présidence allemande aussi voulait du concret pour prouver l'efficacité de son travail. Nous étions donc renvoyés à la case départ, ce qui irritait grandement nos collègues. Nous avions souhaité créer un vrai service antifraude indépendant de la Commission et voilà qu'on nous repassait le plat! Nous avons d'abord refusé de présenter une nouvelle proposition, ce qui eut comme conséquence un nouveau conflit avec le Parlement. Cependant, tous les membres de la Commission ne voulaient pas mettre de l'huile sur le feu. En fin de compte, le président Santer a confié le traitement du dossier OLAF à Mario Monti et à moi-même, parce qu'apparemment

Anita Gradin ne le maîtrisait plus. Nous avons informé le Parlement et le Conseil que nous aussi, nous souhaitions obtenir rapidement des résultats. Un nouveau service antifraude aurait encore un lien institutionnel avec la Commission, mais pourrait par ailleurs fonctionner d'une façon totalement indépendante. Ce service, qui aurait des compétences très larges, devait à son tour être supervisé par un organisme de contrôle indépendant. Ce fut notre exigence, parce que nous pensions que le droit de mener des enquêtes doit être contrôlé de façon efficace. Finalement, ce fut chose faite, un dimanche soir à la représentation permanente allemande à Bruxelles sous la présidence du secrétaire d'État Flaschbeck, qui avait dû remplacer le ministre démissionnaire Oskar Lafontaine. Lorsque l'affaire fut conclue et qu'OLAF fut mis sur pied, nous avons été félicités pour la bonne collaboration entre la Commission, le Conseil et le Parlement. Cependant, certains collègues à la Commission ne se départissaient pas de leurs critiques envers ce service antifraude, en raison de leurs mauvaises expériences passées avec l'UCLAF. Ironiquement, une forte résistance se ferait jour par la suite au sein du Parlement également. La raison en était que cet organisme pourrait procéder à certaines enquêtes, y compris au Parlement. D'autres institutions, notamment la Banque européenne d'Investissement et la Banque Centrale européenne, manifestèrent elles aussi de l'opposition. Toutefois, la Commission-Prodi fut d'avis que les autres institutions européennes devaient aussi être soumises à un contrôle rigoureux. La Cour de Justice s'occupe à présent de l'affaire. OLAF fut ma dernière mission à la Commission.

Au moment où Santer se préparait à un nouvel avenir en tant que membre du Parlement européen, son successeur désigné commença discrètement ses consultations en vue de constituer la nouvelle Commission et de répartir les portefeuilles. La plupart des membres sortants de la Commission furent invités à un entretien. Prodi me dit combien il regrettait de me voir quitter le poste de la Concurrence. Je présume qu'il me disait cela avant tout par politesse. J'avais assez souvent eu affaire à lui lorsqu'il était encore président du fameux holding d'État italien IRI et ensuite lorsqu'il fut Premier ministre. Il y avait à cette époque de nombreux dossiers italiens litigieux, notamment des dossiers concernant l'exécution de l'accord Andreatta-Van Miert dont j'ai déjà parlé et des dossiers concernant la privatisation indispensable de nombreuses entreprises publiques italiennes. Nous avons même ouvert une enquête contre une certaine Loi Prodi, du nom de son auteur, et qui permettait d'octroyer arbitrairement des aides publiques pendant des années à des entreprises en difficulté ou virtuellement en faillite. Malgré ces dossiers conflictuels et délicats, nos rapports ont toujours été corrects et même amicaux. Prodi m'a demandé à qui je pensais comme successeur possible. Sans hésiter, j'ai cité en premier lieu Mario Monti. J'ai ajouté que politiquement ce serait probablement très difficile, étant donné que dans cette hypothèse la présidence ainsi que l'un des deux ou trois portefeuilles parmi les plus importants seraient attribués à des Italiens. Il semblait alors partager mon avis. Il me questionna ensuite au sujet des candidats belges. Il souhaitait visiblement que l'ancien ministre des Finances Philippe Maystadt soit proposé comme candidat. Lorsqu'après les élections parlementaires belges, il apparut que c'était impossible, Prodi a tout fait pour qu'on propose alors Dehaene, le Premier ministre sortant. Il voulait lui offrir une des deux vice-présidences ainsi que le portefeuille de la Coordination des Relations extérieures. Cependant, comme dans la plupart des autres États membres, la politique nationale en décida autrement. Dans ce domaine, il n'y avait, malgré les apparences, pas de véritables changements.

À mon arrivée à Rome, le 9 juillet 1999, pour assister à une réunion de « Notre Europe », une fondation que Jacques Delors avait créée après son départ de Bruxelles, Neil Kinnock m'informa de la distribution des portefeuilles de la nouvelle Commission. Neil était ravi de sa fonction de vice-président et de l'immense défi que représentait pour lui la mission de réformer les services de la Commission. On sentait à quel point Kinnock voulait saisir l'occasion de mener à bien cette tâche extrêmement difficile, afin de faire définitivement taire ceux qui, dans la presse britannique, laissaient de temps à autre planer le doute quant à ses capacités de gestionnaire. Je souhaite de tout cœur à mon cher et loyal ami Neil d'y réussir. Pour se faire aider, il fit appel à mon chef de cabinet Claude Chêne comme responsable d'une équipe de travail spécialisée. En me promenant, ce même 9 juillet, à la Piazza della Minerva, baignée de soleil, je reçus un appel téléphonique d'un Mario Monti radieux. C'était une attention aimable de sa part. J'étais ravi de sa nomination.

Savoir que la politique de Concurrence pour laquelle je m'étais tant engagé avec toute mon équipe était confiée à quelqu'un d'aussi compétent et droit était extraordinairement rassurant. Monti est un homme intègre et de caractère, capable de résister aux plus fortes pressions; il l'avait prouvé dans l'affaire des taxfreeshops à la stupéfaction de la plupart des chefs de gouvernement. Je me réjouissais également pour mes collaborateurs. À présent, ils savaient que, sous la direction de Monti, ils pourraient continuer à exercer leur fonction comme il se doit. À la fin de cette communication téléphonique, je badinais en disant à Mario: «À toi maintenant de t'habituer à être considéré comme l'homme le plus puissant d'Europe.» Mario conclut l'entretien en disant: «Heureusement nous savons tous les deux ce qu'il en est vraiment, et qu'il n'y a pas de quoi se monter la tête!»

Chapitre XIII

UN REGARD RÉTROSPECTIF RECONNAISSANT ET REMPLI D'ESPOIR

En dépit de la façon dont la Commission Santer prit fin, j'ai quitté la scène politique européenne avec un sentiment de profonde gratitude et la conviction d'avoir été un homme privilégié.

Reconnaissant, je le suis parce que j'ai eu la grande chance d'être directement mêlé, pendant presque onze ans, au développement prodigieux de l'intégration européenne, notamment à la création du marché intérieur européen, au développement de l'Union Économique et Monétaire et aux nombreuses mesures d'accompagnement. Ce fut un grand défi, passionnant du point de vue politique et humain. Reconnaissant, je le suis encore parce qu'en cette période je me vis confier des missions importantes auxquelles je pus me consacrer entièrement. Les circonstances furent telles que la politique de concurrence prit rapidement un rôle central dans la politique économique quotidienne. La responsabilité qui m'incombait et pour laquelle la Commission dispose de pouvoirs et d'instruments très étendus, j'ai eu la chance de l'assumer pendant une période exceptionnellement longue.

Si l'on compare la politique de concurrence de la Commission européenne d'aujourd'hui à celle d'il y a dix ans, l'évolution est impressionnante. La politique de concurrence englobe maintenant quasiment tous les secteurs de la vie économique, y compris le sport professionnel, le secteur des médias, les télécommunications et des mesures d'aide fiscales et sociales. En plaisantant, j'ai dit un jour qu'il ne subsiste que trois secteurs où la politique de concurrence n'a pas droit de cité: l'agriculture, la défense et la religion. Et encore, cette affirmation doit être nuancée. Mon ancien collègue autrichien Franz Fischler a quelquefois émis l'idée qu'il serait peut-être bon d'appliquer davantage les règles de concurrence à tout ce qui entoure l'agriculture. L'ancien ministre italien de la Défense Andreatta me confia un jour que s'il pouvait vraiment faire jouer la concurrence à l'achat du matériel militaire, il pourrait faire des économies considérables.

À force de désinformation, on a parfois donné à l'opinion publique l'impression que la Commission européenne fait de l'excès de zèle en matière de politique de concurrence et s'occupe maladivement de ce qui bouge dans ce domaine. C'est évidemment faux. En réalité, la Commission européenne en tant qu'autorité de concurrence ne fait que son devoir: tenter de faire respecter au mieux les règles convenues par les États membres. Ce qui est vrai, c'est qu'elle s'y emploie avec détermination et conviction.

C'est ailleurs que dans un excès de zèle de la Commission qu'il faut chercher la raison du développement impressionnant de la politique de concurrence. La première raison est de toute évidence la création du marché intérieur européen. L'intégration des économies nationales, la libre circulation des marchandises, des services, des capitaux et des personnes, a créé une toute nouvelle situation tant sur le plan national qu'européen. Qui dit marché intérieur européen, dit concurrence transnationale. De là la nécessité impérieuse de faire en sorte que le jeu du marché européen se déroule le plus équitablement possible. Le rôle de la Commission est d'y veiller. Par ailleurs, la politique de concurrence fut dès le début conçue aussi comme un instrument de l'intégration économique.

Dans le même esprit, la politique de libéralisation d'anciens secteurs monopolistiques a constitué un élargissement considérable du domaine d'application du droit de concurrence. Une politique de libéralisation doit être accompagnée d'une attention particulière à une concurrence équitable. Les autorités de Concurrence doivent également veiller à ce que des entreprises publiques qui rivalisent sur le marché avec des entreprises privées le fassent avec des moyens égaux, sans privilèges ni avantages. Or, dans le secteur des médias et dans le secteur bancaire, c'est un problème aigu dans plusieurs pays. D'autre part, la politique de concurrence doit impérativement tenir compte des intérêts des consommateurs et des exigences en matière de services publics.

La politique de concurrence a également pris de l'extension du fait notamment de la très grande commercialisation de certaines activités telles que le sport professionnel. Le sport est actuellement du «big business», ce qui génère de plus en plus de conflits d'intérêts qu'il n'est plus possible de résoudre au plan national. J'ai été moi-même très étonné du nombre de «problèmes» en matière de sport auxquels je fus mêlé durant ces sept années en charge de la politique de concurrence à la Commission. Il faut dire qu'à l'origine de ces cas se trouvaient presque toujours des plaintes qui provenaient du secteur lui-même.

Sans aucun doute, le développement ultra-rapide de la technologie moderne influence aussi profondément les structures économiques et place par conséquent la politique de concurrence devant de nouveaux défis. L'évolution de la société de l'information fait constamment surgir de nouvelles questions au sujet des marchés en cause, de l'intégration verticale entre contenu et contrôle de l'infrastructure, du développement de nouvelles formes de commerce électronique comme B2B, ou encore des problèmes liés à Internet en tant que tel. Il me vient entre autres à l'esprit l'affaire WorldCom/MCI que la Commission a dû traiter et où il fallait déterminer dans quelle mesure cette nouvelle entité ne créerait pas une position dominante dans ce qu'on appelle l'internet-back-bone.

Ce développement technique, une des forces motrices de la mondialisation, déplace également les frontières de la politique de concurrence. Il en résulte une augmentation du nombre de fusions et d'alliances transatlantiques et mondiales. Il suffit d'évoquer le secteur de l'aviation, le secteur pétrolier, les activités chimiques et pharmaceutiques, les services financiers etc.

Pour finir, on ne peut pas sous-estimer le rôle de plus en plus important du consommateur. Le citoyen s'est habitué à pouvoir choisir et souhaite tirer profit de la concurrence. Nous nous trouvons même face à une nouvelle phase dans cette évolution par l'introduction de l'euro et le développement du commerce via Internet. En d'autres termes: le temps des monopoles et des marchés protégés est de plus en plus révolu.

En un mot, peu de personnes contestent de nos jours que la politique de concurrence est indispensable pour le bon fonctionnement de l'économie moderne. Elle influence profondément la vie quotidienne du citoyen et de l'entreprise. Les journaux regorgent d'articles au sujet de nouvelles fusions, d'enquêtes en cours concernant des pratiques qui faussent la concurrence, ou des autorités publiques rappelées à l'ordre en raison de l'octroi illégitime d'aides d'État. L'intérêt pour la politique de concurrence est donc de plus en plus visible.

Cela ne m'a pas empêché de devoir continuellement justifier mon ferme engagement en tant que commissaire européen chargé de cette politique. «Pourquoi y attacher tant d'importance?», m'a-t-on souvent demandé. «Quels avantages le citoyen peut-il vraiment en tirer? Tout cela relève du domaine du «big business». Comment un social-démocrate comme vous peut-il s'investir autant sur ce terrain?» Une brève mise au point est nécessaire à ce sujet.

La politique de concurrence ne concerne pas seulement les grandes entreprises. Il y va de l'essence même de l'économie de marché. Si l'on adhère à l'économie de marché, il faut faire en sorte que le marché fonctionne de la meilleure façon possible. C'est une tâche aussi essentielle que délicate. Là où un grand marché est encore en création comme dans l'UE, où certaines activités sont encore dominées par des monopoles et où la cartellisation a longtemps fait partie des traditions, la politique de concurrence est l'instrument par excellence pour obtenir un fonctionnement normal d'un marché en expansion rapide et qui ignore les frontières internes. L'expérience de la dernière décennie en est la meilleure illustration. Si l'on compare la situation actuelle à celle d'il y a dix ou quinze ans, il est surprenant de constater combien nos structures économiques ont déjà profondément été modifiées. En 1990, les télécommunications, l'énergie et l'aviation civile étaient, dans beaucoup d'États membres, la chasse-gardée de monopoles lourds et opaques ou d'entreprises publiques ignorant l'économie de marché. L'Italie était dominée par des holdings politico-industriels comme l'IRI et l'EFIM et par un système bancaire totalement opaque, peu efficace et pour ainsi dire incestueux. En France, la vie économique et même politique était largement dominée, d'une part, par une poignée d'entreprises d'État et, d'autre part, par une classe de fonctionnaires et de managers, tous formés dans le même moule par des hautes écoles comme l'ENA. L'Allemagne, malgré son adhésion à l'économie sociale de marché, ressemblait souvent plus au Japon que l'on aurait pu le croire à première vue; l'adhésion au jeu du marché y avait souvent des limites étonnantes. Des pays comme les Pays-Bas et la Belgique avaient, quant à eux, du mal à se dégager d'un passé dominé par les cartels. Bref, la tâche d'intégrer les économies nationales dans un marché unique était d'autant plus difficile que ces économies étaient souvent caractérisées par un fonctionnement défectueux et limité du marché.

Le projet du marché intérieur conduit par Delors fut par conséquent une opération doublement gigantesque. Non seulement il fallait supprimer les frontières intérieures et d'innombrables obstacles commerciaux, mais il fallait également faire disparaître des structures économiques qui entravaient le bon fonctionnement du marché. Si à l'origine, cette nécessaire suppression des structures incompatibles avec le bon fonctionnement du marché n'a peut-être pas été comprise par tous, la dynamique du processus du marché intérieur rendait inéluctable l'éclatement de structures économiques traditionnelles, solidement cadenassées sur le plan national.

Cette évolution fut encore accélérée par l'introduction de l'euro et la création de l'Union Économique et Monétaire. Sous la pression de ce qu'on appelle les critères de Maastricht – inflation basse, réduction des déficits budgétaires et de la dette publique, stabilité monétaire – la plupart des États membres étaient obligés de mettre de l'ordre dans leur « ménage » macro-économique. Cet ajustement exigeait des mesures pénibles, notamment des économies, mais également un fonctionnement du marché plus transparent. Beaucoup d'entreprises d'État furent entièrement ou partiellement privatisées. L'autorité publique elle-même apprenait à laisser jouer la concurrence. La maîtrise des coûts, la productivité, la modernisation et le fonctionnement du marché devenaient des maîtres-mots même au sein de l'administration publique.

Dans ce contexte, la politique européenne de concurrence put pleinement s'épanouir. Tout ce qui s'opposait à l'intégration économique européenne, comme les monopoles nationaux, devait progressivement disparaître. Ceux qui voulaient se soustraire au fonctionnement normal du marché au moyen de cartels ou d'autres types d'accords, devaient être combattus sans merci. Une aide d'État faussant la concurrence était à présent encore moins admissible qu'auparavant. Les abus d'une position dominante sur le marché, tout comme la création ou le renforcement d'une telle position par manque de concurrence, devaient être rigoureusement contenus. Lentement mais sûrement, toute cette politique transformait ainsi radicalement des pans entiers de l'économie de l'Union Européenne.

Bien sûr, il reste encore beaucoup à faire, par exemple en matière de libéralisation des services postaux, de modernisation des chemins de fer, d'intégration des services financiers ou encore de flexibilité des marchés du travail. Mais il est indéniable que l'Europe a déjà connu une mutation profonde, même si elle est encore loin d'être achevée. La transparence transfrontalière des prix et des coûts qui a vu le jour grâce à l'euro, Internet et le commerce sur Internet, la rapidité fulgurante de l'évolution technologique, tout cela dynamise très fortement le fonctionnement du marché. Parallèlement à la libéralisation de secteurs comme les télécommunications et l'énergie, les services financiers internationaux connaissent également une forte croissance. Le milieu boursier commence, lui aussi, à s'adapter à la réalité de l'euro. En même temps que la culture de la participation et de l'actionnariat, la «corporate governance» et la nouvelle économie progressent à grands pas dans l'Europe d'aujourd'hui.

En un mot, le développement économique en Europe est actuellement très largement déterminé par le fonctionnement et le dynamisme du marché. Pour cette raison, le rôle des autorités publiques a fondamentalement changé. L'État qui auparavant était non seulement un entrepreneur gigantesque, mais aussi le maître du développement économique par sa politique industrielle, met à présent l'accent sur la création d'un cadre qui combine une économie dynamique (c'est-à-dire un fonctionnement optimal du marché) avec de multiples tâches indispensables dans le domaine du social, de l'éducation, de la santé publique, de l'environnement, etc.

C'est dans cette optique que l'on doit également voir le rôle actuel des autorités de concurrence. Même si ces autorités de concurrence ont un rôle très important dans le développement d'une économie moderne, leur importance doit être évaluée à sa juste mesure. Une approche idéologique unilatérale ne peut être de mise. Une politique de concurrence appliquée avec détermination par des autorités indépendantes est certes un instrument tout à fait essentiel pour le bon fonctionnement de l'économie de marché. Mais il y a lieu également d'agir avec pragmatisme et mesure. Par ailleurs, les personnes qui en sont responsables ne doivent jamais oublier qu'il y a toute une série d'autres impératifs éminemment respectables qui méritent le même engagement.

Pour ne citer que deux exemples, il est évident que la politique de concurrence doit tenir compte des exigences en matière de politique de santé et d'écologie. Une politique de concurrence ne peut pas non plus barrer la route à une politique régionale équilibrée, donc à des mesures en faveur de régions structurellement défavorisées. De la même manière, la politique de concurrence ne peut pas mettre en danger la solidarité et la cohésion sociale indispensables dans la société.

On pose parfois la question: une politique de concurrence mise en œuvre par les autorités publiques est-elle réellement nécessaire? L'école ultra-libérale de Chicago a soutenu la thèse qu'il est préférable de confier la politique de concurrence au marché lui-même. Son slogan était: faites confiance aux marchés, et non aux gouvernements! Le marché comme institution divine en quelque sorte. L'école de Chicago feint d'ignorer que l'histoire économique nous apprend tous les jours que les entreprises dominantes se laissent sans cesse tenter d'abuser de leurs positions de pouvoir. Elle semble également ignorer que l'expérience nous prouve que des pratiques qui faussent la concurrence sont monnaie courante. Mais il est vrai également que les autorités publiques elles-mêmes se mêlent très souvent de façon abusive de la vie économique et faussent ainsi à grande échelle le jeu de la concurrence.

Ralf Dahrendorf disait: «Les forces du marché ne doivent pas seulement être libérées, elles doivent également être maîtrisées par des règles de jeu acceptées et respectées. Une main invisible ne suffit pas. Comme dans un match de football, les règles du jeu et un arbitre sont indispensables. Le marché n'est pas l'anarchie, c'est une construction subtile du génie humain.»

L'expérience m'a par ailleurs enseigné qu'il existe un lien étroit entre la liberté et les règles de jeu. En d'autres termes: tout développement de la liberté économique fait augmenter proportionnellement la nécessité de règles de jeu communes et précises et accroît proportionnellement la nécessité d'une autorité pour veiller au respect de ces règles. Un raisonnement qu'on pourrait qualifier de «paradoxe tatchérien». En outre, ce n'est pas parce que le fonctionnement du marché est à présent beaucoup plus important que les autorités publiques ne doivent plus avoir un rôle essentiel dans le domaine de l'enseignement, des soins de santé, de la solidarité, de la sécurité, de la justice, de l'environnement, des infrastructures etc.

Quo vadis Europa?

Historiquement, le processus de l'intégration européenne n'a pu se réaliser que dans un contexte où plusieurs conditions étaient réunies:

En premier lieu, il faut qu'il y ait la perception d'une réelle nécessité. La menace du bloc soviétique et la nécessité d'intégrer l'Allemagne de l'Ouest de l'après-guerre dans un ensemble européen plus vaste incita – avec l'encouragement des Américains – un premier groupe de pays d'Europe de l'Ouest à choisir la voie de l'intégration européenne.

La deuxième condition est l'existence d'un projet crédible, motivant et pragmatique pour atteindre le but que l'on s'est proposé. Un tel projet existait par exemple avec la création du grand marché et de l'Union Économique et Monétaire.

La troisième condition est l'existence d'institutions efficaces qui disposent de moyens adéquats pour réaliser les objectifs convenus. À ce sujet, il est peut-être opportun de rappeler l'importance cruciale d'une Commission indépendante et efficace. Tout aussi déterminant est le processus décisionnel: la possibilité pour le Conseil de pouvoir prendre des décisions à la majorité qualifiée. Sans cette condition, le marché intérieur européen n'aurait jamais été réalisé.

La quatrième condition est une direction politique forte. Sans la détermination d'un Mitterrand, d'un Kohl, d'un Waigel, d'un Gonzalez et d'un Delors, nous n'aurions jamais connu l'UEM et l'euro. De la même manière, sans le génie visionnaire de Monnet, Adenauer, Spaak, et d'autres, l'Union européenne n'existerait pas, car la CECA ou les traités de Rome n'auraient jamais vu le jour. Il convient de citer ici le président allemand Johannes Rau: «Quelle aurait été le destin de notre communauté, si les hommes politiques s'étaient toujours demandé quel appui leur était déjà acquis au lieu de s'employer à en obtenir de nouveaux?»

On devra désormais veiller à ce qu'une cinquième condition soit remplie: l'adhésion d'une majorité de la population. Pendant longtemps, les affaires européennes ont passé par dessus la tête des citoyens européens. Compte tenu de l'influence grandissante de la politique de l'UE dans la vie quotidienne (marché intérieur, euro, concurrence etc.), il devient évident que toute politique devra dorénavant être formulée de façon à ce que l'élément démocratique, l'acceptation par la majorité de l'opinion publique, en fasse intégralement partie.

Il ne suffit pas de remédier aux soi-disant «déficits démocratiques». Il est certes nécessaire que le rôle du Parlement européen soit étendu et que les institutions communautaires aient davantage de comptes à rendre. Il est indispensable qu'il y ait plus de transparence et que les régions soient impliquées dans la politique européenne. Tous ces changements sont absolument nécessaires, mais encore insuffisants. Nous devrons inlassablement expliquer les raisons pour lesquelles l'Union européenne est de nos jours aussi nécessaire que dans les années qui suivirent la Deuxième Guerre mondiale. Nous devons continuer à rappeler, à l'exemple de l'ex-chancelier fédéral Helmut Schmidt, que les démocraties européennes devront toujours s'unir davantage pour éviter que l'Europe du vingt et unième siècle ne cède de plus en plus de terrain à des blocs forts, tels que l'Amérique du Nord, la Chine et le sous-continent indien. En tant que grande puissance économique, nous devons de façon très déterminée nous engager en faveur de la mondialisation d'une économie responsable du point de vue écologique et social, stimuler les développements technologiques et cultiver l'art de conserver un bon équilibre entre la flexibilité économique et la solidarité sociale. C'est seulement à ces conditions que nous réussirons à assurer un avenir enviable à nos enfants et petits-enfants dans une Europe pacifique.

Si nous voulons convaincre l'opinion publique de la nécessité de cette mission, nous devons continuer à combattre les fantômes de notre passé. Je pense en particulier à la xénophobie et au nationalisme exacerbé. Nous devrons réagir avec détermination face à des politiques nationales ou régionales bornées ou par trop égocentriques. Aucun État membre n'étant visiblement encore en mesure de relever seul tous les défis de notre époque, il serait insensé, voire dangereux, de faire croire aux citoyens que la «souveraineté» de leur pays ou de leur région peut encore constituer le critère ultime pour résoudre tous les problèmes. Nous devons combattre un populisme bon marché et refuser d'admettre que l'on accable l'Union européenne ou «Bruxelles» de tous les maux de la terre.

Mais un pire danger nous guette encore: le manque d'ambition ou l'absence d'orientation ferme dans le processus d'unification de notre vieux continent.

L'œuvre est en effet loin d'être terminée. Même les acquis peuvent être remis en question faute de progrès et d'ambitions. Jacques Delors ne cessait de rappeler la nécessité d' «achever notre mission historique».

L'autosuffisance et l'indifférence sont aussi nuisibles qu'une hostilité déclarée. Tout paysan sait qu'il n'y a de bonne moisson qu'à condition d'extirper sans relâche l'ivraie. La xénophobie et le nationalisme fanatique sont pour l'Europe comme les mauvaises herbes et les chardons. Si ces maux envahissent à nouveau l'Europe, nous retomberons dans des voies sans issue et la barbarie du passé. L'image de ma grand-mère terrorisée pendant la guerre m'a toujours inspiré. De telles scènes ne peuvent être définitivement écartées qu'à condition que notre Europe soit une Europe pacifique unie; où les peuples, les langues, les cultures et l'identité régionale et nationale soient respectés dans un esprit de tolérance et où les intérêts contradictoires soient débattus en respectant le droit, la liberté et les droits de l'homme au sein d'institutions communes.

Puisse ce livre, en dépit de son réalisme intransigeant, inspirer la jeunesse pour jardiner avec enthousiasme dans le grand jardin européen.

En l'an 1517, Érasme écrivit à un ami: «En vérité, je ne suis plus si avide de vivre (...) car je suis entré dans ma cinquante et unième année. Néanmoins pour l'instant j'ai presque envie de redevenir jeune; la raison en est avant tout que j'entrevois dans un avenir proche un siècle d'or comparable à un soleil se levant à l'horizon.»

Ayons l'ambition de faire du vingt et unième siècle un nouveau Siècle d'Or pour l'Europe.

REMERCIEMENTS

Sans la ténacité de Jürgen Horbach, président de la maison d'édition munichoise Deutsche Verlags Anstalt, ce livre n'aurait jamais vu le jour. C'est lui qui, sans relâche, a tenté de me persuader de rédiger un témoignage sur mes expériences européennes; au bout du compte j'ai cédé. Il est vrai que, pendant plus de dix ans, j'ai activement et passionnément participé au processus de l'unification européenne. La première année de mon mandat de commissaire (en 1989) a vu la chute du mur de Berlin, qui avait séparé pendant des décennies l'Europe de l'Est et de l'Ouest. Quel symbole! J'ai eu le privilège de diriger la politique de concurrence de l'Union européenne et d'assister à la naissance de l'euro. Le départ forcé de la Commission Santer fut un autre élément qui m'a peu à peu fait ressentir la nécessité de situer mes expériences dans le contexte historique de l'époque.

Cependant, seul je n'y serais pas arrivé. Mon agenda restait désespérément surchargé, même après la Commission. Sans l'aide inappréciable de Guy Janssens et de Stefan Rating, ce livre n'aurait pas pu se faire. Guy fut pour moi un partenaire idéal, compétent et critique, grâce à sa longue expérience comme correspondant de la VRT pour l'Europe. Si malgré les dossiers très complexes et techniques dont il est question dans ce livre, celui-ci reste accessible à un large public, c'est à lui surtout qu'on le doit.

Stefan Rating, qui pratique six langues, fut depuis 1997 mon porte-parole personnel et donc un de mes collaborateurs les plus proches. Il était également très apprécié par la presse européenne à Bruxelles. Stefan m'a beaucoup aidé pour la rédaction des chapitres sur Kirch-Bertelsmann et Boeing. Guy et Stefan peuvent revendiquer autant que moi la paternité de cet ouvrage.

De même, malgré leurs occupations absorbantes, j'ai toujours pu compter sur l'aide et les conseils de mes anciens collaborateurs. Je pense bien sûr au directeur général Alex Schaub et aux nombreux membres de son équipe, à mon ancien chef de cabinet Claude Chêne, à son adjoint Marc Van Hoof, ainsi qu'à Gustaaf Dierckx, Olivier Guersent, Pascale Wolfcarius, Kristin Schreiber, Youri Devuyst, Olivier Dandoy et Nadine Timmermans. J'adresse mon merci tout particulier au directeur général adjoint du service juridique de la Commission Christiaan Timmermans pour ses précieux conseils.

Un compliment chaleureux à l'adresse de Huguette Van der Wildt n'est certes pas de trop; elle parvint avec une patience d'ange à déchiffrer mon écriture souvent illisible.

Je termine en exprimant mon infinie reconnaissance à mes proches pour leur compréhension et leur patience. Pendant des mois, j'ai consacré mon peu de temps libre à la rédaction de ce livre. Je sais que je leur dois «réparation». Ainsi qu'à mon jardin...

Bruxelles, août 2000

INDEX

des noms de personnes